新质生产力

中国交通运输
高质量发展的引擎

魏际刚 陆化普 汪 林 吴洪洋 丁金学 著

人民交通出版社

北京

内 容 提 要

　　本书立足中国交通运输发展的历史与现实，深入把握交通运输领域的新质生产力状况与演变趋势，指明交通运输领域新质生产力的发展重点与发展路径，从理论层面解析交通运输领域新质生产力的内涵，从战略与实践层面把握交通运输领域新质生产力发展的目标、愿景、重点任务与发展路径，从体制机制与政策层面提出更好地促进交通运输领域新质生产力发展的建议。

　　本书适合相关领域主管部门管理人员、研究者阅读，也可供感兴趣的读者参考。

图书在版编目（CIP）数据

　　新质生产力：中国交通运输高质量发展的引擎 / 魏际刚等著. — 北京：人民交通出版社股份有限公司，2024.7. — ISBN 978-7-114-19624-9

　　Ⅰ . F512.3

　　中国国家版本馆 CIP 数据核字第 2024BQ9508 号

Xinzhi Shengchanli——Zhongguo Jiaotong Yunshu Gaozhiliang Fazhan de Yinqing

书　　名：**新质生产力——中国交通运输高质量发展的引擎**
著 作 者：魏际刚　陆化普　汪　林　吴洪洋　丁金学
责任编辑：杨丽改　屈闻聪
责任校对：孙国靖　宋佳时
责任印制：刘高彤
出版发行：人民交通出版社
地　　址：（100011）北京市朝阳区安定门外外馆斜街 3 号
网　　址：http://www.ccpcl.com.cn
销售电话：（010）59757973
总 经 销：人民交通出版社发行部
经　　销：各地新华书店
印　　刷：北京市密东印刷有限公司
开　　本：635×965　1/16
印　　张：22
字　　数：265 千
版　　次：2024 年 7 月　第 1 版
印　　次：2024 年 7 月　第 1 次印刷
书　　号：ISBN 978-7-114-19624-9
定　　价：88.00 元

（有印刷、装订质量问题的图书，由本社负责调换）

前言
PREFACE

新质生产力是生产力的一次深刻革命。交通运输领域的新质生产力必将推动行业深刻变革,成为推动交通运输高质量发展的强劲引擎,为交通运输现代化与加快建设交通强国注入强大动力。应对世界之变、时代之变、历史之变的新形势,加快形成新质生产力推动交通运输高质量发展的格局,具有重要的现实意义与战略意义。

纵观人类社会发展的历史,交通运输领域往往是先进技术试验应用的载体和新兴产业孵化成长的平台,既是科技创新集中、应用场景丰富的"重要域",也是新技术趋前发展、新业态广泛孕育的"试验田",更是人民群众与先进生产力距离最近、感受最直接的"主场地"。交通运输的每次重大进步,都成为人类文明进步的重要标志。

21世纪以来,新一轮科技革命与产业变革纵深推进,交通运输正处于新的代际变革进程当中。中国作为具有全球影响力的交通运输大国,正全面开启加快建设交通强国新征程,行业发展迎来了难得的巨大机遇,也直面着激烈竞争与诸多挑战。"天地交,而万物通也",着眼于为人类社会创造更美好的生活,推动中华民族伟大复兴,中国必须要在未来发展中引领新的生产力革命,以实现对发达国家从追赶到超越的根本性转变。具有基础性、先导性、战略性、引领性的交通运输业必须加快发展新质生产力,构建安全、便捷、绿色、高效、经济、

1

包容、韧性的现代化交通运输体系，实现"人享其行，物畅其流"的目标，以最大化地为人民、国家与世界创造时空价值与社会经济价值。这就要求交通运输从数量到质量，从技术到服务，从基础设施建设与运营维护，从线路到网络，均进行全方位、系统性变革。新质生产力正是交通运输实现系统性变革的关键所在。

本书以习近平总书记关于新质生产力的重要论述为根本遵循，立足中国交通运输发展的历史与现实，深入把握交通运输领域的新质生产力状况与演变趋势，指明交通运输领域新质生产力的发展重点与发展路径。

第一，从理论层面解析交通运输领域新质生产力的内涵。交通运输领域的新质生产力是一种行业生产力体系，覆盖从微观的要素层面到中观的现代交通运输方式层面，再到宏观的现代综合交通运输体系，涵盖交通运输新生产者、交通运输新技术、交通运输新型基础设施、交通运输高质量服务，从交通运输创新企业、交通运输科研机构到交通运输新业态、新模式，从交通运输战略性新兴产业到未来交通运输产业，从单一交通运输方式创新到不同交通运输方式协同创新，从交通运输有形创新到体制机制政策标准等无形创新，交通运输领域的新质生产力不仅是体系性的，也是结构化、层次化的，有其内在紧密逻辑关系的"四梁八柱"。

第二，从战略与实践层面把握交通运输领域新质生产力发展的目标、愿景、重点任务与发展路径。指明公路、铁路、水运、航空、管道、邮政等领域新质生产力的发展趋势与建设重点。

第三，从体制机制与政策层面提出更好地促进交通运输领域新质生产力发展的建议，勾勒出推动交通运输新质生产力发展的措施体系。

本书第一章由魏际刚、董艳华编写，第二章由丁金学、李庚泽、魏际刚编写，第三章由魏际刚、王超编写，第四章由吴洪洋、丁金学、魏际刚、杨海平编写，第五章由陆化普、张永波、黄文静、桂嘉伟、李庚泽、柏卓彤、刘航宇编写，第六章由汪林、魏际刚、吴洪洋、丁金学、高剑、牛树云、尹升编写。

由于编写时间紧张，编写者水平有限，如有疏漏或不当之处，敬请广大读者批评指正。

作者

2024 年 6 月

目录
CONTENTS

第六章

推进交通运输新质生产力发展的举措

新质生产力及其理论逻辑

- 新质生产力的概念
- 新质生产力的内涵
- 新质生产力的理论依据
- 新质生产力与传统生产力的关系

新质生产力的概念一经提出，即显示出强大的生命力，不仅在理论上丰富和发展了传统的政治经济学生产力理论，而且在实践中指导和推动着各行各业的发展。交通运输业在国民经济中具有基础性、战略性、先导性作用，更是新质生产力发挥作用的重要阵地之一。本章从新质生产力概念出发，阐述新质生产力提出的时代背景和现实需求，厘清新质生产力的内涵和理论逻辑，为后续章节做好理论铺垫。

第一节
新质生产力的概念

一、新质生产力概念的提出

2023 年 9 月，习近平总书记在黑龙江主持召开新时代推动东北全面振兴座谈会时首次提出新质生产力的概念，强调要积极培育新能源、新材料、先进制造、电子信息等战略性新兴产业，积极培育未来产业，加快形成新质生产力，增强发展新动能[①]。

此后，新质生产力被正式写入中央文件。2024 年 1 月 31 日，中央政治局集体学习时，习近平总书记对新质生产力做了系统全面的阐释，指出发展新质生产力是推动高质量发展的内在要求和重要着力点，

[①] 《习近平主持召开新时代推动东北全面振兴座谈会强调 牢牢把握东北的重要使命 奋力谱写东北全面振兴新篇章》，《人民日报》，2023 年 9 月 10 日 1 版。

必须继续做好创新这篇大文章，推动新质生产力加快发展①。

2024 年政府工作报告将"大力推进现代化产业体系建设，加快发展新质生产力"列为十大任务之首，提出"充分发挥创新主导作用，以科技创新推动产业创新，加快推进新型工业化，提高全要素生产率，不断塑造发展新动能新优势，促进社会生产力实现新的跃升"。

新质生产力这一原创性概念的提出，不仅指明了新发展阶段激发新动能的决定性力量，更明确了中国重塑全球竞争新优势的关键着力点。

二、发展新质生产力的时代背景

（一）发展新质生产力是新时代先进生产力的具体表现

党的二十大报告提出，必须坚持科技是第一生产力、人才是第一资源、创新是第一动力，深入实施科教兴国战略、人才强国战略、创新驱动发展战略，开辟发展新领域新赛道，不断塑造发展新动能新优势。这深刻体现出党对科技推动生产力发展的规律性认识。科技创新推动生产力发展，孕育先进生产力。新时代以来，随着科技创新的广度、深度和融合度提升，生产力的发展水平与先进程度不断提高，逐步形成了涉及领域新、科技含量高、交叉属性强、符合高质量发展要求的新质生产力，实现了生产力的跃迁和质变。

（二）发展新质生产力是推动高质量发展的内在要求

当前，高质量发展已成为经济社会发展的主旋律，但制约因素还大量存在。要实现经济社会高质量发展，进一步解决不平衡不充分的发展问题，需要以创新驱动为引领，逐步摆脱传统的人力和资源能源驱动型增长模式，实现低成本优势向创新优势的转变，创造新产业、

---

① 《习近平在中共中央政治局第十一次集体学习时强调　加快发展新质生产力　扎实推进高质量发展》，《人民日报》，2024 年 2 月 2 日 1 版。

培育新动能、形成新优势。与高速增长相比，高质量发展的要素条件、组合方式、配置机制、发展模式等都发生了根本性改变，这就要求大力推动动力变革、效率变革、质量变革，提升全要素生产率，实现创新驱动发展，从而为新质生产力的形成和发展创造条件。发展新质生产力是推动高质量发展的内在要求和重要着力点，需要从理论上进行总结、概括，用于指导新的发展实践。

（三）发展新质生产力是引领科技创新的关键驱动因素

当今世界，新一轮科技革命与产业变革正在深入推进，数字经济与实体经济深度融合，各国之间围绕产业、技术，特别是关键核心技术的竞争日趋激烈。因此，必须以科技创新驱动产业创新，加快推进新型工业化，持续推动产业结构优化升级，大力推动创新链、产业链、资金链、人才链"四链"融合，以及数字技术与实体经济深度融合，全面推动工业绿色发展，赋能支柱产业迭代升级、新兴产业培育壮大、未来产业前瞻布局，打造具有核心竞争力的优势产业集群，加快构建具有智能化、绿色化、融合化特征和符合完整性、先进性、安全性要求的高质量现代化产业体系，形成并发展先进程度跃迁的新质生产力，从而为全球生产力创新性可持续发展贡献中国方案。

三、发展新质生产力的现实需求

生产力是推动社会进步最活跃、最革命的因素。在新一轮科技革命和产业变革深入发展的背景下，中国发展新质生产力有着现实的需求。

（一）发展新质生产力是建设现代化强国的关键所在

党的十八大以来，以习近平同志为核心的党中央对全面建成社会主义现代化强国，作出了分两步走的战略安排。要把中国建设成为社会主义现代化强国，就要把握好新一轮科技革命和产业变革带来的巨大机遇，依靠自主创新，加快形成新质生产力，大力发展战略性新兴产业和未来产业，开辟新赛道、打造新优势。

（二）发展新质生产力是提升国际竞争力的重要支撑

新质生产力呈现出颠覆性创新技术驱动、发展质量较高等特征。战略性新兴产业和未来产业作为形成和发展新质生产力的重点领域，拥有前沿技术和颠覆性技术，通过整合科技创新资源引领发展这些产业，有助于推动中国经济实力、科技实力、综合国力和国际影响力持续增强。

（三）发展新质生产力是更好地满足人民群众对美好生活需要的必然需求

进入新时代，人民美好生活需要日益广泛，不仅对物质文化生活提出了更高要求，而且对更高层次、更加多元的生态产品、文化产品等需求也更为强烈。加快形成和发展新质生产力，提高科技创新水平，有助于推动产业转型升级，形成优质高效多样化的供给体系，提供更多优质产品和服务，不断满足人民群众对美好生活的需要。

第二节
新质生产力的内涵

新质生产力是创新起主导作用，摆脱传统经济增长方式、生产力发展路径，具有高科技、高效能、高质量特征，符合新发展理念的先进生产力质态。它由技术革命突破、生产要素创新配置、产业深度转型升级而催生。

一、创新起主导作用

生产力是人类利用自然、改造自然的能力，是社会发展的根本动力。生产力包括劳动者、劳动对象和劳动资料三个要素。科学技术是第一生产力，渗透、融入各个生产力要素之中。劳动者的科学技术知识越丰富，劳动技能就越高；科学技术不断向前发展，劳动资料也将相应更加先进，劳动对象的数量和质量也会随之提升。通过创新不断提高科学技术水平，将科学技术渗透和融入劳动者、劳动资料和劳动对象之中，并促进三者优化组合，就会推动生产力水平不断提升。为此，必须加强科技创新，特别是原创性、颠覆性科技创新，及时将科技创新成果应用到具体产业和产业链上，完善现代化产业体系，为发展新质生产力培育新动能。

二、摆脱传统经济增长方式、生产力发展路径

近代以来的几次工业革命，极大解放和发展了社会生产力。新中国成立特别是改革开放以来，我们用几十年时间走完了西方发达国家几百年走过的工业化历程，创造了经济快速发展和社会长期稳定的奇迹，成为世界第二大经济体。同时也要看到，我们过去主要依靠资源等要素投入推动经济增长和规模扩张的粗放型发展方式是不可持续的。必须牢牢把握新一轮科技革命和产业变革机遇，加快转变发展方式。新质生产力具有高科技、高效能、高质量特征，发展新质生产力能够有效解决发展方式粗放、产业层次偏低、资源环境约束趋紧等问题，有力推动发展质量变革、效率变革、动力变革。

三、以全要素生产率大幅提升为核心标志

全要素生产率能够综合反映资源配置状况、生产手段的技术水平、

生产的组织管理水平等因素。党的十八大以来，中国坚持和完善社会主义基本经济制度，坚持"两个毫不动摇"，构建全国统一大市场，建设高标准市场体系，营造市场化、法治化、国际化一流营商环境，持续优化生产要素配置，着力提高全要素生产率。这为中国发展新质生产力奠定了良好基础。抓住机遇加快推动技术革命性突破、生产要素创新性配置、产业深度转型升级，催生新产业、新模式、新动能，有利于推动全要素生产率大幅提升，加快发展新质生产力的步伐。

四、符合新发展理念的先进生产力质态

新质生产力代表着新一轮科技革命和产业变革的趋势和方向，而且能够带来更高的商品生产和流通效率。它充分体现了新发展理念的要求，是创新成为第一动力、协调成为内生特点、绿色成为普遍形态、开放成为必由之路、共享成为根本目的的先进生产力质态。从根本宗旨看，发展新质生产力能够很好地满足人民日益增长的美好生活需要；从问题导向看，发展新质生产力有利于解决发展不平衡不充分问题；从忧患意识看，发展新质生产力有利于增强中国的生存力、竞争力、发展力、持续力。

第三节
新质生产力的理论依据

新质生产力以马克思主义政治经济学基本原理为依据，有着坚实

的经济学理论基础和丰富而又深刻的理论逻辑。概括来说，人类社会是在生产力和生产关系的基本矛盾运动中发展的，其中生产力决定生产关系，从而决定人类社会方方面面的发展，成为推动人类社会发展的决定性力量。习近平总书记在党的二十大报告中强调："贯彻新发展理念是新时代我国发展壮大的必由之路"。①新发展理念即创新、协调、绿色、开放、共享的发展理念，贯彻新发展理念也必然要求新质生产力发挥支撑作用。

一、生产力是人类社会发展的决定性力量

生产力是人们利用自然、改造自然的能力，是人类促使自然适应社会需要的客观物质力量，它是人类社会全部历史的基础，也是人类社会发展的决定力量。生产力作为创造财富的能力向来为经济学家所重视，色诺芬、托马斯·孟、威廉·配第、亚当·斯密等人关于如何增进社会财富的经济思想实际上都已经涉及对生产力发展问题的讨论，但直至马克思、恩格斯，才透过历史的迷雾和纷繁的表象发现生产力是人类社会发展的根本动力。在《哲学的贫困》中，马克思在对于前人理论的科学总结，特别是对于近代资产阶级思想家的生产力理论进行批判和吸收的基础上，通过突破其中的局限性，形成了马克思生产力理论，赋予了生产力鲜明的哲学意义，揭示了生产力与生产关系的辩证关系。马克思指出，"人们所达到的生产力的总和决定着社会状况"②。生产力首先决定着生产关系，而生产关系的总和构成经济基础，经济基础又决定着政治、法律、文化等社会的上层建筑。因此，生产力通过对生产关系发挥决定性作用，进而决定着生产方式、经济形态、社会制度等人类社会的各个领域。

---

① 习近平：《高举中国特色社会主义伟大旗帜　为全面建设社会主义现代化国家而团结奋斗——在中国共产党第二十次全国代表大会上的报告》，人民出版社 2022 年版，第 70 页。
② 《马克思恩格斯选集》第一卷，人民出版社 2012 年版，第 160 页。

人们的生产力一旦发生变化，就"必然引起他们的生产关系的变化"①，从而引起经济基础和上层建筑的变化，使社会的方方面面都随之改变。而生产力不仅总是处于变化之中，当更高一级的新的生产力取代旧的生产力时，原来起积极作用的生产关系因为生产力的新发展而转变为生产力的桎梏，进而为另一种适应新的生产力的生产关系所取代。此时，"随着经济基础的变更，全部庞大的上层建筑也或慢或快地发生变革"②，最终推动人类社会从一个形态迈进另一个形态。

二、生产要素的发展推动生产力的发展

生产力的发展是连续不断的，是或慢或快不断提高的。《资本论》既说明了生产力是什么，也说明了决定生产力发展的简单要素和发展要素。劳动者、劳动对象和劳动资料是决定生产力发展的简单要素，根据马克思在《资本论》中的观点，生产力是劳动者以具体劳动作用于生产资料来创造使用价值的物质力量。三大要素分别从内部赋予生产力一个推力，以驱动其不断新质化。首先，劳动者作为生产力中具有能动性的要素，为了满足生存的需要而发展生产力，当生产力发展到可以维持基本生计的水平以后，劳动者就会出现更高层次的物质需要，这推动着生产力的进一步发展。其次，劳动对象包括天然存在的物质资料和经过劳动过滤的原料，是直接或间接从自然界获取的产物，当然离不开自然的作用力，所以生生不息的自然力也赋予生产力一个内在的驱动力。最后，三要素中对生产力起决定性作用的劳动资料则一直处于不断改进的状态，每一次重大改进都促进生产力实现规模化增进。

---

① 《马克思恩格斯选集》第一卷，人民出版社 2012 年版，233 页。
② 《马克思恩格斯文集》第二卷，人民出版社 2009 年版，第 592 页。

生产力要素的发展推动着生产力的发展，而生产力要素的发展包括两重含义：其一是原有的生产要素会更新，如生产工具和原材料的更新；其二是新生产要素的加入和发展。《资本论》从生产力发展的动态角度论述了社会化大生产需要增加新的生产力要素，论述了决定资本主义生产力发展的新要素，如科学、管理、分工协作、自然力等。马克思十分重视科学的发展及其在生产中的应用。他反复讲科学是生产力，"生产力中也包括科学"①"大工业则把科学作为一种独立的生产能力与劳动分离开来"②"随着科学作为独立的力量被并入劳动过程而使劳动过程的智力与工人相异化"③。在《资本论》中，他还把协作（包括简单协作和分工协作）作为生产力的要素，在《资本论》第一卷分析"协作"与"分工和工场手工业"的两章中先后指出，"结合工作日的特殊生产力都是社会的劳动生产力或社会劳动的生产力。这种生产力是由协作本身产生的"④，分工协作"与独立的手工业比较，在较短时间内能生产出较多的东西，或者说，劳动生产力提高了"⑤。马克思把自然力也作为生产力发展的要素，认为"大工业把巨大的自然力和自然科学并入生产过程"⑥，如利用水力、风力发电，利用太阳能等。马克思重视自然力在生产发展中的作用，还可以从他的另一个重要观点中看出：劳动不是财富的唯一源泉，劳动和自然才是财富的源泉。根据马克思的思路进行考察，在当代生产发展中，信息网络等的发明与应用作为新生产力要素，正在有力推动生产力发展。

① 《马克思恩格斯选集》第二卷，人民出版社 2012 年版，第 777 页。
② 《资本论》第一卷，人民出版社 2004 年版，第 418 页。
③ 《马克思恩格斯全集》第二十三卷，人民出版社 1972 年版，第 708 页。
④ 《马克思恩格斯选集》第二卷，人民出版社 2012 年版，第 208 页。
⑤ 《马克思恩格斯选集》第二卷，人民出版社 2012 年版，第 212 页。
⑥ 《马克思恩格斯选集》第二卷，人民出版社 2012 年版，第 218 页。

三、新发展理念为新质生产力指引方向

新发展理念即创新、协调、绿色、开放、共享的发展理念，由习近平总书记于 2015 年 10 月在党的十八届五中全会上提出[①]。创新发展注重的是解决发展动力问题，协调发展注重的是解决发展不平衡问题，绿色发展注重的是解决人与自然和谐问题，开放发展注重的是解决发展内外联动问题，共享发展注重的是解决社会公平正义问题，强调坚持新发展理念是关系中国发展全局的一场深刻变革。新发展理念科学把握社会主义现代化建设的规律，为丰富而生动的中国式现代化实践提供科学指南。新时代推动发展新质生产力要以新发展理念指引前进方向，以科技创新引领高质量发展，加快建设现代化产业体系，变革不相适应的生产关系。

（一）创新为发展新质生产力提质增效

"科学技术是第一生产力"，科技创新引领经济发展，促进产业转型升级，推动生产力突飞猛进，满足 14 亿人民对美好生活的需要，为实现人口规模巨大的现代化奠定坚实的基础。另外，实践创新、理论创新、制度创新等同时为中国式现代化提供了充沛的动能。新质生产力集新技术、新产业、新动能于一体，需要提高自主创新能力，加快科技创新，构建产业新体系，通过整合创新资源，统筹推进原始创新和集成创新，实现"从 0 到 1"和"从 1 到 N"的突破，实现中国科技水平由跟跑到并跑再到领跑的转变。

（二）协调实现新质生产力均衡发展

中国式现代化要坚持系统观念，实现要素、结构、功能的有机统一，全面推进区域、城乡、经济与社会、人与自然、物质文明与精神文明、国内市场与国外市场等方面的协调发展，由"单腿走路"转变

---

① 习近平：《深入理解新发展理念》，《求是》，2019 年第 10 期。

为"齐头并进",汇聚发展的资源和力量。发展新质生产力,要注重统筹协调、整体谋划,构建以国内大循环为主体、国内国际双循环相互促进的新发展格局,推进产业区域合理布局,以实现不同区域协调发展;深化地区间分工,支持东部沿海地区在关键高新技术领域优先布局、合理分工,培育区域在全国创新链不同节点的错位协同。

(三)绿色加快新质生产力绿色转型

中国式现代化要让祖国的天更蓝、山更绿、水更清,有效克服西方资本主义国家先污染后治理的弊端,规避无止境掠夺自然的做法。"绿水青山就是金山银山",绿色发展促进人与自然和谐共生,倡导绿色生产和生活方式,推进资源节约型、环境友好型社会建设;绿色发展着眼长远利益,保障人民群众的身体健康,提高人民群众的生活质量,描绘中国式现代化永续发展的美好前景。新质生产力有绿色可持续发展的内在特征,这就要引导企业加快低碳、零碳、负碳技术创新,推动碳达峰、碳中和,加快节能减碳技术的研发和推广使用,同时,要持续加强绿色产业体系建设。

(四)开放促进新质生产力场域拓展

当前,中国逐渐形成了全方位、多层次、宽领域的对外开放格局,坚持"走出去"和"引进来"相结合,"世界融入中国"与"中国融入世界"交相辉映,全面融入全球生产体系,落实国内国际双循环战略,实现资金链、产业链的互联互通,增强经济发展的韧性,赢得经济发展的先机。新质生产力要求在顺应经济全球化的同时,强化全球资源配置功能,提升对全球高端要素资源的吸附能力及新型要素资源的整合能力,坚定不移奉行互利共赢的开放战略,大胆吸收借鉴其他国家和民族的先进科学技术与管理经验。

（五）共享彰显新质生产力社会主义价值追求

中国式现代化坚持以人民为中心，促进全体人民共同富裕，既做大"蛋糕"又分好"蛋糕"，弘扬社会公平正义，让人民群众共享现代化的成果，提高人民群众的获得感和幸福感。新质生产力旨在提升人民群众的获得感、幸福感和安全感，其发展壮大离不开人民群众的广泛参与，其带来的物质成果和精神成果由全体人民共享。这就要求东西部地区在关于新质生产力政策资源上、市场主体间在国内外高新领域前沿发展动态信息上、全体人民在享受新质生产力带来的产品和服务上要实现共享。

第四节
新质生产力与传统生产力的关系

新质生产力不是传统生产力的局部优化与简单迭代，而是劳动者、劳动资料、劳动对象及其优化组合的质变，其涉及领域新、技术含量高，是科技创新发挥主导作用的生产力，代表生产力演化中的一种能级跃迁。相对于传统生产力，新质生产力表现为新要素系统、新技术系统、新产业系统。

一、新的要素系统

（一）新型劳动者是新质生产力的主体

在生产活动中，劳动者是主动的、有目的的，其技能、知识、经验和创新能力等，是生产力发展的重要驱动力，不同生产力水平在很大程度上体现为劳动者的整体素质、技能和其他相关因素的差异。传统生产力下的劳动者通常是以简单重复劳动为主的普通技术工人，而新质生产力中的新型劳动者通常拥有更高的教育水平、更强的学习能力，不仅掌握传统的职业技能，更重要的是能适应数字化、智能化的现代工作环境，具备跨界融合的综合能力。他们是能够创造新质生产力的战略人才和能够熟练掌握新质生产资料的应用型人才。

（二）新型劳动对象是新质生产力的重要组成部分

劳动对象是指劳动过程中人们所加工、改造或服务的对象，既包括实体性劳动对象，又包括非实体性劳动对象，实体性劳动对象通常指原材料、零部件等，非实体性劳动对象则包括数据、知识或者某种服务对象等。传统生产力下的劳动对象通常以原材料、零部件等实体劳动对象为主；而在新质生产力下，随着大数据技术、人工智能等新生产技术的发展，海量数据和信息可以被有效地收集、处理和利用，从而催生成为新型劳动对象。运用数据等新型劳动对象，可动态优化资源要素配置，极大提高生产效率，精准有效满足人民美好生活需要，提升社会治理现代化水平等。伴随着科技革命的深入演进，以数据为主要代表的新型劳动对象的重要性在不断提升。

（三）新型劳动工具是新质生产力的重要标志

劳动工具是社会生产力发展的重要"指示器"，不同历史时期的新型劳动工具是反映该时期社会生产力发展水平的重要标志，其创新和应用直接推动当时生产力的快速提升，如工业革命时期蒸汽机的发明和应用，极大提高了生产效率；信息时代计算机和互联网的出现、应用和发展，极大改变了社会生产生活方式。因此，新型劳动工具是新质生产力的重要载体，其创新和应用能直接推动生产力的提升和社会的进步。在新质生产力下，人工智能、虚拟现实和增强现实设备、机器人、物联网、自动化制造设备等新型劳动工具迭代涌现。这些新型劳动工具的创新使用必将推动传统产业改造提升、战略性新兴产业巩固壮大、未来产业加快培育，进而加速新质生产力的形成发展。

二、新技术系统

传统生产力的技术系统以工业技术应用与普及为轴心，以能源开发、资源利用、装备制造、交通运输、农业育种等技术为主体，技术研发的投入和产出呈现线性增长的特点，技术研发的方式是以模仿为主的边际创新。新质生产力的技术系统则以数字信息技术研发与应用为轴心，协同先进制造、新材料、新能源、生物医药等技术为主体，以类脑智能、量子信息、基因技术、未来网络、深海空天等技术为前沿，技术研发的投入和产出呈现指数增长的特点，技术研发的方式是以自主创新为主、以交流借鉴为辅。

（一）新一代信息网络技术向智能化方向发展

信息网络技术各细分领域纵向升级与交叉融合，呈现出网络互联的移动化、泛在化和信息处理的高速化、智能化特点，促进创新链、产业链的代际跃升，以及信息服务的智能化、个性化发展。移动互联技术向物联网快速拓展，计算技术向高性能、量子计算发展，大数据技术促使人类活动全面数据化。物联网、云计算、大数据等新技术，构建"人-网-物"互联体系和泛在智能信息网络，推动人工智能向自主学习、人机协同增强智能和基于网络的群体智能等方向发展，带来众多产业领域的深刻变革和创新。

（二）制造技术向网络化智能化绿色化方向发展

信息网络技术与制造业深度融合，先进传感技术、数字化设计制造、机器人与智能控制系统等应用日趋广泛，促进以人机协作为特征的新一代机器人能力不断增强。人机共融的智能制造模式大大提升制造系统的柔性和敏捷性，推动工业生产向分布式、定制化制造模式转变，制造业生产流程、研发设计、企业管理，乃至用户关系都出现了智能化趋势。广泛采用节能减排技术、清洁生产工艺和智能化控制，建立工业生态链，引领制造方式的绿色转型。

（三）能源技术向绿色低碳和智能化方向转型

信息网络技术与能源技术融合，推动化石能源清洁化、清洁能源规模化和能源服务智能化。节能技术不断突破，促进能源结构低碳化转型，能源生产与消费方式从资源消耗型向生态适应型转变。太阳能、风能、生物质能、地热能、水能、海洋能等可再生能源开发、存储和传输技术的进步，深刻改变了现有能源结构。氢能、天然水合物和聚变能等新一代能源技术的发展，为满足能源需求开辟了新途径。

（四）生物技术向精准医疗和再生医学方向发展

新型基因技术不断涌现，合成生物学快速发展，基因编辑技术日新月异，为医疗健康技术发展带来新动力。以基因组为核心的集成研发、以生物标志物验证为关键的临床技术研究、以基因数据库为中心的基础设施建设的进展，以及精准医学、干细胞与再生医学、分子靶向治疗、移动健康监测等快速演进推广，医学模块加快从临床医学向健康医学扩展，催生生物医药和生物技术产业迅速兴起，呈现出巨大发展潜力。

（五）空天海洋技术向纵深化方向发展

国际空间技术聚焦空间信息应用和建立更强大的空间探索能力，致力于建立体系融合、高性能、低成本、广覆盖的空间信息与服务系统，推进大推力火箭、可重复使用运载器和新型推进技术的发展和商业化应用,力求在高效率天地往返运输系统、近地空间站应用、月球与火星探测等领域取得突破。海洋科技由浅海向深海、由区域向全球拓展,围绕深海开发、全球变化等领域展开布局,并向"星—空—海""海面—海中—海底"海洋立体观测网拓展,载人深潜器、海底资源探测和开发、海洋生物技术和海洋生态工程等,正在催生新型海洋经济。

三、新产业系统

产业系统是要素系统与技术系统的映射,传统生产力的产业系统以资源密集型产业为主体,以规模化生产为标的,呈现出高资源消耗但低价值产出的特点。新质生产力的产业系统则以技术密集型产业为主体,以数智化、绿色化、融合化生产为标的,呈现出低资源消耗但高价值产出的特点。

(一)产业数智化

数字科技发展和应用已形成包括工业互联网、智能传感设备、云计算等在内的生产资料,塑造"数字+""智慧+""智能+"等新型场景及应用空间,这是推动产业结构高端化、形成新时期战略性新兴产业和未来产业的关键基础。产业数智化转型通过集成应用物联网、云计算、人工智能等数智化技术,构建智慧型产业链供应链,不仅可以降低生产运营中的风险与成本,还能够促进产业智能化升级,增强产业链竞争力,显著提升产业链供应链协同效率,助力实现资源配置的高效优化,为培育新质生产力夯实基础。例如,利用物联网技术实时监控货物流转状态,可以大幅提升物流透明度和追踪能力;依托云计算的强大数据处理能力,实现产业链供应链各环节信息的即时共享和决策协同;运用机器学习优化运输路线、预测风险,提高供应链的灵活性和响应速度;运用智能机器人技术自动拣选装载货物,可以降低人力成本和错误率，并提升效率。

（二）产业绿色化

新质生产力本身就是绿色生产力。通过开发和推广可再生能源、节能环保材料、清洁生产技术等绿色技术，发展循环经济，减少对传统化石能源的依赖，降低温室气体排放，促进实现资源的高效利用和循环再利用。通过推进产业结构绿色转型，如发展绿色制造、绿色建筑和绿色交通等，优化产业布局，从源头减少环境污染，提升经济发展的稳定性和持续性。此外，绿色发展不仅体现在生产过程和产品本身的绿色化，还包括企业管理和整个供应链物流的绿色运作模式，如采用环境友好的物流和包装，实施绿色采购政策，鼓励消费者选择绿色产品等。产业的绿色化转型，可以增强产业链供应链面对环境变化时的韧性，推动经济社会发展绿色化、低碳化，助力实现碳达峰碳中和目标。

（三）产业融合化

产业的交叉融合可以整合不同产业链信息、资源和技术，培育新材料、新能源、先进制造等战略性新兴产业，催生共享经济、平台经济等新业态和新模式，是提升产业链韧性的重要内容。产业融合与新业态的发展也能为传统产业的转型升级提供技术支持、创造新的市场机遇，使其在创新中找到增长点，从而增强整个产业链的竞争力和抗风险能力。通过加快产业融合与新业态培育，新兴产业壮大，与传统产业转型将形成合力，共同强化产业链韧性，丰富新质生产力的内涵和外延。

—— 本 章 参 考 文 献 ——

[1] 新华社. 习近平主持召开新时代推动东北全面振兴座谈会强调 牢牢把握东北的重要使命 奋力谱写东北全面振兴新篇章 [EB/OL]. (2023-09-09) [2024-04-25]. https://www.gov.cn/yaowen/liebiao/202309/content_6903072.

[2] 新华社. 习近平在中共中央政治局第十一次集体学习时强调 加快发展新质生产力 扎实推进高质量发展 [EB/OL]. (2024-02-01) [2024-04-25]. https://www.gov.cn/yaowen/liebiao/202402/content_6929446.

[3] 新华社. 政府工作报告[EB/OL]. (2024-03-12) [2024-04-25]. https://www.gov.cn/yaowen/liebiao/202403/content_6939153.

[4] 新华社. 高举中国特色社会主义伟大旗帜 为全面建设社会主义现代化国家而团结奋斗——在中国共产党第二十次全国代表大会上的报告[EB/OL]. (2022-10-25) [2024-04-25]. https://www.gov.cn/xinwen/2022-10/25/content_5721685.

[5] 蒋永穆, 乔张媛. 新质生产力: 逻辑、内涵及路径[J]. 社会科学研究, 2024, 1: 10-18.

[6] 黄群慧, 盛方富. 新质生产力系统: 要素特质、结构承载与功能取向[J]. 改革, 2024, 2: 15-24.

[7] 曹永栋. 深刻认识新质生产力的内涵[EB/OL]. (2024-03-28) [2024-04-25]. http://hb.people.com.cn/n2/2024/0328/c192237-40791075.

[8] 姜东苑, 叶本乾. 深刻理解和把握加快发展新质生产力的重要着力点[EB/OL]. (2024-04-07) [2024-04-25]. http://www.rmlt.com.cn/2024/0407/699598.

[9] 马克思. 资本论[M]. 北京: 人民出版社, 2018.

新质生产力在交通运输领域的
体系架构

交通运输是经济社会发展的基础性、先导性和服务性产业，对培育新质生产力具有战略牵引作用。人类交通运输发展历程表明，交通运输往往是先进技术试验应用载体和新兴产业孵化成长平台，既是科技创新较为集中、应用场景较为丰富的"重要域"，也是新技术趋前发展、新业态广泛孕育的"试验田"，更是人民群众与先进生产力距离最近、感受最为直接的"主场地"。中国式现代化进程中，在科技革命、产业变革和商业流通模式升级等推动下，交通运输已成为先进生产技术、先进生产方式、先进生产组织关系等创新融合的先行领域，为新质生产力发展壮大提供重要的孵化平台和广阔的应用场景。

第一节
世界与中国交通发展

一、交通与文明的关系

尽管人类作为一个物种的历史可以追溯到数百万年前，但进入信史时代的人类文明却只有几千年。从石器时代开始，人类经历了农业革命、工业革命、信息革命，到如今从某种程度上来说，人类的文明史也是一部交通史，人类为了生存和发展，从诞生之日起就有人和物的空间位移需求。交通支撑了人类的生存范围扩大、族群迁徙、不断的交流和融合，从而促进了人类文明的发展。因此，交通是社会文明的重要组成部分和推动力，交通技术往往是一个国家文明发达程度最直观的表现之一。同时，交通问题也是文明发展中需要面对的主要挑战之一，是文明向外扩展其影响力的必要基础。因此交通技术在历史上数次深刻影响了文明的走向。

远古时期，在人类的祖先尚未掌握工具的制造和使用技术之前，人们出行只能依靠双腿，活动半径有限，更难以携带大量货物。在有限的活动半径内，食物、水源等生存资源能够支撑的人数也是十分有限的，人类大多以家族为单位聚居，渔猎与采集等基本生产活动也耗尽了家族内本就不多的人力，而且难以稳定获得足够的粮食储备。同时，有限的活动范围和紧缺的资源，也意味着不同古人类家族之间也很难接触，即使相遇也很难进行贸易和交流。

随着技术的进步，人类的祖先开始逐步掌握了制造和使用工具的能力，石斧、石枪、骨针等工具大幅度提高了人类祖先的生产力。当时人类族群的粮食生产出现了稳定的富余，从而有能力饲养、驯化野生动物，马、骆驼等动物开始作为交通和生产工具，大大提高了人类的移动速度和运输能力，扩大了人类活动的范围，获取了更多的资源，从而养活了更多的人口，出现了人力上的富余。同时，人力的富余又使得人类有余力进一步提高技术，如石斧的应用让人类创造出了最早的水上交通工具——独木舟，这进一步扩大了人类的活动范围，使其可以跨水域进行探索。

随着人类活动范围的扩大，不同人类家族之间的接触开始变得频繁，富余的物资催生了不同家族之间的物资交换，形成了最原始的贸易。伴随着以物易物的原始贸易而来的，是思想、文化、技术之间的碰撞与交流，这极大加速了文明的发展，并促成人类形成了更为庞大和复杂的社会结构——多个家族融合成为部落，多个部落形成部落联盟，直至发展出城邦国家。而随着文明规模的扩大，人类活动范围与贸易需求也在扩大，这就要求交通技术提供装载能力更强、运输距离更远的运输工具，距今 6000 余年前的美索不达米亚平原出现了带着四个大木轮的车。

可以说，正是交通能力的提升为人类文明的进步提供了条件，同时文明的进步也为交通技术带来了发展的基础，两者相辅相成，并呈加速之势。人类从石器时代进入农业时代，用了大约 250 万年；从农业时代进入工业时代只用了大约 8000 年；从工业时代进入信息时代的时间则缩短到了 200 年。而在进入信息时代几十年之后，我们又再次站到了智能时代的门口。

二、交通技术对文明发展的影响

（一）交通技术对文明规模的影响

文明自诞生之初就天然具有向外拓展影响力的特性，而其影响力在相当长的一段时间内完全依靠交通技术。文明在每个阶段都有非常鲜明的交通技术特征，这个特征在很大程度上决定了文明可以拓展的范围，制约了文明的规模；而每一次交通技术的突破，也都大幅度扩张了文明的影响范围，将文明的规模推向一个新的数量级。

在交通技术还处于原始阶段时，从地理角度推断，同属中国新石器时代晚期的半坡文明和仰韶文化都位于黄河流域，它们之间可能存在一定程度的交流，但目前没有确凿的证据表明二者存在直接的贸易往来。其原因就是这一时代的交通技术与能力无法稳定支持较长距离的贸易线路，这使得两个文明虽然都发展出了各自的陶器，却未能在交流中相互促进陶器的进一步发展。这一时代的文明规模只能局限在部落与部落联盟，发展到城邦国家就已是极限。文明的影响范围只能局限在一定区域，不同文明之间像是沙漠中相隔很远的绿洲，虽各有发展，但难以交流融合。

随着交通技术的发展，到商周时期开始出现了马车，并发展出了超越城邦规模的国家。交通技术的进步将文明的规模推向了一个更高数量级。到了周朝，车辆的制造技术进行了重大改革，如马匹数量的增加和车辆设计的改进。因此，可以确认在商周时期，马车是存在的，并且在不同时期有着不同的发展和运用。

到了秦朝，交通技术取得了显著的进步。如秦始皇在统一六国之后，开始修建秦驰道和秦直道。秦驰道以咸阳为中心、通往全国各地。秦直道南起陕西林光宫或甘泉宫，北至今内蒙古包头九原郡，全长达700公里，途经14个县。秦直道路面宽度一致，可以并行多辆马车，极大地提高了运输效率。秦驰道和秦直道所构成的道路网络体系，大幅度压缩了秦都咸阳获取各地信息的时间，以及秦军前往全国各地的运输成本，从而极大加强了中央集权，使得皇权直达国家基层的郡县制取代了天子依靠诸侯治理天下的分封制。秦朝之后，为了加强中央权力，每个大一统王朝都选择继续拓展全国的交通主干道，形成了分布全国的官道系统。

在世界范围内，各个文明国家也都发展出了各自类似的交通技术与交通基础设施网络。古罗马从城邦国家发展到地跨欧亚非三洲的罗马帝国的过程中，为了加强其统治，修建了以罗马为中心，通向四面八方的大道。这些大道不仅促进了帝国内部和对外的贸易和文化交流，也方便了各地人民前往罗马。据说，当时从意大利半岛乃至欧洲的任何一条大道开始旅行，只要不停地走，最终都能抵达罗马。"条条大路通罗马"这句名言正是因此而诞生的。

同样受制于交通技术，古代文明国家的规模是有限的。一旦国家或者国家联盟的规模超过了当时交通技术的上限，崩溃与解体不可避免。因为随着文明国家版图的扩张，其首都到边疆地区的距离也在增加，中央政权很难快速获取较偏远地区的相关信息，也很难快速向这些区域传达命令。而且中央到这些区域的人员和物资运输成本极高，使得中央对这些地区的控制力相对较弱，难以形成有效治理。当地对中央的依附较弱，政治、军事上天然容易形成分离势力。如蒙古铁骑虽然征服了广阔的领土，建立了横跨亚欧的巨大帝国，但在很短的时间内就从帝国的版图中迅速分裂出了钦察汗国（又称金帐汗国，统治俄罗斯大部分地区及东欧地区）、察合台汗国（统治中亚地区）、窝阔台汗国（统治中亚地区）、伊利汗国（统治波斯及小亚细亚地区）。这些汗国或政权在分裂后各自独立发展，形成了不同的政治、经济和文化体系。同样，西方古代马其顿国王亚历山大统一了诸多小国，建立横跨欧亚非三大洲的庞大帝国。该帝国在亚历山大死后迅速分裂成了数个小国，其中主要的三个继承国分别是托勒密王朝（统治埃及）、塞琉古王朝（主要统治中东地区）以及安提柯王朝（统治马其顿本土）。

如今，遍布全球的公路、铁路网络，可以看作是对官道系统的继承和发展。借助现代化的交通工具，全世界的国家开始频繁接触并彼此贸易，形成跨越全球的经济与政治组织，如世贸组织和联合国。其中，人类文明迄今为止规模最大的政治组织——联合国的影响力，几乎已经遍布整个地球，并且自 1945 年成立以来较为稳定地运转至今。

（二）交通技术对文明走向的影响

交通技术不仅决定了文明的规模，在很大程度上还决定了文明的走向。可以说交通技术对政治体制演化的影响十分重大，交通方式发展进步对文明的范围、深度、特征等均会产生显著影响。

从东方来看，由驰道和直道组成的秦代道路交通网极大加强了中国各地的联系，形成了密切交融的中华文化圈。这种文化的共性使得各个地区的人们有了共同的身份认同，从而形成了中国"大一统"的文明思想。不仅如此，交通技术与交通基础设施也为中国的统一打下了坚实的物质基础——发达的交通网络也使得中国难以形成长时间分散的割据政权，因此古代中国虽历经多次分裂，但最终会出现一个终结分裂的大一统王朝。

从西方来看，自古罗马毁于蛮族入侵后，欧洲的交通基础设施受到了极大的破坏，并在此后多年难以得到恢复和发展，其后欧洲大陆再未形成疆域辽阔的统一国家。这使得欧洲内陆交通运输的成本相比于罗马时代成倍提高，中央难以有效控制边缘地域，不得不采取了与中国夏商周时代相同的分封制，各自治理自己的辖区，具有极大的独立性。由此，西方演化出了如今的联邦制国家。

从交通方式来看，不同的方式也造就了不同的文化性格。如以海洋运输为主的传统海上霸权国家和其他欧洲大陆国家分别发展出了不同的法律体系——大陆法系与海洋法系。

大陆法系源于欧洲大陆，以罗马法为基础发展而来，因此也被称为民法法系或罗马法系。大陆法系以法国和德国为代表，两国先后在19世纪初和19世纪末推出了本国的《民法典》。大陆法系以法典化的成文法为主要形式，对法律规范进行抽象化和概括化。这意味着法律规则被明确地写在法典中，为民众提供了明确的法律指引，也为法官提供了审判的依据。实施大陆法系的国家通常国民活动的范围相对集中，自然条件比较类似，因此可以制定统一的规范和标准。

海洋法系也称为英美法系或普通法系，是以英国中世纪的普通法为基础、以判例法为传统的法律总称。这一法系的显著特点在于其倾向于当事人主义，即控辩双方当庭进行对抗式辩论，而法官则扮演消极中立的角色。在海洋法系中，法官的作用主要是维护法律程序，而罪犯是否有罪则是由民众组成的随机陪审团来决定。之所以如此，是因为海运相对于陆运的廉价性和运力优势，使得海洋国家的国民长距离迁徙比内陆国家的国民更便捷，因此其国民活动范围更加广阔，而且由于海洋对陆地的分割，海洋国家的领地范围内的自然条件差异较大，从而在当地形成了不同的风土人情，这使得海洋国家很难制定一套全国通用的规则体系，更多时候需要因地制宜裁决纠纷事项，所以由熟悉当地情况的民众组成陪审团的做法，也就得到了广泛的认可。

三、交通发展与大国兴衰

从历史发展的脉络来看，大国兴衰与其交通发展直接相关。谁掌握了先进的交通技术，谁就更有机会站在时代发展的前列，反之则会落后于时代。

在欧洲，由于葡萄牙与西班牙地处欧洲边缘地带的大西洋沿岸，与当时的法兰西王国、神圣罗马帝国等位于欧陆中心地带的国家联系较弱，无法分享欧洲核心区经济繁荣的红利，因此必须另寻出路。15 世纪末至 16 世纪初，葡萄牙和西班牙两国率先抓住了航海技术大发展的契机，并积极通过海上贸易拓展殖民地。其中具有代表性的两件事是哥伦布发现美洲大陆和麦哲伦完成环球航行。凭借海上贸易与殖民地扩张带来的财富，西班牙成为欧洲最强盛的霸权国家。时至今日，葡萄牙语和西班牙语仍在世界上被广泛使用，拉丁美洲和非洲诸国仍然多以这两种语言为官方语言。如墨西哥、哥伦比亚、阿根廷等国以西班牙语为官方语言，巴西、安哥拉、莫桑比克等国以葡萄牙语为官方语言。

但西班牙的经济模式过于依赖殖民地的财富和资源的掠夺，缺乏创新和改革，导致了西班牙本国的经济在登顶之后逐渐出现了停滞和衰退。同时，在看到西班牙与葡萄牙两国取得的巨大成功之后，欧洲各国也开始加强自身海上力量的建设，展开了一场轰轰烈烈的技术竞赛，其中以英国投入最为积极。英国人积极发展射程更远的火炮，开发速度更快、更灵活的风帆战舰。此消彼长之下，海上力量的天平逐渐偏向英国。

　　1588 年 8 月 8 日，英国海军在英吉利海峡与西班牙无敌舰队展开决战，这场战役被称为格拉沃利讷海战。西班牙无敌舰队舰体笨重，机动性差，火炮射程也较短，这使得它们在英国舰队的灵活打击下处于被动。而英国在战争准备方面做得相当充分，舰队装备精良，舰队指挥官如霍华德和德雷克等人均具有丰富的航海和战斗经验，加上有心算无心，最终英国海军利用灵活的战术和强大的火力，成功击退了西班牙舰队，赢得了这场海战的胜利。西班牙无敌舰队在遭受失败后，被迫绕道苏格兰向国内返航，在返航途中又遭遇风暴袭击，损失了大量船只和人员。这一连串的打击使得西班牙无敌舰队元气大伤，彻底失去了与英国争夺海上霸权的能力。

　　由于西班牙丧失了大西洋的制海权，也就无法约束那些远离本土的殖民地。荷兰也是在这一时期成功脱离西班牙的统治而独立的。接着，在 17 世纪，荷兰人以其独特的船只设计和低廉的造价，成功占据了欧洲海上贸易的制高点。在贸易扩张方面，荷兰人积极开拓海外市场，与亚洲、美洲和非洲等地建立了广泛的贸易联系。他们绕过好望角，到达印度和爪哇，并与这些地方建立了贸易网络。同时，荷兰人还成立了东印度公司和西印度公司，专门控制这些地区的贸易活动。这些举措使得荷兰的贸易网络遍布全球，从而获得了巨大的经济利益。此外，荷兰人在殖民扩张方面也取得了显著成就。他们在好望角修筑要塞、营建殖民地，保证过往船只的淡水、粮食的供应。在美洲，荷兰人也侵占了一块殖民地。这些殖民活动不仅为荷兰带来了丰富的资源，还进一步巩固了其在全球贸易中的地位。荷兰在17世纪成为欧洲的经济中心，一度获得了与其国土面积不成正比的国际影响力，其强大的海上贸易和转运能力使其被誉为"海上马车夫"。

英国为了争夺贸易市场份额，积极发展海上贸易和造船业，最终凭借强大的海军力量和先进的战术，逐渐在军事上占据了优势，在与荷兰海军的多次交战中获得胜利。在18世纪的第四次英荷战争中，英国海军彻底击败荷兰海军，掌握了制海权。凭借海上的霸权力量，英国的殖民地得到了快速的扩张。到1756年，英国、普鲁士与法国、奥地利等欧洲列强国家之间展开了一场争夺海上贸易通道与北美、印度等海外殖民地的战争，因战争时间为1756—1763年，被称为"七年战争"。英国彻底击败法国及其盟友，夺取了大片殖民地，进一步巩固了其海上霸主的地位。1763年，英国首次骄傲地自称为"日不落帝国"。19—20世纪，英国已经拥有了一个庞大的帝国，其领土遍布全球。在1914年，英国占有的殖民地比本土大111倍，成为第一殖民大国。此时的英国不仅在政治和军事上占据优势，还在经济、文化和科技等多个领域发挥着重要作用。

同一时期，中国自1405—1433年郑和下西洋之后，再未对航海做出持续的巨大投入。尽管中国比欧洲更早地进行了大舰队的长距离航海活动，但最终错过了海权时代的地理大发现。

在欧洲开启大航海时代之后，海运技术与海上贸易线路深刻地影响了地缘政治格局，尤其是地处各个海上贸易要道的海峡，成为影响大国博弈的重要抓手。如德国作为工业革命的后起之秀，虽然在工业领域很快超越了英国，但由于英国控制了英吉利海峡、直布罗陀海峡和苏伊士运河，德国的海上航运几乎处处受制于英国。英国借此极大地压缩了德国扩张殖民地的能力，让德国工业难以获取足够的原料与销售市场。德国为了摆脱这一局面，试图修建一条连接中东与地中海的巴格达铁路。这一铁路的建设不仅期望建立一条从马尔马拉海岸一直绵延到波斯湾的通路，更被看作是绕过英国控制的苏伊士运河通往波斯湾，连接非洲的德国殖民地和亚洲贸易的重要通道。这严重威胁了苏伊士运河的地位，因此受到了英国的强烈阻挠，这条铁路也被视作引发第一次世界大战的原因之一。

随着两次世界大战的爆发，英国的海上力量在战争中受到了严重削弱，加上国力的衰退，无力再支撑其海上霸权。而美国海军在参战之后，军舰总吨位由 1943 年的 395 万吨迅速增长到 1945 年的 1162 万吨，是当时英国海军总吨位的 5 倍之多。战后，美国控制了几乎所有的重要海上通道，遍布世界各地的美国军事基地的活动范围，几乎涵盖了大西洋、直布罗陀海峡、苏伊士运河、波斯湾、印度洋、马六甲海峡、太平洋大部分和巴拿马运河等交通要道。这使得美国取代了英国，成为新的海上霸主。

不仅如此，美国还凭借先进的航空工业大力发展航空运输。第二次世界大战期间，美国航空业迎来了飞速发展的黄金时期。其飞机制造业和出口业居全球领先地位，1939—1945 年间，美国生产了 32.4 万架飞机，成为全球航空业的霸主。战后，美国继续完善通航设施，减少通航限制，推动通用航空市场快速发展。联邦政府逐步将空域划归民用，并从 20 世纪 70 年代起将私人飞机的主要活动空间——3000 米以下空域归为非管制区，为私人飞行提供了更多便利。此外，美国各地还修建了上千个通用小机场，进一步促进了通用航空的普及和发展。美国虽与欧亚大陆之间远隔大西洋和太平洋，但便捷的航空运输使得人员、重要货物的往来时间被大幅压缩。自此，美国凭借海运与空运的绝对霸主地位，在战后相当长的一段时间内，成为世界的中心。

四、交通技术与中国现代化

每一次交通技术的突飞猛进，每一条交通线路的兴衰，都对地缘格局、地缘政治造成了天翻地覆的变化，并深刻地影响了沿线国家的发展。工业革命之后，这种影响在各国的现代化进程中尤为明显。

唐朝时期，中国经历安史之乱后，无力再维持与西方的贸易，陆上丝绸之路中断。中东的阿拉伯帝国逐步丧失了作为连接东西方贸易中转站的地位，几乎与唐朝同时开始衰落，帝国的中央集权逐渐被削弱，各地的独立性逐渐增强，最终分裂为数个政权。

现代海权的崛起使得国际贸易基本依赖于海运，直到今天海运仍然在国际货运中占据统治地位。因此，拥有良好港口的城市天然就比内陆具备发展优势，这也使得海权国家在大航海时代开启之后逐步取代了陆权国家，成为工业革命之后的全球领导者。

中国从农业时代开始接触迈入第一次工业革命的西方，也是从海上开始。这使得首先接触新事物的中国东南沿海地区率先在技术、文化、经济、政治和军事等方面发生变革，开启了中国工业化和体制变革的序幕。

1840 年，来自海上的英国舰队击败了清政府，并迫使其在 1842 年签订《南京条约》，开放上海、厦门、广州、福州和宁波五座城市为首批通商口岸。欧洲的交通技术迅速影响了中国的交通方式——19 世纪中后期，中国开始引入铁路和轮船等现代交通工具；1876 年，英国怡和洋行投资建成了中国第一条铁路线，连接了上海和无锡，此后，铁路网络逐渐扩展，成为中国陆地交通的重要组成部分。

其中，广州是一座非常重要的城市，可以看作是现代中国的摇篮。这座最早对欧洲殖民者开放通商的城市，也孕育了中国现代共和制。孙中山先生推动的国民革命以广州为根基，并在此建立了中国历史上著名的军校——黄埔陆军军官学校。可以说当时的广东汇集了中国最为顶尖的人才。

这种文化、政治、经济和军事中心由农业时代的中原核心区南下广州的现象，也意味着更多资源与人口不断南下，向海岸线集中。在研究中国人口分布情况变迁的文献中，有一条南起云贵地区、北至黑龙江的线段，将中国划分为西北和东南两个部分，这就是著名的胡焕庸线。从人口和经济数据来看，至今中国的绝大部分人口和财富仍然分布在胡焕庸线的东南一侧，而且人口迁移的整体趋势仍是从西部向东南部集中。

改革开放后，中国仍然遵循了新事物首先在东南沿海发生变革，随后再向内陆延伸的趋势。改革开放初期，广东和福建两个相邻的东南沿海省份作为第一批试点地区，其后沿海岸线北上，杭州、上海、青岛、天津和大连等港口逐步扩大开放，并发展成为具有全球影响力的港口，极大地带动了区域发展，形成了珠三角经济圈、长三角经济圈和环渤海经济圈。然后通过公路、铁路与水运网络，将改革开放的红利向内陆输送，使得当时中国形成了"要想富，先修路"的共识。

习近平总书记在第二届联合国全球可持续交通大会开幕式上指出，"交通成为中国现代化的开路先锋"①。由于交通具有引领性和战略性的基本属性，所以从某种程度上来说，中国的现代化必须依靠交通运输。从空间分布上看，中国的资源分布并不平均，工业原料产地大多分布在中西部地区，制造业集中在胡焕庸线以南的中东部地区，

①　习近平：《与世界相交　与时代相通　在可持续发展道路上阔步前行——在第二届联合国全球可持续交通大会开幕式上的主旨讲话》，人民出版社 2021 年版，第 5 页。

而主要的工业品市场则在海外，依赖于东南沿海的港口城市和海上运输线将产品输送出去。只有打通运输的各个环节，才能使中国工业化和现代化进程顺利进行。

改革开放初期，中国公路里程相对较少，质量也较低。为了改变这一状况，政府投入大量资金建设公路，特别是一些重要的高速公路和国道。大规模公路建设极大地改善了中国公路交通的状况，提高了运输效率。同时，在铁路方面大力发展内燃机车、电力机车，取代蒸汽机车，提高了铁路的运输能力。其次，中国建设了多条铁路，其中最为著名的当属京九铁路，简称"京九线"。它是中国境内一条连接北京市至香港特别行政区的国铁一级线路，线路呈北南走向，是国家"八纵八横"高速铁路网主通道之一。同时，中国还建设、扩建了诸多铁路干线和辅线，极大地提升了中国铁路网的运输能力。再有，中国还重点建设和改造了沿海地区的一些重要港口，如上海港、深圳港等。为了加强内河航运，一些重要航道也得到了整治和建设。现代航海技术不仅提高了船舶的运输效率，降低了运输成本，而且扩大了中国与世界各国的贸易往来，促进了中国经济发展融入全球化进程。中国航空技术快速发展，不仅促进了飞机、发动机、航空电子等产业的快速增长，还带动了新材料、新能源、先进制造等相关产业的协同发展，推动了物流、旅游、航空运输等现代服务业的快速发展。各种交通方式与交通技术的飞速发展，确保了中国通过交通网络与世界紧密相连，推动了改革开放的顺利进行。近年来，人们对依托交通枢纽发展产业经济的认识不断深化，产业发展与交通深度融合，产生了前所未有的高效率和竞争力，是新质生产力的重要发展方向。

进入 21 世纪，中国交通技术在各个方面都取得了重大突破。

首先，高速铁路技术突飞猛进。2003 年 10 月 11 日，秦沈客运专线的开通运营标志着中国高速铁路零的突破。此后，中国高速铁路进入快速发展阶段。2008 年，京津城际铁路开通运营。随着中国高速铁路网络的不断扩展，动车组技术也在不断提升。到了 2015 年，中国高速铁路里程达到了 1.9 万公里，高速铁路网基本覆盖全国主要城市，并超过了全球其他所有国家的总和。此后，中国高速铁路进入了全球领先的阶段，不仅里程数持续增加，速度和技术水平也在不断提高。截至 2023 年，中国高速铁路里程已经超过 4.5 万公里，连接了全国大部分城市，最高时速已经达到了 350 公里。目前，中国的高速铁路已经发展成为一种高速、舒适、安全的交通方式，得到广泛应用。

其次，航空技术突飞猛进。中国商用飞机有限责任公司自主开发了干线民用飞机 C919，是按照国际通行适航标准自行研制、具有自主知识产权的喷气式干线客机，设计定位于 150 座级单通道窄体机市场。C919 于 2007 年立项，2017 年完成首飞，并在 2022 年 9 月完成全部适航审定工作后获中国民用航空局颁发的型号合格证。2023 年 9 月，文莱航空公司盖洛普航空在第 20 届中国-东盟博览会上订购了 15 架C919，这使得中国商用飞机有限责任公司成为除美国波音公司与欧洲空中客车公司外，又一个进入商业民航干线客机市场的飞机制造企业。

再次，经过几十年的发展，中国船舶工业整体规模实力显著增强，国际竞争力达到世界一流水平。中国已经成为全球重要的造船大国，年造船产量和手持订单量均位居世界前列。自 2008 年起，中国的造船产量成功超过日本，成为世界第二。至 2010 年，中国超越了韩国，成为全球造船业的第一大国，市场占比达到 41.9%。截至 2023 年，中国船舶工业的国际市场份额已经连续 14 年居世界第一。2017 年 4 月 26 日，中国首艘自主建造的国产航母"山东舰"在大连正式入水；2023 年 6 月6 日，中国首艘国产大型邮轮"爱达·魔都"下水；在 2024 年 5 月 15 日，国内首制大型液化天然气（LNG）船正式交付……这些事件标志着中国船舶设计与制造业已经取得全面突破，进入世界领先行列。

中国交通技术的进步不仅提高了交通运输效率，也促进了中国经济的发展。同时，交通技术也成为中国提升自身影响力的抓手，以高速铁路为代表的中国交通技术走出国门，参与国际竞争，成为展示中国速度、中国质量、中国标准、中国"智造"的重要窗口。在中国周边国家修建的跨国铁路进一步加强了中国与周边国家的经济联系，如中老铁路、中缅铁路、中越铁路大幅加强了中国与东盟诸国的联系。中欧班列更是成为新陆上丝绸之路，不仅加强了地区间的经济合作和人员往来，也为国际贸易和区域一体化提供了有力支持。

第二节
交通变革与新质生产力

一、交通运输业的性质

交通运输业是运用各种工具设备，实现旅客和货物空间位移的物质生产部门。交通运输的过程不创造新的物质产品，不改变劳动对象的物质形态，也不增加其数量，而是通过改变劳动对象的空间位置增加产品价值，满足社会的需要。

（一）交通运输业是物质生产部门

马克思在《剩余价值学说史》中论述了交通运输业的性质，他强调指出，运输业是一个生产部门，它在社会结构的层面上属于物质的生产领域，它是除了采掘工业、农业和加工工业以外的第四个物质生产领域。在社会再生产过程中，交通运输业作为一个独立的生产部门，它所实现的职能是对象在空间位置上的移动，使得这一生产部门主要立足流通领域，作为创造交换的物质条件。交通运输业是一个存在于流通领域中的独立的生产部门，是一个产业部门，属于物质生产领域。

正因为交通运输业具有一般生产力、一般生产条件的性质，因此它在社会结构系统中具有决定社会、经济、文化和国防等方面的基础结构的功能和作用。

（二）交通运输的真正产品是"位置变动"

尽管交通运输业是一般生产力的独立生产部门，但又不同于一般的工业，而是"特种产业"。马克思指出，交通运输业不能向社会提供具有实物形态的产品，它的真正产品是"被运输对象的位置变换，即变动场所"①。它所创造产品的使用价值，不能同它的生产过程相分离。交通运输业的产品是它完成的位移服务，这种产业的产品不同于其他商品，在它仍然处在生产过程中的同时就在被出售，而不是在它离开生产过程以后被出售。这是交通运输业作为生产领域同工农业生产领域相区别的一个显著特点。

商品社会生产的实践表明，社会劳动的物质变换，是在商品形态变化中完成的，因此，它要求产品发生空间的、位置的变化，即产品由一个地方到另一个地方的实际运动，直到产品从生产领域到消费领域，产品才能成为现实的消费品。可见，除了产地本身就是市场的情况外，把产品运到市场，是产品流通的必要条件。不论是在客运还是

---

① 《马克思恩格斯文集》第八卷，人民出版社 2009 年版，第 569 页。

货运的生产活动里，它都使得劳动对象发生某种物质变化，即空间的、位置的变化，这是交通运输业所提供的"有用结果"。对于客运来说，这种空间的、位置的变化只不过是企业主向乘客提供的一种服务。在这种情况下，交通运输工具充当了乘客的消费资料、使用价值，这是交通运输业这种产业所提供的"真正产品"。交通运输业所出售的东西就是这种空间、位置变化的"真正产品"，是交通运输业所协助完成的劳动对象的运动，即它所进行的直接的物质生产过程。在交通运输业中的铁路、机车等，不像商品那样处于流通的过程，即不是处于从商品形态变成货币形态的流通过程，而是处于生产的过程，只要铁路、机车等在执行运输的职能，它们就永远不会离开生产过程。

（三）交通运输是物质生产过程在流通领域的继续

交通运输业虽然属于直接生产的领域，但它是"生产过程在流通过程内的继续"[①]。交通运输业的生产过程和流通过程直接联系在一起，只要商品处于交通运输环节，就总是处于流通之中的。一方面，对于交通运输业来说，它运输商品（或者人），这是生产过程；另一方面，对于被运输的商品（或者人）来说，这也是一种流通过程，只不过这个流通过程并不是经济学上的价值的流通，即不是从商品的价值转化为货币，或者从货币转化为商品的价值这样的流通，而是"商品作为物体的流通"，即作为物理学上的物体的流通、物理学上的运动，这就是交通运输业作为流通过程所具有的性质，这种性质纯粹属于生产技术过程。它参与流通的商品中具有自然物理属性的使用价值方面的流通，而不是属于经济关系方面的价值的流通。正因为交通运输业参与的流通是生产技术过程，所以它本身表现为包含在生产过程内。

---

① 《马克思恩格斯选集》第二卷，人民出版社 2012 年版，第 337 页。

马克思在《资本论》第二卷第六章"流通费用"里，对运输费用和流通费用做了严格的区分，他指出，"一般的规律是：一切只是由商品的形式转化而产生的流通费用，都不会把价值追加到商品上。这仅仅是实现价值或价值由一种形式转变为另一种形式所需的费用"[①]，"这种费用必须从剩余产品中得到补偿"[②]。而运输费用是商品使用价值的实现所需的费用，它不但不对剩余价值作扣除，而且会创造出剩余价值。所以，运输费用和流通费用在本质上完全不同，运输费用是由生产过程决定的生产费用，在经济上起很重要的作用。

因此，从交通运输业的性质来说，它并不属于流通领域而是生产领域。交通运输就其对产品运到市场或产品转化为商品的关系而言，本身就包括在生产阶段内，或者说，它们本身就是直接生产过程。

二、交通运输与经济发展的关系

（一）交通运输对经济发展至关重要

交通运输部门是经济的重要组成部分。发达的交通基础设施和高效的交通科技促进人员和货物的流动，提供更多的经济发展机会，从而产生积极的乘数效应，促进就业，增加投资。而交通运输系统容量不足或可靠性方面存在缺陷，就会导致经济机会减少，生活质量降低。

交通运输可以提高生产率，通过获得更大、更多样化的投入基础（原材料、零件、能源或劳动力）和多样化产出（中间产品和制成品）的更广阔市场，使得经济活动在更大的范围开展。交通运输还会影响生产布局和土地的价值。

此外，交通运输也可能带来负面效应，例如，拥堵和环境污染造成严重的社会和环境负担。

---

① 《马克思恩格斯选集》第二卷，人民出版社 2012 年版，第 335 页。
② 《马克思恩格斯选集》第二卷，人民出版社 2012 年版，第 335-336 页。

（二）交通运输的社会经济效益

交通运输在生产者和消费者之间复杂的关系网络中，将生产要素联系在一起。其结果通常是通过利用相对地理优势以及发展规模经济和范围经济的手段，实现更有效的生产分工。因此，空间、资本和劳动力的生产率随着分配和个人流动的效率而提高，经济增长越来越多地与交通发展联系在一起。运输服务的附加值和就业效应通常超出运输服务本身的价值，其间接影响显著。从一般的角度来看，交通的经济影响可以是直接的、间接的和诱发的。

（1）直接影响。由于提高容量和效率，交通运输提供了就业、附加值、更大的市场以及时间和成本的改善。从而使一个经济体的总体需求增加。

（2）间接影响。通过改善可达性和规模经济，交通运输活动通过建立与其他经济部门（如办公用品公司、设备和零件供应商、维护和维修服务、保险公司、咨询和其他商业服务）的联系，产生广泛的间接增值和就业效应。

（3）诱发影响。当商品或服务的价格下降而其种类增加时，就会产生乘数效应。例如，钢铁行业需要以具有成本效益的方式进口用于高炉的铁矿石和煤炭，以及出口钢围栏和卷材等成品。处理进口集装箱货物的制造商、零售店和配送中心依赖于高效的运输和海港运营。

（三）交通变革推动经济发展

工业革命以来，在全球经济的每个发展阶段，都会出现一种特定的运输技术，并产生了一系列影响。从历史上看，每次经济发展浪潮都离不开交通运输技术的作用，它创造了新的经济、市场和社会机会。

1. 海港

海港在贸易史上的重要性不言而喻。15—17世纪欧洲扩张的早期阶段，通常被称为大航海时代。海港通过殖民帝国支持了国际贸易的早期发展，在工业革命后期，许多港口成为重要的贸易平台。随着全球化和集装箱化的发展，海港在支持全球贸易和供应链方面的重要性日益增加。海港处理的货物反映了其腹地的经济复杂性。简单经济通常与散装货物有关，而复杂经济则产生更多的集装箱流动。技术和商业的发展促使人们更加依赖海洋作为经济和流通空间。

2. 河流和运河

纵观历史，河流贸易一直盛行。18 世纪末和 19 世纪初的第一次工业革命，与西欧和北美带船闸的运河系统的发展有关。运河系统主要用于运输重型货物，这使得原有的和受限制的内陆分配系统得以发展，其中许多系统至今仍在使用。

3. 铁路

19 世纪第二次工业革命与铁路系统的开发有关。铁路使内陆运输系统更加灵活，并且提高了运输容量，通过资源开采、地区定居以及货运和客运流动性的增加，大大推动了经济发展。

4. 公路

20 世纪，国家公路系统和汽车制造业等综合道路运输系统迅速发展，并成为主要经济部门。第二次世界大战后，个人交通工具被中等收入社会阶层广泛使用。这与为工业和商业市场提供可靠的"门到门"交付服务的新型经济形态有关，并带来了郊区化等社会变革。

5. 航空和信息技术

20 世纪下半叶，随着经济全球化的推进，全球航空和电信网络得到了发展。新的组织和管理形式成为可能，特别是在快速发展的物流和供应链管理领域。尽管海上运输是全球化的基础，但航空运输和信息技术同样支持了旅客、专业货物及其相关信息的加速流动。

三、中国交通运输业的发展阶段

新中国成立以来，特别是改革开放以来，中国交通运输面貌发生了历史性变化，为经济社会发展和人民群众安全便捷出行做出了重要贡献。70多年来，中国交通运输总体上经历了从"瓶颈制约""基本适应"和"先导推动"的奋斗历程，与世界一流水平的差距快速缩小，部分领域已经实现超越，一个走向现代化的综合交通运输体系正展现在世界面前。

（一）瓶颈制约期

从新中国成立到改革开放前，中国交通运输业落后于经济的发展，处于瓶颈制约期，交通基础设施和装备严重不足。在新中国成立之初，全国铁路总里程仅2.18万公里，有一半处于瘫痪状态。能通车的公路仅有8.08万公里，拥有民用汽车5.1万辆。内河航道处于自然状态。民航航线只有12条。邮政服务网点较少。主要运输工具还是畜力车和木帆船等。

改革开放前的20多年时间，国家投资交通运输建设，包括修复、改造和扩建了一批交通运输设施设备，提高了交通运输基础设施覆盖程度，新开辟了国际、国内水路和空中航线，扩大了邮政网络，增加了运输装备数量。在此期间，沿海主要港口压船、压港、压货的现象得到缓解。

（二）基本适应期

从改革开放到20世纪末的20多年，中国交通运输业与国民经济发展基本适应。中国政府把交通运输放在优先发展的位置，加大政策扶持力度，在放开交通运输市场、建立社会化融资机制方面进行开创性探索，积极扭转交通运输不适应经济社会发展的被动局面。铁路实行经济承包责任制；出台了提高养路费征收标准、开征车辆购置附加费以及"贷款修路、收费还贷"等扶持公路发展的三项政策；公路、水运工程建设项目开始实行招投标制度；港口率先对外开放，海运业最早实现"走出去"；民航走上了企业化发展道路，航空运输市场开始形成；实施邮政管理体制改革，成立中国速递服务公司，恢复办理邮政储蓄业务；加大交通运输建设投资力度，吸引社会资本参与基础设施建设。1988 年沪嘉高速公路通车，实现中国大陆高速公路零的突破。

1992 年，中国确立了建立社会主义市场经济体制的改革目标。交通运输不断加大改革开放力度，各种运输方式发展取得突破性进展。开展铁路建设大会战，1997 年起铁路进行了连续六次大提速。公路和水运实施公路主骨架、水运主通道、港站主枢纽和支持保障系统的"三主一支持"规划，制定了加快建设步伐的目标任务。民航机场建设费和基础设施建设基金、铁路建设基金、内河航运建设基金先后设立。为应对东南亚金融危机，中国实施积极的财政政策，公路建设投资进入"快车道"，高速公路建设大规模兴起。实施西部大开发战略，全面加强西部地区铁路、公路、机场、天然气管道干线建设。提出"修好农村路，服务城镇化，让农民兄弟走上油路和水泥路"的发展目标，掀起农村公路建设新高潮。深化港口管理体制改革，加快港口建设。实行邮电分营和邮政政企分开，邮政向信息流、资金流和物流"三流合一"的现代邮政业方向发展。

（三）先导推动期

进入 21 世纪，交通运输在国民经济中的基础性、先导性、服务性作用日益受到重视，中国政府全面深化交通运输改革，加快建设现代综合交通运输体系，不断提升交通运输行业治理体系和治理能力现代化水平，交通运输进入了各种运输方式交会融合、统筹发展的新阶段。

2002 年以来，中国制定实施了《中长期铁路网规划》《国家高速公路网规划》《农村公路建设规划》《全国沿海港口布局规划》《全国内河航道与港口布局规划》等一系列规划。继续落实西部大开发等国家区域发展战略，先后制定实施系列规划纲要，全面加强西部地区交通基础设施建设。2003 年 10 月 11 日，秦沈客运专线正式运行，中国开启了"高铁时代"。2007 年中国政府批准的《综合交通网中长期发展规划》，明确提出建设现代化综合交通网。2008 年交通运输部成立，交通运输大部门体制改革迈出实质性步伐。

党的十八大以来，交通运输进入了加快现代综合交通运输体系建设的新阶段。2013 年，铁路实现政企分开，交通运输大部门体制改革基本落实到位。交通运输全面深化改革，建设法治政府部门，加快综合交通、智慧交通、绿色交通、平安交通"四个交通"建设，围绕"一带一路"建设、京津冀协同发展、长江经济带建设制定发展规划。加快综合交通运输基础设施成网，推进多种运输方式有效衔接。促进现代物流业发展，提升综合运输服务保障水平。加强交通运输基本公共服务供给和管理，支持集中连片特困地区交通运输基础设施、城乡客运、城市公共交通发展。推进东、中、西、东北"四大板块"区域交通协调发展，西部地区高速铁路（简称"高铁"）加快发展，中西部地区交通条件显著改善。

交通运输网络的完善和服务水平的提高，推动了经济运行效率提升，降低了物流成本，带动了汽车、船舶、冶金、物流、电商、旅游、房地产等相关产业发展，创造了大量就业岗位。便捷高效的物流基础设施网络，促进了多种运输方式顺畅衔接和高效中转，提升了物流体系综合服务水平，有力保障了煤炭、原油、铁矿石、粮食等重点物资运输，开辟鲜活农产品"绿色通道"，有效满足了人民群众的生产生活需求。

四、中国交通运输业新质生产力发展基础

（一）综合立体交通网加速成型

截至 2023 年底，中国综合交通网总里程超过 600 万公里；铁路总里程达 15.9 万公里，其中高铁达 4.5 万公里；公路总里程达 544.1 万公里，其中高速公路达 18.4 万公里；内河航道总里程达 12.8 万公里，其中等级以上航道达 6.8 万公里，高等级航道达 1.7 万公里；拥有港口生产性码头泊位 21905 个，其中万吨以上的码头 2883 个；民用运输机场达到 259 个，年旅客吞吐量超过千万人次的有 38 个。国家综合立体交通网建成率约为 78.6%，主骨架线路建成率约为 87%。中国已建成全球最大的高速铁路网、高速公路网、世界级港口群，航空航海通达全球。中国高速铁路、高速公路对 20 万以上人口城市的覆盖率均超过了 95%。交通运输缩短了时空距离，加速了物资流通和人员流动，为扩内需、稳增长、保民生提供了有力支撑。

（二）综合运输服务水平持续提升

2023 年，全国完成跨区域人员流动量 612.5 亿人次，同比增长 30.9%，比 2019 年增长 0.8%；其中铁路客运量 38.5 亿人次，同比增长 130.4%；公路人员流动量 565.2 亿人次，同比增长 26.3%；水路客运量 2.6 亿人次，同比增长 121.6%；民航客运量 6.2 亿人次，同比增长 146.1%。2023 年，完成货运量 547.5 亿吨，同比增长 8.1%，比 2019 年增长 16.9%；其中铁路 50.4 亿吨，同比增长 1%；公路 403.4 亿吨，同比增长 8.7%；水路 93.7 亿吨，同比增长 9.5%；民航 735 万吨，同比增长 21%；邮政寄递业务量完成 1625 亿件，同比增长 16.8%。

与此同时，交通运输服务质量全面提升。多式联运、甩挂运输等先进运输组织模式及冷链等专业物流快速发展，集装箱、厢式货车等标准化运载单元加快推广，城乡物流配送信息化、集约化程度明显提

升，提高了社会物流运行效率。2023 年，中国快递业务量完成 1320 亿件，实现业务收入 1.2 万亿元，同比分别增长 19.4%和 14.3%，年人均快递使用量超过 90 件。中国快递业务量连续 10 年位居世界第一。行业服务产业链更加有力，时效快、覆盖面广、性价比高的邮政快递服务，助力中国连续 11 年成为全球第一网络零售市场。

（三）科技创新和应用取得突破

1. 基础设施建设技术世界领先

高速铁路、高寒铁路、高原铁路、重载铁路技术迈入世界先进行列，高速铁路成为"中国制造"和"走出去"的新名片。高原冻土、膨胀土、沙漠等特殊地质的铁路、公路建设技术克服世界级难题，青藏公路、青藏铁路先后建成通车运营。陆续建成一批世界级特大桥隧，该领域建造技术达到世界先进水平。离岸深水港建设关键技术、巨型河口航道整治技术、长河段航道系统治理技术以及大型机场工程建设技术世界领先，实施港珠澳大桥、洋山港集装箱码头、长江口深水航道治理等系列重大工程。

2. 装备制造技术快速进步

以高速列车、大功率机车为代表的一批具有自主知识产权的高性能铁路装备技术达到世界先进水平，部分达到世界领先水平。新能源道路运输装备实现产业化。自主研制的支线客机、通用飞机、直升机已交付使用，C919 大飞机总装下线，中国成为世界上为数不多的能够自主研制大飞机的国家。大型专业化码头装卸设备制造、海工机械特种船舶、集装箱成套设备制造技术领先世界，300 米饱和潜水取得创新性突破。邮政光学字符识别（OCR）、视频补码、码址校验等分拣技术处于世界领先水平。

3. 信息化智能化技术广泛应用

大数据、云计算、物联网、移动互联网等信息通信技术在交通运输领域广泛应用,线上线下结合的商业模式蓬勃发展。铁路建成了客运联网售票系统,实现了运输生产调度指挥信息化。高速公路电子不停车收费系统(ETC)基本实现了全国联网。港口电子数据交换系统(EDI)、船舶交通服务系统(VTS)、船舶自动识别系统(AIS)在水运管理中广泛应用,开发了长江干线电子航道图技术。民航商务信息系统处于世界先进水平。邮政建立国家、省、市三级联动视频监控体系。无线射频识别技术(RFID)、全球卫星导航系统(GNSS)等现代导航信息技术在民航运输、物流配送中广泛应用。北斗卫星导航系统成为第三个面向国际航海应用的全球卫星导航系统。

第三节
新质生产力在交通运输领域的 "四梁八柱"

一、新质生产力推进交通运输发展的总体思路

交通运输领域的新质生产力是一种行业生产力体系,覆盖从微观的要素层面到中观的现代交通运输方式层面,再到宏观现代综合交通运输体系的多维体系,涵盖交通运输新生产者、交通运输新技术、交通运输新型基础设施、交通运输高质量服务,从交通运输创新企业、交通运输科研机构到交通运输新业态、新模式,从交通运输战略性新兴产业到未来交通运输产业,从单一交通运输方式创新到不同交通运输方式协同创新,从交通运输有形创新到体制机制政策标准等无形创新,交通运输领域的新质生产力不仅是体系性的,也是结构化、层次

化的，有其内在紧密逻辑关系的"四梁八柱"，如图 2-1 所示。

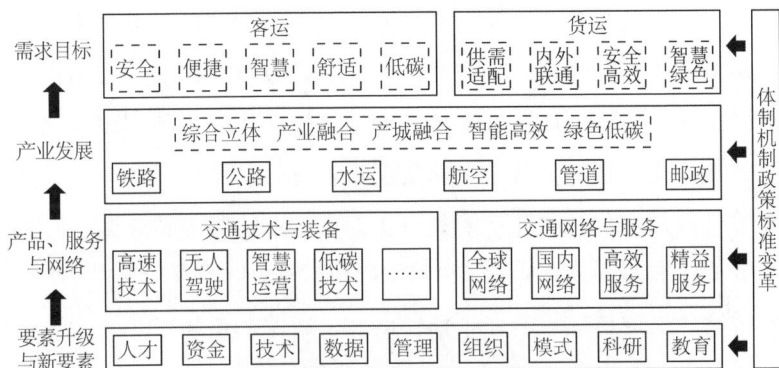

图 2-1　新质生产力推进交通运输发展的总体思路

第一，从需求层面看，新质生产力赋能的交通运输最终目标，依然是提供高质量的客货运输服务。从具体的需求维度来看，客运和货运又有区别，客运主要追求的是安全、便捷、智慧、舒适、低碳等，而货运主要追求的是供需适配、内外联通、安全高效、智慧绿色等。在客运的几个需求维度中，安全、便捷是最基本的需求，智慧是在信息技术高度发展的背景下派生出的更高层次的需求目标。人们在选择出行方式和工具的时候，希望运输系统能够自动提供最合理的解决方案，减少搜寻和等待的时间。在提供交通运输基本的安全、便捷服务的基础上，人们也更加重视旅行过程的舒适体验，以及为减少对环境的压力而追求低碳的出行方式。货运需求与生产、流通过程紧密依存，因而更重视高效性和可靠性。

第二，从产业发展层面看，产业发展的总体目标有综合立体、产业融合、产城融合、智能高效和绿色低碳。其中，综合立体主要是指各种交通运输方式应当有序竞争、协调统一，按照各自的经济技术特性和比较优势发挥在综合立体运输网中的作用；产业融合主要是指交通运输应当与生产环节、流通环节相协调，与上下游企业之间相互衔接、合作，提高整个供应链的运转效率和竞争力；产城融合主要是指交通运输与区域经济之间更好地融合协调，发挥集聚辐射作用，促进区域经济的发展；智能高效主要指交通运输应当充分利用信息化、网络化、数字化、智能化技术，对交通运输体系、结构、功能、方式、装备等进行数字化转型和智能化升级，实现运输服务高效率高效益；绿色低碳主要指交通运输着眼于生态文明、环境友好、资源节约和安全等可持续发展目标，推动土地、能源、资源的集约和节约，减少污染、降低排放，最大程度减少交通运输活动的负面影响。

第三，从产品、服务与网络层面来看，受到新科技革命带来的信息技术、网络技术、人工智能、新能源、新材料等的影响，交通技术与装备更加先进，网络更加通达，服务更加精益、高效。如出现了一些全新的交通技术与设备，或者在功能上有了大幅度的提升，例如高速技术、无人驾驶、智慧运营、低碳技术等。

第四，从要素层面来看，支撑交通运输产业和需求变革的不仅有传统要素的升级，也有新要素的加入。在交通运输领域主要的生产要素包括人才、资金、技术、数据、管理、组织、模式、科研和教育等。

此外，生产力决定生产关系，生产关系又对生产力起反作用。在新质生产力推动交通运输发展的过程中，也离不开体制、机制、政策、标准的变革。适宜的体制、机制、政策、标准，可以为新质生产力更好地发挥作用提供保障。

二、新质生产力推进交通运输发展的重点方向

（一）坚持安全可靠的发展方向

交通运输的安全可靠包括安全性和可靠性两个方面。其中，安全

性是指所提供的运输服务可以使运输对象完好无损、平安实现位移的满足程度；可靠性是指运输服务的执行过程具备稳定、可预测和可信赖的特征，达到所要求的标准。交通运输的安全性直接影响生产经营活动能否正常稳定运行，关系人民群众的生命和财产安全，对维护国家经济社会稳定发展具有重要意义。习近平总书记强调，"要强化安全生产第一意识"[①]。坚持安全可靠发展是对交通运输的基本要求，交通运输应当把坚持安全可靠发展摆在首要位置。

经过改革开放以来 40 多年的发展，特别是党的十八大以来，在习近平新时代中国特色社会主义思想指导下，中国交通运输安全生产体制机制不断完善，法规制度逐步健全，人员素质显著提升，装备设施安全性能明显改善，交通运输安全生产取得了长足发展。但距离《交通强国建设纲要》提出的"人民满意、保障有力、世界前列"的目标仍有较大差距，特别是安全基础薄弱、安全责任不严不实、安全改革创新不足、新业态安全监管不适应等问题仍较为突出，交通运输安全生产依然任重道远。

（二）坚持数字智能的发展方向

随着科技的不断进步，数字化和智能化技术对传统运输工具、运输方式和运营管理模式带来深刻影响。坚持数字智能的发展方向，可以提高交通信息的获取和处理效率，提高出行便捷性和舒适度，优化资源配置，提升交通运输服务效率和质量。

近年来，中国交通运输数字化智能化水平不断提升。智能化铁路信号系统广泛应用；高速公路视频监控和电子不停车收费系统（ETC）广泛覆盖；沿海港口及附近水域电子海图和智能航标实现全部覆盖，

---

① 《习近平就切实做好安全生产工作作出重要指示　要求各级党委和政府牢固树立安全发展理念　坚决遏制重特大安全生产事故发生》，《人民日报》，2015 年 8 月 16 日 1 版。

数字航道基本覆盖长江、西江干线；基于性能的导航系统（PBN）在运输机场广泛应用；互联网售票比例和电子客票使用率不断提高，"互联网+"便捷交通创新应用成效显著，"掌上出行"等新业态不断推出。

尽管行业信息化数字化取得了长足发展，但是还存在以下几个方面的不足。一是数据基础依然薄弱。数据采集能力难以满足发展需要，动态感知的范围较窄、深度不够；行业成体系、成规模的公共数据较少，数据开放与社会期望还存在差距。二是应用协同性不强。不同方式和领域之间发展不平衡，纵向的全国一体化协同应用较少，横向的综合性应用尚未充分整合、有效联动。三是安全保障水平有待提升。网络安全主动防护、纵深防御、综合防范的能力不适应新形势，关键信息基础设施和关键数据资源保护能力不足。四是发展环境有待完善。先进信息技术与交通运输的融合深度、广度仍显不足，可规模化复制推广的模式和标准尚未形成，重建设轻运维问题依然存在。

（三）坚持绿色低碳的发展方向

日益严重的全球环境问题给人类生存带来巨大威胁，控制碳排放、减缓全球气候变暖已经成为重要的全球议题之一。交通运输是碳排放的重要领域之一。近年来，随着社会经济的快速发展和私人汽车的进一步普及，中国交通运输领域碳排放也快速增加。交通运输的绿色低碳发展，对于促进行业高质量发展、加快建设交通强国具有十分重要的意义。

近些年，交通运输行业全面深入推进交通运输绿色发展，取得了积极成效。持续加快新能源和清洁能源应用，新能源城市公交、出租汽车和城市物流配送汽车总数达到 100 余万辆，现有 LNG 动力船舶 290 余艘，全国港口岸电设施覆盖泊位约 7500 个，高速公路服务区充电桩超过 1 万个。出台《港口和船舶岸电管理办法》等规章，在节能降碳、生态保护、污染防治等领域制定了 62 项绿色交通相关标准规范。发布两批交通运输行业重点节能低碳技术推广目录，其中 12 项被纳入国家重点节能低碳技术目录，30 多项实现规模化应用。强化绿色交通国际交流合作，发布《中国交通的可持续发展》白皮书，积极参与航运温室气体减排谈判。

虽然交通运输行业绿色发展已取得积极成效，但仍存在一些困难和问题，交通运输结构尚需进一步优化，行业污染防治和碳减排面临一些瓶颈制约，绿色交通推进手段尚不完善。

（四）坚持融合协同的发展方向

交通运输对供应链的成本、效率和服务水平产生重要影响，在供应链中发挥着举足轻重的作用，交通运输的布局和类型直接影响着供应链的布局、容量和效率。现阶段，中国不同运输方式之间尚存在所有制的差别，公路、铁路、水运、民航的市场化程度不一致，公路运输高度竞争，铁路、水运、民航的市场化程度仍有待提高，因而多式联运也是有效实现供应链上下游企业协同联动发展的关键和难点。

为此，交通运输部开展综合运输服务"一单制""一箱制"交通强国专项试点工作，同时加快推进互联网货运新业态健康规范有序发展，交通运输与上下游企业之间的融合协同发展得到了有效提升。2023 年 8 月，交通运输部联合商务部、海关总署、国家金融监督管理总局、国家铁路局、中国民用航空局、国家邮政局、中国国家铁路集团有限公司发布《关于加快推进多式联运"一单制""一箱制"发展的意见》。

但总体来看，交通运输在与上下游企业之间的融合协同发展方面，还有很大的提升空间。随着平台化、网络化、数字化的发展，交通运输与上下游企业之间的信息共享和数据安全、法律法规的差异，以及相关人才短缺等依然是制约供应链整体效率提升的关键因素。

三、新质生产力推进交通运输发展的关键着力点

（一）坚持科技创新驱动

坚持科技创新驱动，强化高质量科技供给，聚焦制约交通运输高质量发展的主要问题，促进新技术与交通运输融合，推动交通运输产业创新发展。一是坚持自主创新，强化基础研究和应用基础研究，加强关键共性技术、前沿引领技术、现代工程技术、颠覆性技术研发，着力突破交通运输"卡脖子"技术难题，实现高水平科技自立自强，抢占交通运输领域科技制高点。二是完善交通运输相关重点实验室、研发中心布局，推动一批相关科研平台纳入国家科技创新体系。加快交通运输领域相关科研基础设施、大型仪器设备、科学数据等科技资源开放共享。三是加快智能交通发展，推广先进信息技术和智能技术装备应用，加强联程联运系统、智能管理系统、公共信息系统建设，推动一批自动驾驶、智能航运测试基地和先导应用试点工程建设。四是加强科技创新能力建设，完善体制机制，激发交通运输企业科技创新的内在动力，更好发挥科技创新在推动交通运输高质量发展中的关键作用。

（二）持续优化调整运输结构

持续优化调整运输结构，推动各种交通运输方式深度融合，提升综合运输效率，降低社会物流成本，促进节能减排降碳。一是强化规划统筹引领，提高交通基础设施一体化布局和建设水平，加快综合立体交通网建设，加快补齐基础设施短板，挖掘既有干线运能，提升综合运输通道功能。二是优化枢纽空间布局，提升全国性、区域性和地区性综合交通枢纽水平，完善枢纽综合服务功能，优化中转设施和集疏运网络，强化客运零距离换乘和货运无缝化衔接，实

现不同运输方式协调高效，发挥综合优势，提升综合交通体系整体效率。三是创新多式联运组织模式，推动冷链、危化品、国内邮件快件等专业化联运发展，鼓励重点城市群建设绿色货运配送示范区，鼓励港口航运、铁路货运、航空寄递、货代企业及平台型企业等加快向多式联运经营人转型。四是加强铁路、港口、船公司、民航等企业信息系统对接和数据共享，建立完善货物装载交接、安全管理、支付结算等规则体系。

（三）深入推进数字交通体系建设

深入推进数字交通体系建设，显著提升行业数字化、网络化、智能化水平，有力支撑交通运输行业高质量发展和交通强国建设。一是推进综合交通大数据中心体系建设，加强数据资源的整合共享、综合开发和智能应用，打造综合交通运输"数据大脑"。二是加快推进交通新基建，推动新技术与交通基础设施融合发展，赋能传统交通基础设施，推动交通基础设施数字转型、智能升级，提升基础设施安全保障能力和运行效率。三是建设一体衔接的数字出行网络，鼓励企业整合多方式出行信息资源，为旅客提供全链条、多方式、一站式出行服务，推动旅客联程运输发展和全程服务数字化。四是建设多式联运的智慧物流网络，创新智慧物流运营模式，推进电子运单跨方式、跨区域共享互认，推动"互联网+"高效物流发展。五是升级现代化行业管理信息网络，统筹推动交通运输政务管理和服务联网一体化运行，推进交通运输数字政府部门建设，提升行业治理现代化水平。

（四）推进交通运输绿色发展

随着全球对绿色低碳发展的追求，推进交通运输绿色可持续发展，集约节约利用资源日益重要。一是加强标准化、低碳化、现代化运输装备和节能环保运输工具推广应用。加快推进城市公交、出租汽车、物流配送等领域新能源汽车推广应用，推进新增和更换港口作业机械、港内车辆和拖轮、货运场站作业车辆等优先使用新能源和清洁能源。推动公路服务区、客运枢纽等区域充（换）电设施建设，为绿色运输和绿色出行提供便利。二是促进安全绿色技术与交通运输融合发展。研发新型动力系统、高效清洁载运装备、新能源安全储运装备、船舶和码头油气回收和安全检测成套设备。发展生物降解包装、智能打包、循环及共享包装等新材料新技术。三是健全绿色交通标准规范体系。修订绿色交通标准体系，加强新技术、新设备、新材料、新工艺等方面标准的有效供给。四是强化绿色交通评估和监管。完善绿色交通统计体系，统筹既有监测能力，利用在线监测系统及大数据技术，建设监测评估系统。完善评估考核方案及管理制度，强化绿色交通监管能力。

（五）加强交通安全保障体系建设

着力加强安全保障体系建设，夯实筑牢交通强国安全发展根基。一是完善安全生产投入保障机制，提升基础设施安全保障能力，优化运输装备安全性能，改善生产作业安全环境，不断提升交通生产安全水平。二是加强安全教育和培训，全面提升行业人才队伍安全素质。建立健全安全生产线上线下教育培训基地与平台，完善安全生产相关职业资格制度，加强安全监管队伍专业化知识培训，严格企业主要负责人和专兼职安全管理队伍培训考核，强化一线从业人员关键安全技能教育。三是完善安全生产法规制度体系，有效落实企业主体责任和管理部门监管责任。理顺综合安全监管与行业安全监管的关系，推动安全监管职能整合，深化综合交通执法改革，健全农村交通安全管理体制，完善内河应急救助机制，加快推进安全生产治理体系与治理能力现代化。四是加强应急能力建设，全面提升应急处置和救援水平。加大隐患排查治理和风险管控力度，突出重点领域安全监管，全面实施安全生产风险管理，坚决遏制重特大事故多发频发。五是加大安全科技创新工作，充分发挥科技创新对安全发展的引领、支撑和保障作用。强化行业安全生产前沿关键科技研发，鼓励行业内外科研力量以及社会资源积极参与，推动互联网、区块链、人工智能、云计算、大数据等现代科技与安全监管工作深度融合。

（六）提高对外开放与国际合作水平

加强国际开放合作，构建全方位、多层次、多渠道的交通运输对外开放和国际合作新格局。一是加强基础设施互联互通，推动国际联运发展。加强与周边国家、共建"一带一路"国家交通基础设施互联互通，推动具有国际物流功能的物流园区和货运场站建成运营，积极推动国际航运、国际航空合作，促进国际运输便利化。二是积极参与交通运输国际组织事务，认真履行各项国际义务，在铁路合作组织、国际海事组织、国际民用航空组织和万国邮政联盟等重要交通运输国际组织中发挥建设性作用。三是加快"走出去"步伐，积极拓展业务领域和合作方式。积极开拓交通运输基础设施建设、港口经营、远洋运输、交通运输装备、船舶检验、航海教育等众多业务领域；从传统劳务输出和工程承包向资本输出、技术输出、管理输出、标准输出转变。

（七）培养造就高素质人才队伍

人才是生产力中最活跃的因素，新质生产力推进交通运输发展离不开人才支撑。一是瞄准技术创新这个"主靶心"，凝聚各个学科、各种行业、各具特点的人才，解决交通人才队伍大而不强的问题，努力培养造就更多大师、战略科学家、一流科技领军人才和创新团队。二是构建以职业技工院校学校（含技工院校）为基础、行业企业为主体、政府推动与社会支持相结合的高技能人才培养体系，造就一批政治素质较高、综合素质较强、专业水平高和创新能力强的高技能人才。三是培育高素质专业化交通管理干部队伍，激励领导干部自觉弥补知识弱项、能力短板、经验盲区，把干部队伍培养成交通运输行业各领域的"政策通"和本职岗位的行家里手。四是建立科学管用的关键核心技术人才选育管用制度，探索推行技术、专利等知识产权入股制度和创新科技人才持股制度，设立人才发展专项资金，积极引进急需紧缺的相关人才。

（八）加强现代化治理能力建设

深化交通运输领域体制机制改革，优化完善管理体制、运行机制、法律法规和标准体系，推进治理能力现代化。一是深化重点领域改革。进一步厘清铁路行业政府和企业关系，推进铁路行业竞争性环节市场化改革；推进公路收费制度和养护体制改革，推广高速公路差异化收费；持续推进空管体制改革，完善军民航空管联合运行机制，实施空域资源分类精细化管理，优化全国航路航线网，深化低空空域管理改革；实现邮政普遍服务业务与竞争性业务分业经营。二是加快形成统一开放的交通运输市场。着力打通体制机制、制度环境、标准规则等堵点难点问题，推动建设统一开放、竞争有序、制度完备、治理完善的交通运输市场体系。三是完善行业标准工作机制。发挥企业在标准研究方面的作用，畅通交通运输标准国际交流与合作渠道。四是创新投融资体制机制。全面落实交通运输领域中央与地方财政事权和支出责任划分改革方案，优化债务结构，防范化解地方政府隐性债务风险。

第四节
现代综合立体交通网

习近平总书记在党的二十大报告中明确指出："优化基础设施布局、结构、功能和系统集成，构建现代化基础设施体系。"[①]交通基础设施是现代化基础设施体系的重要组成部分，是经济社会发展重要的物质基础和承载平台，在全面建设社会主义现代化国家新征程中具有基础性、先导性、战略性作用。党的十八大以来，中国交通基础设施建设加快推进，整体水平实现跨越式提升，取得了举世瞩目的成就，创造了"中国速度"和"世界奇迹"，基本建成安全、便捷、绿色、高效、经济、包容、韧性的现代综合立体交通网，成为支撑引领新质生产力发展的重要基础和衡量新质生产力发展水平的重要标志之一。

一、网络布局覆盖广泛、规模庞大

（一）网络规模持续提升

全国综合交通网总里程突破 600 万公里，建成世界最大的高速铁路网、高速公路网，机场港口建设取得重大成就，高速铁路营业里程、高速公路通车里程、城市轨道交通运营里程、港口万吨级及以上泊位数等长期位居世界第一位。

---

① 习近平：《高举中国特色社会主义伟大旗帜　为全面建设社会主义现代化国家而团结奋斗——在中国共产党第二十次全国代表大会上的报告》，人民出版社 2022 年版，第 30 页。

　　重点区域交通基础设施"一张网"初步形成，京津冀、长三角、粤港澳等区域交通一体化发展取得明显成效，一体联通的综合交通网络初步成型，路网效率和承载力不断提升。截至 2023 年底，长三角地区铁路营业里程超过 1.43 万公里，相比 2019 年增加了 22.93%。其中，高铁里程超 7100 公里，拥有 25 条高铁。粤港澳大湾区运营和在建的轨道交通里程超 5400 公里，远期规划总里程将超 1 万公里。京津冀地区高速公路总里程达到 10990 公里（其中北京市 1211 公里，天津市 1358 公里，河北省 8421 公里），相较于 2014 年的 7983 公里增长 37.7%，高速公路密度达到 5.06 公里/百平方公里，为全国平均水平的 2.7 倍。城市群都市圈轨道交通体系化建设加快推进，城际铁路、市域（郊）铁路、城市轨道交通等有序建设，"轨道上的城市群"提速发力。截至 2023 年底，共有 55 个城市开通城市轨道交通，运营线路总长度超过 1 万公里[①]。

　　（二）空间布局更加均衡

　　全国东部、中部、西部、东北四大区域板块综合交通网络建设加速推进，已形成较为完善的区域性综合立体交通网络。东部地区综合交通网骨架已经全面形成，中部地区干线网络基本建成，西部地区综合交通网覆盖面不断扩大，东北地区综合交通网络主骨架初步形成。党的十八大以来，四大区域板块主要交通基础设施发展差距不断缩小，网络空间布局更加均衡，见表 2-1。2022 年东北、东部、中部和西部地区铁路营业里程占比分别为 12.2%、24.9%、22.8% 和 40.2%，西部地区占比最大；高速铁路里程占比分别为 9.9%、34.4%、30.1% 和 25.5%，东部地区占比最大；公路通车里程占比分别为 7.8%、22.7%、26.7% 和 42.9%，西部地区占比最大；高速公路

---

① 数据不包括港澳台数据。

里程占比分别为 7.8%、27.4%、22.9% 和 41.9%，西部地区占比最大；民航运输机场数量占比分别为 11.3%、16.8%、17.2% 和 54.6%，西部地区占比最大。

2022 年中国四大板块主要交通基础设施发展情况　　表 2-1

	类别指标	东北地区	东部地区	中部地区	西部地区
现状规模	铁路营业里程（公里）	19006.5	38778	35496	62694.3
	高速铁路里程（公里）	4120.4	14290	12486	10589.0
	公路通车里程（公里）	414780.0	1212505	1426884	2290269.0
	高速公路通车里程（公里）	13934.0	48925	40993	74810.0
	已建成机场数（已开通运营）	27	40	41	130.0
路网密度	铁路网密度（公里/万平方公里）	241.2	423.4	345.4	91.1
	高速铁路网密度（公里/万平方公里）	52.3	156.0	121.5	15.4
	公路网密度（公里/万平方公里）	5263.0	13239.8	13884.2	3329.4
	高速公路网密度（公里/万平方公里）	176.8	534.2	398.9	108.8
	机场密度（个/万平方公里）	0.3	0.4	0.4	0.2

在打赢脱贫攻坚战和全面建成小康社会的历史征程中，中国非常重视西部地区和广大农村地区综合交通网络建设，在持续完善国家主干网的基础上，加快城乡路网改造、农村公路"通达工程"和"通畅工程"建设，西部地区路网密度发生根本性变化，有效缩小了与东中部发达地区的差距；城乡交通加快发展，农村公路里程达 460 万公里，农村公路列养率达 100%、优良中等路率达 90%。

（三）覆盖广度更加广泛

提升综合立体交通网的空间覆盖水平是中国综合交通运输发展规

划和各运输方式专项规划的重要目标之一。根据 2021 年《国家综合立体交通网规划纲要》，规划到 2035 年，基本建成便捷顺畅、经济高效、绿色集约、智能先进、安全可靠的现代化高质量国家综合立体交通网，实现国际国内互联互通、全国主要城市立体畅达、县级节点有效覆盖。根据 2016 年《中长期铁路网规划》，规划到 2030 年，全国铁路网基本覆盖县级以上行政区，形成便捷高效的现代铁路物流网络，构建全方位的开发开放通道，提供覆盖广泛的铁路运输公共服务，形成以特大城市为中心覆盖全国、以省会城市为支点覆盖周边的高速铁路网。根据 2020 年《新时代交通强国铁路先行规划纲要》，规划到 2035 年，20 万人口以上城市实现铁路覆盖，其中 50 万人口以上城市高铁通达。根据 2022 年《国家公路网规划》，规划到 2035 年，国家高速公路全面连接地级行政中心、城区人口 10 万以上市县和重要陆路边境口岸，普通国道全面连接县级及以上行政区、国家重要旅游景区、陆路边境口岸。根据 2017 年《全国民用运输机场布局规划》，规划到 2025 年，建成覆盖广泛、分布合理、功能完善、集约环保的现代化机场体系，航空运输服务覆盖面进一步扩大。根据 2016 年《中长期油气管网规划》，规划到 2025 年，油气管道网络覆盖进一步扩大，全国省区市成品油、天然气主干管网全部连通，100 万人口以上的城市成品油管道基本接入，50 万人口以上的城市天然气管道基本接入。

在相关规划的指引下，中国加大了综合交通网络的空间覆盖。截至 2023 年，全国铁路网络覆盖超过 99% 的 20 万人口以上城市和超过 80% 的县级行政区，其中高铁网连通了除拉萨以外的其他所有省会（自治区首府）城市，覆盖了超过 83.6% 的地级及以上城市、98.7% 的城区人口 100 万及以上城市和 94.3% 的城区人口 50 万及以上城市，高速公路对 20 万人口以上城市覆盖率超过 98%，民用运输机场覆盖 92% 以上的地级市，快递网络覆盖超过 98%的乡镇网点。

（四）通达深度更加拓展

中国在交通运输相关规划中对综合交通网络的通达目标提出了明确要求。2019 年《交通强国建设纲要》提出，到 2035 年，基本形成都市区 1 小时通勤、城市群 2 小时通达、全国主要城市 3 小时覆盖的"全国 123 出行交通圈"，以及国内 1 天送达、周边国家 2 天送达、全球主要城市 3 天送达的"全球 123 快货物流圈"。2016 年《中长期铁路网规划》提出，到 2030 年，基本实现铁路内外互联互通、区际多路畅通、省会高铁连通、地市快速通达、县域基本覆盖。全国铁路网连接 20 万人口以上城市、资源富集区、货物主要集散地、主要港口及口岸，高速铁路网连接主要城市群，基本连接省会城市和其他 50 万人口以上大中城市。实现相邻大中城市间 1～4 小时交通圈，城市群内 0.5～2 小时交通圈。2020 年《新时代交通强国铁路先行规划纲要》提出，到 2035 年，"全国 1、2、3 小时高铁出行圈"和"全国 1、2、3 天快货物流圈"全面形成。2022 年《国家公路网规划》提出，到 2035 年，形成多中心网络化国家公路网格局，实现国际省际互联互通、城市群间多路连通、城市群城际便捷畅通、地级城市高速畅达、县级节点全面覆盖、沿边沿海公路连续贯通。

党的十八大以来，中国加快了综合立体交通网络的下沉，交通网络不断向县、乡、村延伸。截至 2024 年 3 月，官方宣布实现"县县通高速"的省级行政区达到 21 个，除广西的天峨县、四川的白玉县等极少数县不通省道外，绝大部分县级行政区均接入国省干线。农村公路建设步伐加快，实现了具备条件的乡镇和建制村通硬化路、通客车和通邮，惠及 5 亿多农民群众，有力保障了打赢脱贫攻坚战和全面建成小康社会。

二、网络结构多元兼容、层级有序

（一）层次分明的功能结构

综合交通网涵盖公路、铁路、水运、民航和管道五种运输方式，通过在地理空间上和功能上的有机组合、衔接，形成网络布局，构成了综合交通体系的基础。近年来，中国交通基础设施快速发展，综合立体交通网初步形成，需要针对网络功能级配错位、要素配置不合理等问题，系统梳理交通基础设施的构成、结构、功能，加快构建层次分明、功能清晰的综合交通网。根据不同运输方式功能定位和技术经济特征，《"十三五"现代综合交通运输体系发展规划》提出构建综合交通"三张网"。一是快速交通网，主要由高速铁路、高速公路、民用航空等组成，在综合交通网中发挥骨干作用，突出服务品质高、运行速度快特点。二是普通干线网，主要由普速铁路、普通国道、港口、航道、油气管道等组成，在综合交通网中发挥干线服务功能，具有运行效率高、服务能力强等特点。三是基础服务网，主要由普通省道、农村公路、支线铁路、支线航道、通用航空等组成，是综合交通网的基础，具有覆盖空间大、通达程度深、惠及面广等特点。

（二）不断优化的技术结构

改革开放以来，中国交通基础设施发展质量大幅提升，高速铁路、重载货运铁路、高速公路、集装箱港口等现代化交通高科技实现从无到有。尤其是党的十八大以来，高速铁路、大跨径桥梁等技术领域实现跨越发展，超大特大城市轨道交通加快成网，公路、航道技术等级不断提升，港口专业化大型化深水化发展，港珠澳大桥、北京大兴国际机场、上海洋山港自动化码头、京张高速铁路等一批超大型重大交通工程建成投运，在交通重大科技设施、交通枢纽等方面取得了一批世界领先的成果。总体来看,在近些年的全国综合立体交通网中,高速、高等级交通发展尤为迅速,高速铁路里程占铁路总里程比重超过 28%,占世界高速铁路总里程的比重超过 60%;二级及以上等级公路里程占公路总里程比重超过 14%,三级及以上航道通航里程占总里程比重超过 13%;万吨级及以上泊位数量占比超过 13%,拥有年货物吞吐量超过亿吨的港口 40 余个,年集装箱吞吐量超过 100 万标准箱的港口 30 余个,在全球前十大港口和前十大集装箱港中,中国分别占据 8 席和 7 席。

(三)持续健全的物理结构

综合交通运输通道、枢纽、网络等交通基础设施并行发展,形成了"通道+枢纽+网络"的综合立体交通网络发展格局。全国"十纵十横"综合运输大通道基本贯通,其中"六纵三横"实现铁路干线和国家高速公路贯通,"六纵五横"实现国家高速公路贯通。在此基础上,2021 年《国家综合立体交通网规划纲要》提出加快构建由 6 条主轴、7 条走廊、8 条通道构成的国家综合立体交通网主骨架。同时,加快综合交通枢纽建设,不同运输方式在枢纽的有机衔接水平不断提升,通过实施立体化换乘、同站场布置,连通性不断提高,枢纽服务品质明显改善,对周边区域辐射带动作用显著增强。港口、物流园区、大型企业铁路专用线建设明显加快,港口大宗货物"公转铁"工程、工矿企业大宗货物"公转铁"工程、集装箱铁水联运拓展工程等货运枢纽建设工程加快推进,打通了铁路运输"最后一公里",实现铁路干线运输与重要港口、大型工矿企业、物流园区等的高效联通和无缝衔接,铁路"微循环"系统日益畅通。

(四)渐趋优化的方式结构

各种运输方式统筹并重,铁路、民航、内河航道网络持续扩大,针对不同运输距离的各种运输方式技术经济特征进一步凸显。铁路以前所未有的"加速度"迎来了高铁时代，普速铁路里程达到 11.4 万公里，高铁营业里程达到 4.5 万公里。国家公路路网规模、技术等级、通达深度不断提升，中央和地方、政府与企业形成发展合力，积极推进高速公路和普通公路建设，2023 年全国高速公路里程达到 18.4 万公里；截至 2022 年底，全国国道里程达到 37.95 万公里，普通省道里程达到 39.36 万公里，农村公路里程达到 453.14 万公里。内河航道条件持续改善，通江达海、干支衔接的航道网络进一步完善，长江、西江、京杭运河等航道通航条件不断改善，初步建成了以"两横一纵两网十八线"为主体的内河航道体系。机场建设步伐不断加快，机场布局进一步优化，功能逐步完善，中国机场总量持续扩大、覆盖密度逐渐加大、服务能力显著提高、现代化程度不断增强。

（五）更加合理的行政结构

2019 年 6 月 26 日，国务院办公厅印发《交通运输领域中央与地方财政事权和支出责任划分改革方案》（简称《改革方案》），明确指出，合理划分交通运输领域中央与地方财政事权和支出责任，通过改革形成与现代财政制度相匹配、与国家治理体系和治理能力现代化要求相适应的划分模式，为推进"四好农村路"建设、构建现代综合交通运输体系、建设交通强国提供有力保障。《改革方案》对公路、水路、铁路、民航、邮政、综合交通六个方面的中央与地方财政事权和支出责任进行了明确划分，指出要在完善中央决策、地方执行机制的基础上，适度加强中央政府承担交通运输基本公共服务的职责和能力，落实好地方政府在中央授权范围内的责任，充分发挥地方政府区域管理优势和积极性。总体来看，中国已形成由干线铁路、高速公路、国道、干线航道、民用运输机场等构成的国家综合立体交通与由地方铁路、省道、农村公路、支线航道、通用机场等构成的地方综合立体交通网统筹并重的发展格局，财政事权和支出责任划分更趋清晰。

三、网络功能多重兼顾、保障有力

（一）基础保障功能明显改善

综合立体交通网的运输能力和规模显著提升，运输安全和应急保障水平大幅改善，较好满足了百姓出行"走得好"的新期待。

客运方面，旅客运输规模平稳增长，快速客运比重不断增加，居民出行保障能力显著增强，有力保障了中国客运专业化、个性化、普惠化服务水平的大幅提升。尤其是在农村交通出行方面，党的十八大以来，全国累计新建改建农村公路约 270 万公里，集中整治"畅返不畅"农村公路 24 万公里，实施农村公路危桥改造 6.3 万座，安全生命防护工程 130 万公里；解决了 1100 个乡镇、10.5 万个建制村通硬化路难题，新增 5 万余个建制村通客车，全国城乡交通运输一体化水平明显提升。

货运方面，货物运输大幅增加，运输结构不断优化，部分运输指标全球领先，物流降本增效成效显著，运输效率明显提升。截至 2022 年底，全国拥有邮政行业各类营业网点 43.4 万处，其中设在农村地区 11.7 万处。快递服务营业网点 23.1 万处，其中设在农村地区 7.6 万处。全国邮政邮路 4.4 万条、1142.5 万公里，其中农村投递路线 10.4 万条、414.7 万公里。快递服务网络条数为 21.2 万条，长度（单程）达 4870.4 万公里。

（二）拓展服务功能愈发凸显

综合立体交通网络基础设施投资成为推动经济持续增长的主要动力之一，是拉动经济回升、稳定经济社会运行秩序的"强心剂"和"压舱石"。1998 年积极应对自然灾害和亚洲金融危机、2008 年应对国际金融危机，交通基础设施投资都被作为刺激经济的一个重要手段，产生了持续性的积极影响。2019 年以来，为有效应对新冠疫情冲击，中国积极推进交通基础设施建设，全国交通基础设施投资规模呈持续扩大态势，交通建设促投资、稳增长的作用进一步释放，投资总额从 2011 年的 2 万亿元增长至 2023 年的 3.9 万亿元，2019—2023 年这 5 年间累计完成交通固定资产投资超过 18 万亿元，为促进稳增长、保持经济运行在合理区间提供了有力支撑，作出了积极贡献。

此外，交通基础设施在促进技术创新等方面表现出明显的积极作用。"复兴号"列车 16 节长编组正式上线运行，上海洋山港四期码头自动化设备和操作系统实现自主研发应用，首艘国产大型邮轮设计建造项目正式启动，国产 C919 大飞机突破 100 余项关键技术，AG600 水陆两栖飞机成功实现水上试飞，自主创新能力持续增强。新一代国家交通控制网、综合交通出行及旅游服务大数据示范工程等稳步开展，高铁、民航推广应用人脸识别系统，E 航海、长江电子航道图等持续推广应用，32 家千万级机场国内航班全面实现"无纸化"乘机，自动化分拣覆盖主要快递企业骨干分拨中心。

（三）战略支撑能力不断增强

综合立体交通网对区域经济社会发展的带动作用显著提升，对区域重大战略和区域协调发展战略的支撑引领能力显著增强，京津冀相邻城市间基本实现铁路 1.5 小时通达，京雄津保唐"1 小时交通圈"已经形成。长江经济带沿江高铁有序建设，长江干线武汉至安庆段 6 米水深航道整治工程全面完工并投入运行，长江数字航道建设正式"收官"。粤港澳大湾区综合立体交通网络越织越密，"1 小时生活圈"基本形成，大湾区高速公路密度达到 8.7 公里/百平方公里，媲美纽约、东京等世界主要湾区。长三角高铁总里程突破 6000 公里，省际断头路加快打通，地级市城区公交"一卡通"基本实现。海南交通基础设施不断提质升级，高速路网正由"田"字型向"丰"字型迈进，公路网密度提高至 121.1 公里/百平方公里，"四方五港多港点"的港口发展格局基本形成。黄河流域初步形成内通外联的多层级综合立体交通网络，沿黄河九省区铁路营业里程、公路通车里程、运输机场数量分别约占全国的 38%、34% 和 32%。

同时，中国综合立体交通网还有力保障了全面建成小康社会，顺利完成了脱贫攻坚兜底保障任务，脱贫地区"出行难"问题得到根本性改善，成为支撑巩固脱贫攻坚成果与乡村振兴有效衔接、扎实推进共同富裕的先行领域。西部地区路网短板弱项加快补齐，川藏铁路拉林段开通运营，成雅段建设稳步推进，和田至若羌铁路开通运营。城乡交通运输一体化示范县创建工作稳步开展，农村客运公交化改造、农村客货邮融合发展、农村运输信息化发展走深走实。

四、网络系统集成融合、发展创新

（一）一体协同融合发展

交通方式间网络一体化发展理念深入人心，综合交通枢纽加快建设，各方式交通网络有机衔接、深度融合，多式联运快速发展，运输结构进一步优化调整。推动交通基础设施与其他各类基础设施一体化融合协同发展，加强资源整合和共建共享，推进规划衔接与协同布局，促进资源共享、线位共用、功能互融，做好同步预留，提高空间利用效率，整体提升基础设施网络化、系统化发展水平。顺应经济社会和交通运输业双转型发展要求，交通基础设施网络与产业融合发展趋势显现，交通基础设施网络空间优化与现代产业组织逐步协同，枢纽经济、通道经济等新经济新业态快速发展。

（二）新型智慧创新发展

协调传统与创新，积极推动新技术、新材料、新设备、新工艺研发在综合交通网络中的广泛应用，有序推进新型交通基础设施网络建设和传统交通基础设施网络智慧化改造。一方面，新型交通网络快速发展。在现代信息技术应用和商业模式创新的推动下，交通新型基础设施网络蓬勃发展，新一代国家交通控制网、智慧公路试点、智慧港口示范工程、"E航海"示范工程、交通旅游服务大数据试点工作有序实施，基础设施网络数字化、路运一体化车路协同、北斗高精度定位综合应用成效显著。另一方面，传统交通网络智能化升级加快，"互联网+"在交通基础设施网络领域的技术应用不断深化扩展，人工智能与交通基础设施网络建设深度融合，高速公路电子不停车收费系统（ETC）基本实现了全国联网，北京、深圳、杭州、南京等城市交通运行协调指挥中心加快建设。

（三）绿色安全韧性发展

绿色发展理念深入人心，坚持尊重自然、顺应自然，坚定不移走生态优先、绿色发展的现代化道路，将绿色生态理念贯穿综合交通网络建设全过程，实现集约节约、绿色低碳发展。不断拓展"避让-保护-修复"模式应用范围，综合交通网络建设积极推进生态选址、生态设计施工，用地用海用能逐步从粗放式向集约节约式转变，对线位、桥位、岸线、空域等交通资源要素的利用日益科学合理。在铁路、公路、航道沿线开展绿化行动，注重动物通道、洄游通道建设。兼顾综合交通网络建设与管养，加强交通基础设施规划、设计、建设、运营、管理、养护等各环节统筹并重，创新交通基础设施全生命周期发展模式。统筹发展与安全，坚持质量为本、安全第一，全面提升交通基础设施产品质量和耐久性，努力打造"百年品质工程"。

第五节

人享其行、物畅其流的运输服务

习近平总书记指出："人民对美好生活的向往，就是我们的奋斗目标。"①不断增强人民群众的获得感、满足感、幸福感是交通运输发展的初衷和本源。党的十八大以来，交通运输领域认真贯彻落实习近平总书记关于建设人民满意交通的重要指示批示精神，坚持以人民为中心，以普惠共享为宗旨，全面提升交通发展和运输服务质量，确保交通运输发展为了人民、依靠人民，发展成果由人民共享。积极顺应人民群众美好生活新期待，围绕在高质量发展中推动共同富裕，充分考虑客、货运输的需求特征和阶段性特点，兼顾基本需求和品质需求，推动交通运输提能力、强功能和优服务协同发展，注重利用现代信息、数字技术，持续扩大优质服务产品供给，强化公共服务保障，提升运输服务品质。

一、人享其行的客运服务

（一）区际客运服务持续优化

区际客运是中国客运系统的重点，为提升区际客运服务水平，中国采取了一些举措，包括：进一步拓展高铁覆盖范围，优化运输组织，丰富票价体系，提升普速列车服务质量；提高国内民航航线覆盖率，

---

① 习近平：《必须坚持人民至上》，《求是》，2024 年第 7 期。

加快机场轨道交通、城市候机楼建设，提高机场集疏运效率；加快公路客运服务和高速公路服务区服务升级，提供便捷、灵活、个性化公路客运服务；加强综合客运枢纽建设，优化设计和管理流程，强化一体无缝衔接，实现高效便捷换乘；丰富空铁联运、空公联运等联程联运产品，提高运营组织水平；加快构建和完善以轨道交通为骨干，各种运输方式合理分工的城市群、都市圈客运系统，加强城市群轨道交通、都市圈轨道交通与城市轨道交通的无缝衔接。

2023 年，全国旅客运输完成跨区域人员流动量 612.5 亿人次，同比增长 30.9%，比 2019 年增长 0.8%。以铁路、民航为代表的快速化出行比重持续上升，铁路客运量占全社会营业性客运量比重增长至 41.4%，铁路旅客周转量占全社会旅客周转量比重达到 51.5%；民航客运量占比达到 6.7%，民航旅客周转量占比达到 36%。同时，以自驾游为代表的机动化出行快速增长，2023 年，公路人员流动量达 565.2 亿人次，同比增长 26.3%。2024 年春运 40 天，全社会跨区域人员流动量超 84 亿人次，其中公路人员流动量达 78.3 亿人次，创下新纪录。

（二）城市客运系统舒适畅行

长期以来，中国高度重视城市客运系统发展，大力发展以城市公共交通为主体，以出租汽车、共享交通、慢行交通等为补充的城市客运系统，进一步加密城市公共汽电线路和公交专用道，具备条件的城市进一步加密轨道交通网和加强 BRT 等快速公共交通系统建设，大力发展智能交通系统，加快推进"停车＋换乘"（P＋R）停车场建设，提升城市公共交通的覆盖率、便捷性和可靠性。加快完善非机动车道、步行道网络，提升其连续性、独立性、景观性。推动多种形式的共享交通健康发展，更好地满足多层次、个性化出行需求。加强慢行交通系统网络化建设，着力打造舒适宜人的慢行交通系统。

近年来，"互联网+"城市公共交通深度融合发展，全国 100 多个城市步入公交移动支付时代，交通一卡通互联互通范围已覆盖 270 多个地级以上城市市区公交线路，以及 30 多个地级以上城市轨道交通线路。"交通 + 刷脸支付"首创推广，长三角地区轨道交通扫码互通，13 座城市实现扫码畅行。同时，随着私家车保有量高位增长，网约车等新型运输模式的迅猛崛起，网约车和私家车正逐渐成为中短途出行的主要选择。"十四五"以来，网约车订单总量从 2021 年的 83.2 亿单增长至 2023 年的 91.14 亿单，增幅达 9.5%。

（三）城乡客运服务一体发展

城乡客运是推进乡村振兴，扎实推进共同富裕的重要抓手。近年来，围绕乡村振兴战略实施，中国在城乡客运服务一体化发展方面采取了一系列有力举措，着力平衡城乡差异，密切城市与周边乡、镇、村之间的交通联系，丰富交通服务方式，提高城乡客运一体化发展水平，满足人民群众基本出行需要。不断提高农村客运组织和管理水平，逐步推广城市公交延伸、农村客运班车公交化运营等组织模式，发展均等化、高品质的城乡客运服务。加快推进农村客运班线公交化运营，探索响应式农村客运服务等多样化服务模式。进一步规范农村客运营运车辆技术标准，提高安全保障水平。

经过多年发展，中国实现农村出行基本畅通。自 2020 年实现具备条件的乡镇和建制村全部通客车以来，各地深入推进农村客运公交化运营，推动城乡客运出行条件持续改善。截至 2022 年底，乡镇和建制村通客车率分别达 99.8% 和 99.7%，其中通公交的乡镇和建制村比例分别达 43.9% 和 50.6%，分别较 2020 年提高 10.6 和 11.3 个百分点。同时，私家车、小型班车、拼车等多样化的出行选择，也有效减轻了农村旅客出行对农村客运班车的依赖。总体来看，农村旅客出行逐渐从"走不了"向"走得了""走得好"转变。

（四）旅客联程联运积极推进

为进一步提升交通运输服务水平，中国大力推进旅客联程联运发展，加快推进不同运输方式票源互通开放、出行需求信息共享、结算平台互认，加强安检、托运、换乘等方面合作，优化出行服务运营组织，实现旅客出行"一票到底、行李直运、无缝衔接、全程服务"。积极优化客运枢纽出行体验，以让旅客舒适出行、便捷换乘为目标，完善作业流程，科学布设各类标志标识，优化枢纽区域客运班线、公共交通、出租汽车停靠点布局，推进不同运输方式间运力匹配、时刻衔接，加强早班、末班等特殊时段的城市公共交通服务衔接。

近年来，在相关政策推动下，中国旅客联程联运走向纵深，旅客联运服务有序开展，联运发展政策规划、行业标准制定、联运电子客票等各项工作扎实推进。空铁、公铁、空巴联程运输，城市候机楼、高铁无轨站和"一站式""一票制"票务服务百花齐放，旅客联运电子服务功能已从最开始的简单购票拓展到退票和改签，运输效率大幅提升，乘客体验更加便捷。

（五）客运服务品质全面提升

顺应交通运输发展新技术、新业态、新模式、新消费，近年来，中国加大了对客运高品质新需求的服务供给，围绕人民群众美好生活、美好出行需要，交通运输服务供给更加多样，实现了客运服务品质提升。加快发展低空旅游、邮轮游艇、房车旅游、观光列车、观光巴士等深度体验型出行服务，科学规划与设计体验式、休闲式旅游项目。加快完善保障无障碍出行的法律法规和标准规范体系，推进机场、车站、码头、地铁站、公交站等交通场站无障碍改造，增加特殊需求群体标识覆盖，开展特殊人群指引服务，推动低地板公交车、无障碍出租汽车等设施普及使用。

在各方共同努力下，中国旅客运输个性化服务品质不断提升。铁路客运提质明显，售票服务升级，推广网上订餐、移动支付、刷脸核验等便民服务，铁路电子客票全面推行。特色公共交通服务新模式不断创新，定制公交、夜间公交、旅游专线、社区公交等客运服务水平提升，涌现出城际专线、城际拼车等服务新模式，较好地满足了出行"点到点""门到门"等需求。机场和主要航空公司"无纸化"出行有序推进，网上办理"民航临时乘机证明"，跨航司行李直挂试点实施，极大地方便了乘客的出行。

二、物畅其流的货运服务

（一）货物多式联运加快发展

多式联运作为一种集约高效的运输组织形式，是国家综合运输体系建设运行效果和物流服务水平的重要体现，对推动综合运输供给侧结构性改革、促进物流业提质增效升级和交通运输行业绿色安全发展等均具有重要意义。中国高度重视多式联运发展，积极加强各种运输方式衔接组织，提升多式联运发展水平，持续推进港口大宗物资集疏运"公转铁"，鼓励沿海港口与内陆场站之间开行小编组、钟摆式集装箱班列，有序扩大中西部地区海铁联运班列开行范围，推广"双层、双重、双向"铁路班列，积极发展空陆、公铁联运。大力发展江海联运，推进江海直达船型研发应用和标准化，加快舟山江海联运服务中心、通州湾江海联动开发示范区等建设。强化干线运输与城市配送、快递派送等末端网络衔接，打造装备资源共享与流转平台，推广托盘、周转箱、集装箱等标准化载运器具循环共用。

多式联运发展是中国综合运输服务能力提升的关键，是现代综合运输体系建设的目的所在，也是交通运输当前和今后一个时期供给侧结构性改革的重要内容。中国各级政府十分重视发展多式联运，在一系列政策举措支持和政府推动、企业参与下，多式联运发展取得了显著成就。各种运输方式发挥各自优势、分工协作、一体衔接，多式联运服务供给能力显著增强。以中欧班列为代表的陆路国际联运以及以西部陆海新通道为代表的铁海联运等快速发展，以快递等为代表的全程组织模式逐步推广，新型多式联运模式业态不断涌现。围绕不同货种货类以及客户需要，中国初步构建起了多门类多式联运服务体系，其中大宗物资多式联运服务能力不断增强，集装箱多式联运服务加快发展，国际便利化联运水平明显提升。此外，围绕冷链、危险品以及汽车整车等运输需求，形成了对应的多式联运供给，多样化服务水平不断提升。

（二）快递配送资源共享水平和网络覆盖深度大幅提升

近年来，中国快递业持续稳健增长，不断迈上发展新台阶。2015 年，国务院印发《关于促进快递业发展的若干意见》，鼓励各类资本依法进入快递领域，进一步开放国内快递市场。相关部门积极引导物流、配送、快递等企业共建经营网点，共享仓储、分拣等设施设备，鼓励建设城市、都市圈物流配送公共服务平台，大力推进仓配一体、共同配送。全面规范城市配送、快递三轮车等车型标准，完善车辆临时停靠、货物装卸分发等配套设施，优化车辆通行规则与交通管理，改善交通秩序和提高安全水平。积极完善县-乡-村三级物流配送网络，鼓励全网型快递企业下沉服务网络，积极对接干线物流快递企业，开展集中派件，支持供销社、村邮站、农家店、"三农"服务站等末端网点开展快递派送、代收等便民服务。

目前，中国已建成世界上最为通达、最为普惠、规模最大、受益人数最多的快递服务网络。到 2023 年底，累计建成 28.9 万个村级寄递物流综合服务站，全国 95% 的建制村实现快递服务覆盖，建成一批快递枢纽和快递物流产业园区，拥有规模以上分拣中心近 2000 个，基本实现分拣自动化，综合处理能力显著提升。在一系列利好政策和有效举措的支持和引导下，中国快递市场规模屡创新高。2006 年，中国快递业务量首次突破 10 亿件；2014 年突破 100 亿件，超越美国成为世界第一快递大国；2021 年突破 1000 亿件，规模体量快速攀升；2023 年突破 1300 亿件，连续十年稳居全球首位，快递业务量占全球快递包裹市场六成以上，成为增长速度最快、发展潜力最大、投资吸引力最强、创新活力最足的快递市场。

（三）高铁货运、专业航空货运服务探索发展

适应新的市场需求，中国货运快速化发展趋势明显。一方面，中国积极推动高铁货运专业化设施建设，支持具备条件的高铁站进行设施设备适货改造，加快高铁货运列车、车厢、装卸设备等研发投用，发展先进适用的高铁货运技术。合理规划线路，优化运行组织与时刻安排，有序开行高铁货运班列，支持高铁客运列车加挂货运车厢。引导铁路企业与物流、快递、货代等企业加强合作，积极开展高铁货运业务，创新服务模式。自 2014 年 4 月高铁快递正式运营以来，中国已在 154 个城市开办高铁快递业务，高铁快递网络初步形成，北京、天津、上海、南昌、郑州、哈尔滨、沈阳、长春、石家庄、太原、武汉、西安、济南、杭州、南京、合肥、福州、广州、深圳、长沙等城市间的高铁快递业务相继开通。

另一方面，积极完善机场货运设施与功能，尤其是"十四五"以来，加快专业货运机场布局建设，2022 年，亚洲第一座专业性货运枢纽机场——鄂州花湖机场正式投入运营。积极支持枢纽机场开辟全货机航线，充分发掘客机腹舱带货能力，鼓励航空客运企业、物流快递企业等拓展航空货运市场，支持组建专业航空货运公司，积极培育龙

头企业，围绕航空等高时效性货运方式，大力开发多元化、谱系化快递物流服务产品，提高服务选择性、可靠性。2023年全行业拥有国内快递专用货机超过170架。

（四）专业化物流深入发展

随着专业货运需求的快速发展，近年来，中国高度关注专业化物流发展，积极加强重点领域物流系统建设，引导相关设施、装备、企业、配套服务等资源向国家物流枢纽集聚，推进网络化运营组织和专业化物流服务。一是加快国家骨干冷链物流基地建设，打通农产品主产区与主要消费市场之间的冷链大通道，开展贯穿产销储运与进出口全链条的连续化、可视化冷链物流组织，发展冷链班列、班轮、航空、公路等多模式运输服务，提高生鲜食品、生物医药等适冷货物冷链流通率。二是优化大宗物资物流组织，推动储运一体化，拓展能源、粮食、重要矿产资源等多元化运输通道，大力发展第三方物流，推广大客户定制服务，探索高附加值煤炭、粮食等大宗物资集装箱运输。三是强化重点制造业供应链物流衔接组织，实施集中采购、仓储加工、干线运输、区域分拨、产品分销、物流信息、供应链金融、逆向物流等全过程供应链管理。四是推动批发市场、商超百货等传统商贸业态物流服务转型升级，发展社会化、专业化物流服务，促进线上线下商流物流融合，鼓励业态模式创新发展。五是提高危化品物流安全服务水平，严格设施装备标准，规范物流操作流程，培育专业化物流企业，推广智能化全程监管、风险预警与环境监测等。

三、公共服务与品质服务统筹兼顾

（一）兜底保障公平普惠的公共服务

一方面，交通运输公共服务品质不断提升。为把握科技革命和产业变革契机，中国加快推动交通运输公共服务提质增效。积极扩大高速铁路、城际铁路等高时效性运输服务覆盖范围，提高动车组列车客运比重，提高普通列车客货服务水平。扩大民用航空辐射区域范围和服务群体规模，加快支线航空、通用航空发展，提高航班正常率。加强城市交通拥堵综合治理，大力发展城市公共交通，对于符合条件的城市，加快轨道交通发展，提高都市圈通勤化水平。完善综合交通枢纽功能，强化不同交通方式的衔接，提高旅客换乘和货物换装效率，进一步降低旅客出行成本和货物运输成本。

另一方面，交通运输公共服务均等化显著改善。一是着力平衡地域差异，大力推进西部地区尤其是原集中连片特困地区和"老少边穷"地区交通网络覆盖范围，提高经济欠发达地区的交通运输服务水平。二是着力平衡城乡差异，密切城市与周边乡、镇、村之间的交通联系，丰富交通服务方式，提高城乡客运一体化发展水平，满足农民群众基本出行需要。三是着力平衡群体差异，不断完善无障碍交通基础设施建设布局，改善老、弱、病、残、孕、幼和低收入等人群的出行条件，增强对特殊群体交通权益的保障。

（二）大力发展先进高效品质服务

一是推动交通运输服务多样化。为适应新一轮科技革命和产业变革，中国加快客货运输组织模式创新和新技术新设备应用，积极开发多样化的运输服务，提高不同产品之间的互补性。积极丰富客运出行服务组织模式，推进多样化城际运输服务。推动出行服务定制化、个性化、品质化发展，满足人民群众差异化、多样化的出行服务需求，强化私人机动车等出行引导，统筹停车等静态交通服务发展。根据实际需求，有序发展按需响应、资源共享、灵活舒适的出行服务产品。大力丰富货物运输体系，鼓励定制化物流服务，提高货物运输效率与全程跟踪服务能力，加快冷链物流、大宗商品物流、电商物流、航空物流等专业物流发展，积极推广农村"货运班线"等服务模式。加快应急物流发展，增强突发事件中应急人员物资运输保障能力。

二是提升交通运输服务效能精准化。细分客货运输市场，针对不同群体的运输需求，提供差异化运输服务，因地制宜打造特色鲜明的客货运输服务体系。加快交通运输结构优化调整，引导公路大宗物资向铁路、水路转移，提高铁路、水路、航空的客货运量占比，增强运输服务对需求变化的适应性和灵活性，更好地满足旅客出行需要和货物运输需求。推进"交产融合"，根据产业发展需要，开发针对性强、匹配度高、质优量足的运输服务产品，推动货运物流与生产流通全过程融合联动，以集成化、智能化的物流服务支撑分布式、数字化的生产流通过程，加强供需精准对接，构建适应柔性生产、智能制造的供应链服务系统，促进产业链上下游协同，实现交通带动产业与产业反哺交通的有机结合。

三是积极推动适应新需求的共享交通发展。共享交通是共享经济与交通运输融合而成的新业态，能够有效提升闲置交通资源的利用率。近年来，中国积极推动共享驾乘、共享单车、共享汽车、共享停车、共享快递等共享交通发展，推动从重视"所有权"到重视"使用权"的转变，进一步降低私人交通工具比例。积极更新监管理念，优化监管策略，从注重牌照向注重服务和市场秩序转变，努力营造开放包容、公平有序的共享交通发展环境，使共享交通与传统交通享有同样的交通基础设施使用权，甚至在部分领域享有优先权。积极探索无人驾驶在共享交通中的应用，更好地满足人民群众日益多样化、个性化的出行需求。

四是探索打造充满未来感的体验式服务。适应未来产业发展及其运输需求，满足广大人民群众消费升级需求，积极创新共享交通与智能交通融合发展模式，加快共享汽车、单车等装备、技术、服务迭代更新，构建城市智慧出行场景。依托重点生态旅游目的地、精品生态旅游线路和国家旅游风景道，积极发展自驾骑行、观光列车、观光巴士等深度体验型出行服务。在适宜地区开展空中游览活动，完善航空运动配套服务，开展航空体育与体验飞行。在沿海沿江沿湖等地区发展公共旅游和私人游艇业务，完善运动船艇配套服务。打造"出行即出游"消费新模式，科学规划与设计体验式、休闲式旅游项目，鼓励铁路开展汽车托运服务。大力拓展城市地下客运空间，构建地下道路客运系统，探索发展城市地下超高速客运。围绕扩大智能物流终端覆盖面，畅通"最后一百米"，积极探索地下、中低空、水下、极地、太空等物流活动新空间。

—— 本章参考文献 ——

[1] 樊一江, 丁金学. 发挥交通物流 "四个超大规模" 优势 牵引带动新质生产力发展[J]. 中国经贸导刊, 2024, 5: 1.

[2] LI G, WANG S, LI J. The transport impedance disparity indicator: A case study of Xi'an, China[J]. Environ. Sustain. Indic., 2023: 100257.

[3] BATTY M. Urban modeling. International encyclopedia of human geography[M]. Oxford: Elsevier, 2009.

[4] 王敦书. 略论古代世界的早期国家形态——中国古史学界关于古代城邦问题的研究与讨论[J]. 世界历史, 2010, 5: 116-125.

[5] 于殿利, 郑殿华, 李红燕. 古代美索不达米亚文明文献萃编[M]. 北京: 华夏出版社, 2023.

[6] WANG J, LI G, LU H, et al. Urban models: progress and perspective[J]. Sustainable Future, 2024: 100181.

[7] 朱泓, 赵东月. 中国新石器时代北方地区居民人种类型的分布与演变[J]. 边疆考古研究, 2015, 2: 331-349.

[8] 崔若光, 丁壮, 宋玉英, 等. 马车的前世今生[J]. 文物鉴定与鉴赏, 2021, 8: 50-52.

[9] 何吉成. 震古烁今秦直道[J]. 中国公路, 2022, 23: 71-73.

[10] 张宇, 车效梅. 道路交通系统与罗马时代安条克城市的繁荣[J]. 全球城市研究 (中英文), 2023, 4(2): 139-153, 192-193.

[11] 巴菲尔德. 危险的边疆: 游牧帝国与中国[M]. 袁剑, 译. 南京: 江苏人民出版社: 2011.

［12］欧曼. 古希腊史[M]. 陈乐, 译. 北京: 华文出版社, 2019.

［13］成一农. 王朝时期的"大一统"[J]. 思想战线, 2023, 49(5): 84-92.

［14］张惠玲, 贾庆军. 文化欧洲的"分"与"合"[M]. 北京: 中央编译出版社, 2020.

［15］胡桥. 习惯法是如何编入民法典的——以《法国民法典》的编纂为例[J]. 民间法, 2022, 29(1): 140-156.

［16］丁启明. 德国民事诉讼法[M]. 厦门: 厦门大学出版社, 2015.

［17］库恩. 英美法原理[M]. 陈朝璧, 译注. 厦门: 厦门大学出版社, 2021.

［18］阿伯特. 哥伦布、大航海时代与地理大发现[M]. 周琴, 译. 北京: 华文出版社, 2019.

［19］考尔德科特. 大英殖民帝国[M]. 周亚莉, 译. 北京: 华文出版社, 2019.

［20］顾卫民. 荷兰海洋帝国史 (1581—1800)[M]. 上海: 上海社会科学院出版社, 2020.

［21］林利民, 刘丹. 第一次世界大战起源再探[J]. 中国国际战略评论, 2018, 1: 218-226.

［22］孟凡明. 美国"海洋自由"政策的由来、本质及应对策略[J]. 领导科学, 2019, 14: 122-124.

［23］曲青山, 吴德刚. 改革开放四十年口述史[M]. 北京: 中国人民大学出版社, 2019.

［24］陆化普. 我国交通辉煌十年与未来发展[J]. 可持续发展经济导刊, 2022, Z2: 38-42.

［25］陆化普, 张永波. 可持续发展视角下我国交通强国建设成就、变化与展望[J]. 可持续发展经济导刊, 2021, Z2: 41-44.

［26］曹惠芬. 试论交通运输业的性质[J]. 南开学报, 1996, 6: 75-80.

［27］BANISTER D, BERECHMAN J. Transport Investment and Economic Development[M]. London: Routledge, 2000.

［28］BANISTER D, BERECHMAN J. Transport investment and the promotion of economic growth[J]. Journal of Transport Geography, 2001, 9: 209-218.

［29］新华社. 中国交通运输发展[EB/OL]. (2016-12-29)[2024-04-25]. https://www.gov.cn/zhengce/2016-12/29/content_5154095.

[30] 丁金学. 亟需加快推进现代化交通基础设施建设[J]. 经济, 2023, 6: 28-31.

[31] 汪鸣. 加快构建现代化基础设施体系[J]. 旗帜, 2022, 9: 57-59.

[32] 国家发展改革委编写组. 加快构建现代综合交通运输体系[M]. 北京: 中国
计划出版社, 中国市场出版社, 2020.

[33] 丁金学. 擦亮交通强国的春运 "名片"[N]. 经济日报, 2023-01-30(5).

[34] 国家发展改革委编写组. 加快构建现代综合交通运输体系[M]. 北京: 中国
计划出版社, 中国市场出版社, 2020.

交通运输领域发展新质生产力的关键要素

- 思想要素
- 人才要素
- 科技创新要素
- 资本要素
- 信息要素
- 市场要素
- 组织管理要素

　　本章将从多个维度探讨交通运输领域发展新质生产力的关键要素。在思想要素方面，以新发展理念和可持续发展观为指导，推动行业向智能化、绿色化、高效化方向发展。在人才要素方面，致力于培育具备前瞻视野的复合型创新人才，并努力构建学习型组织，以不断提升团队的领导力与执行力。在科技创新要素方面，以新兴技术为支撑，全力打造创新生态体系，力求在关键核心技术上取得重要突破。在资本要素方面，积极创新投融资机制，充分发挥各类资本的优势，为行业的持续发展提供坚实的资金保障。在信息要素方面，数据已被视为新的生产要素，通过运用大数据分析、人工智能等先进技术，推动决策的科学化与管理的智能化。在市场要素方面，紧密关注市场需求的变化，积极探索并打造全新的业态与商业模式，以增强企业的核心竞争力。在组织管理要素方面，持续推进组织的变革与创新，以适应行业的快速发展；同时，跨界协同的重要性日益凸显，这就要求组织文化与人才战略必须与时俱进。最终，通过生产要素的创新性组合和系统集成，推动交通运输领域实现高质量发展。

第一节

思想要素

　　思想要素，尤其是新发展理念及可持续发展理念，为交通运输领域新质生产力的培育和发展提供了指导原则和行动纲领。这些理念相互交融（图 3-1），共同为交通运输领域新质生产力的发展奠定了坚实的思想基石，并引领该行业迈向更加智能化、绿色化、高效化的发展路径。

可持续发展理念

创新发展注重的是解决发展动力问题。
以创新驱动，突破瓶颈，提升发展质量。

共享发展注重的是解决社会公平正义问题。
发展为了人民，成果由人民共享，促进公平正义。

可持续发展理念

可持续发展理念

新质生产力

开放发展注重的是解决发展内外联动问题。
主动融入全球化，提高开放水平，互利共赢。

协调发展注重的是解决发展不平衡问题。
统筹兼顾，促进区域、城乡、经济社会等协调发展。

绿色发展注重的是解决人与自然和谐问题。
走绿色低碳道路，建设美丽中国，人与自然和谐共生。

可持续发展理念

图 3-1　五大理念与可持续发展理念的综合作用

一、新发展理念在新质生产力中的作用

新发展理念旨在引导中国经济实现质的飞跃和可持续发展，强调了五个核心要素：创新、协调、绿色、开放、共享。这些原则不仅指明了中国"十四五"乃至更长时期的发展思路和方向，而且明确了发展的着力点，要求全面贯彻于国家治理和经济发展的各个方面。通过

这一理念的实施，中国旨在建设一个更加现代化的经济体系，实现社会主义现代化和国家治理的现代化。

（1）创新发展注重的是解决发展动力问题。面对科技发展水平不高、创新能力不强，以及科技对经济增长贡献率低于发达国家的现状，创新就成为推动经济转型和升级的关键。在这一背景下，创新不仅限于技术层面，更涉及管理和政策的深层次变革。例如，马士基航运公司的创新实践为全球供应链管理树立了新标杆。通过采用基于区块链的远程集装箱管理系统，结合物联网技术实时监控集装箱状态，马士基不仅优化了全球供应链的运作，还显著减少了能源消耗和空箱率，实现了运营效率和可持续性的双重提升。又如，北京大兴国际机场的建设与运营代表了国内交通运输领域的突破性创新。该机场不仅在建筑设计上采用星形理念，以减少乘客行走距离，而且在智慧机场技术上取得先进成就，如应用人工智能、大数据、云计算实现行李追踪、自助值机、生物识别登机等功能，极大提升旅客体验。同时，大兴机场在环保和可持续发展方面的创新措施，如地热能供暖系统和雨水回收，展示了绿色低碳发展的实践。这些案例反映了创新发展理念在交通运输领域的深入实施，不仅解决了环境和社会问题，还为行业开辟了新的增长机遇。无论是国际还是国内，创新都已成为推动交通运输领域发展的核心动力。

（2）协调发展注重的是解决发展不平衡问题。协调发展在交通运输领域体现为促进方式间、区域间、城乡间以及经济发展与环境保护间的平衡。这一理念强调，在推进交通项目和政策时，应考虑其对社会经济的全面影响，以实现更广泛的可持续发展目标。例如，欧洲的跨国铁路网络项目，特别是"欧洲铁路交通管理系统"（ERTMS）的推广，是协调发展的一个典型案例。ERTMS旨在通过统一铁路信号系统，提高跨国铁路运输的效率和安全性，促进欧洲各国之间的经济融合，缩小发展差距。该系统不仅优化了现有铁路网络，还通过提高跨境运输的可靠性和吸引力，促进了区域经济的均衡发展，降低了对道路运输的依赖程度，进而对环境保护做出了贡献。又如，京津冀一体化战略中的交通一体化是协调发展的生动体现。通过构建高速铁路、城际铁路网络和公路网络，有效连接了北京、天津和河北省的多个城市，缩短了城市间的通行时间，促进了资源的有效流动和区域经济的均衡发展。这一战略不仅解决了北京的"大城市病"，通过分流人口和产业，也推动了周边地区的经济社会发展，实现了区域内的协调发展。这些案例展现了协调发展理念，强调了在追求效率和效益的同时，也要注重公平和可持续性，确保经济社会发展的整体效能和长远利益。

（3）绿色发展注重的是解决人与自然和谐问题。绿色发展在交通运输领域体现为采取有效措施减少环境污染，实现资源的可持续利用，同时促进经济和社会发展。例如，挪威的电动汽车政策展示了绿色发展的成功实践。挪威政府通过免除购置税、免费公共停车、允许使用公交车道等优惠政策，大力推广电动汽车使用，以降低汽车尾气排放对环境的影响。这些措施使挪威成为世界上电动汽车占新车市场比例最高的国家之一，显著降低了交通运输对环境的负面影响，同时推动了新能源汽车技术的发展和应用。又如，深圳市的电动公交车项目体现了绿色发展的国内实践。深圳成为全球首个实现公交全面纯电动化的大型城市，通过这一转型，显著减少了交通运输领域的碳排放，提高了城市空气质量，同时也促进了新能源汽车产业的发展。深圳的电动公交车项目不仅提高了公共交通系统的能效和环境友好性，也为全球其他城市提供了可行的绿色发展模式。这两个案例明确展示了绿色发展理念如何在交通运输领域得到实际应用与推广。绿色发展不仅是对未来负责的选择，也是推动现代交通系统进步的重要驱动力。

（4）开放发展注重的是解决发展内外联动问题。开放发展在交通运输领域关注提升国际合作和市场的互联互通，通过政策的自由化和标准的统一化，加速技术、资本、信息的全球流动，以及提升运输效率和服务质量。例如，欧洲的单一市场政策对航空运输领域产生了深远影响。1993 年，随着欧洲联盟（简称"欧盟"）单一市场计划的实施，航空市场实现了全面自由化。这项政策允许欧盟内的航空公司在成员国之间自由运营，无须受到国籍和所有权的限制，极大促进了市场竞争，降低了机票价格，增加了航班选择，为消费者带来了显著利益。此外，欧盟还推动了航空运输领域的技术创新，包括更高效的航班管理和环保飞机设计，从而提升了整个行业的竞争力和可持续性。又如，随着"一带一路"倡议的推进，中欧物流班列成为中国开放发展策略的重要实践。这一跨国铁路运输项目连接中国与欧洲的多个城市，为中欧两地之间提供快速、高效、安全的货物运输服务。中欧班列的运行大大缩短了中国与欧洲之间的物流时间，降低了运输成本，促进了贸易和投资的增长，加强了中国与"一带一路"合作伙伴的经济合作与文化交流。这两个案例从国际和国内两个层面展示了开放发展在交通运输领域的应用，反映出通过开放合作促进技术创新和服务优化的重要性。

（5）共享发展注重的是解决社会公平正义问题。共享发展理念在交通运输领域强调的是通过实现资源的有效分配和利用，让更多人能够公平地享受到高质量的交通服务，进而推动社会公平正义。例如，印度的"总理乡村公路计划"（Pradhan Mantri Gram Sadak Yojana，PMGSY）是一个典型的共享发展案例。该计划旨在提供通往偏远乡村地区的全天候可行驶道路，以促进农村地区的经济发展和改善居民生活。通过建设和升级乡村道路，PMGSY 极大地提高了农村居民的出行便利性，促进了农产品的市场接入，提升了农村教育和医疗服务的可达性，是实现交通资源共享和提高社会公平性的成功范例。又如，互联网技术的发展催生了滴滴出行等共享出行服务。滴滴出行通过提供拼车、快车、出租汽车等多样化的出行选择，极大地提升了出行的效率和便利性，满足了不同用户群体的需求。更重要的是，滴滴出行的数据驱动管理和智能调度系统有效缓解了城市交通压力，推动了交通资源的优化配置和利用，实现了交通服务的公平化和普惠化。这些实践证明，共享发展不仅能够促进资源的有效利用和社会公平正义，还能为交通运输领域新质生产力的培育和发展提供清晰的指导原则和行动纲领，为建设更加公平、开放、绿色、创新的社会提供强大动力。

二、可持续发展理念的实践应用

面对气候变化、资源管理、社会责任等全球性挑战，可持续发展理念为交通运输领域提供了应对策略和指导原则。它强调在保证今天需求的同时，不损害未来满足需求的能力，确保了交通运输系统的创新和进步既满足当代需求，又不破坏未来的福祉。

将可持续发展理念融入交通运输领域的战略规划和日常操作中，是推动该领域向前发展的关键。例如，在城市规划阶段，通过采用基于数据的智能交通系统设计，不仅可以有效预测和管理交通流量、减少拥堵，还能降低碳排放，从而提高整体交通效率和可持续性。利用大数据和人工智能技术，能够实现对城市交通流的实时监控和分析，从而优化交通信号灯控制和路线规划，减少不必要的停车和等待时间，进一步降低汽车尾气排放。此外，通过智能手机应用和其他数字工具，可以提供实时交通信息和个性化出行建议，鼓励公众选择更环保的出行方式，如步行、骑行或使用公共交通工具。

同时，投资于可再生能源动力的公共交通系统，不仅降低了对化石燃料的依赖程度，也促进了绿色低碳技术的发展和应用。例如，推广电动汽车和氢燃料公交车不仅可以显著减少交通运输部门的碳排放，还能促进相关清洁能源产业，如电池制造和氢能源供应链的发展。此外，城市交通基础设施的建设和更新，如增设自行车道和行人道，不仅提高了城市的生活质量，也促进了健康和环境友好型的出行方式。这些措施共同作用，形成了一个相互支持的可持续交通生态系统，促进了绿色经济的增长。

在设计和实施交通项目时，采用可持续发展的方法论不仅是实现环境、经济和社会三方面和谐发展的有效途径，更是塑造未来城市生活的基石。通过设计多模式交通网络，不仅满足了人们的多元化出行需求，而且通过优化交通模式组合，大幅降低了整体交通系统的碳足迹。此外，实施绿色基础设施项目，如绿色车站、生态桥梁和城市绿带，不仅美化了城市环境，而且提升了生物多样性，增强了城市的生态韧性，这些项目充分展示了如何通过综合考虑经济发展、社会福祉和环境保护的目标，采取全面的策略来实施交通项目，从而推动交通运输领域的可持续发展。进一步来说，将智能技术和创新应用融入可持续交通项目，如自动驾驶车辆、智能车联网，以及基于区块链的交通数据管理系统，不仅能够进一步优化交通流和增加道路安全性，还能提高能源利用效率，减少环境污染。

通过将可持续发展理念整合到交通系统的每个方面，从规划到执行，不仅可以促进新质生产力的培育和增长，还可以实现经济效益和环境保护的双赢。在这个过程中，政府、企业和公众之间的合作至关重要。政府应制定有利于可持续交通发展的政策和标准，提供必要的资金支持，并鼓励私营部门的投资和创新。企业应积极响应这些政策，投入清洁能源车辆、智能交通技术和基础设施建设等领域。公众则应增强环保意识，积极选择更绿色的出行方式。通过多方参与和合作，可以确保交通运输领域的可持续发展，为未来的城市生活创造一个更加绿色、高效和宜居的环境。

典型案例：
哥本哈根的自行车系统

哥本哈根的自行车系统（图 3-2）是全球最为先进的自行车交通网络之一，被广泛认为是城市自行车基础设施和政策的典范。这个系统的核心在于其广泛的自行车道网络，覆盖城市的每个角落，并且与公共交通系统无缝对接，提供了一个安全、高效、环保的交通解决方案。

图 3-2　哥本哈根的自行车系统
注：图片来自 Copenhagenize，www.visitcopenhagen.com。

哥本哈根拥有超过 400 公里的专用自行车道，这些自行车道通常与机动车道和人行道明确分隔，确保了骑行者的安全。城市还建立了所谓的"绿波"系统，这是一种交通信号优化策略，能够让骑自行车的人在主要通道上以约 20 公里/时的速度行驶时避免红灯。此外，哥本哈根还设有大量的自行车停车设施，特别是在公共交通站点附近，鼓励"公交＋自行车"的出行模式。

哥本哈根的成功不仅在于其物理基础设施，还包括其全面的政策支持和社会文化推动。城市政府通过提供经济激励（如为企业提供自行车购买补贴）、教育项目（旨在提高儿童和成人的骑行安全意识）以及持续的宣传活动来鼓励自行车出行。此外，哥本哈根还不断投资于基础设施的升级和维护，确保自行车道网络的高质量和安全性。

哥本哈根的自行车系统展示了如何通过整合高质量的基础设施建设、明智的政策规划和强有力的公众参与来促进自行车出行，从而减少城市拥堵、降低碳排放并提高居民的生活质量。通过这些措施，哥本哈根成功地将自行车出行转变为城市居民日常生活的一部分，成为世界上最宜居、最环保的城市之一。

第二节
人才要素

交通运输发展离不开高素质人才的支撑。面对新技术和市场需求的快速变革，培养具备跨学科知识和创新能力的人才成为关键。这要求教育体系与时俱进，企业重视员工培训，个人勇于终身学习。只有打造一支适应新趋势、掌握新技能的人才队伍，才能为交通运输领域的高质量发展提供持久动力。

一、教育与技能发展的新趋势

在当今迅速演进的交通运输领域，对人才的需求正迅速转变，特别是在智能交通系统设计、新能源技术和数据分析等方面。智能交通系统的设计不仅要求工程师能够掌握最新的传感技术和通信技术，还需要他们设计出能够处理实时数据、预测交通流量并优化交通管理决策的复杂系统。同样，随着电动车和氢燃料车等新能源车辆的兴起，对新能源技术的了解成为交通运输领域专业人才必不可少的技能。此外，数据分析能力也越来越受到重视，从大数据中提取信息并将其应用于交通规划和管理中，可以极大提高效率和安全性。因此，跨学科的知识结构和技能组合成为了该领域人才发展的新趋势。

为了适应这些新兴技能的需求，教育体系需要进行相应的更新和改革。这意味着，高等教育和职业教育机构必须审视和调整其课程设置，以包含更多与智能技术、新能源解决方案和数据科学相关的内容。例如，密歇根大学与通用汽车合作，共同组建"通用汽车-密歇根大学"汽车研究院。该研究院开设了专门针对未来交通解决方案的课程，涵盖了自动驾驶技术、电动车辆设计以及智能交通系统的开发。通用汽车不仅向大学提供了资金支持，还提供了实车测试的机会和实习职位，让学生能够在实际工作环境中应用他们在课堂上学到的理论知识。此外，该合作项目还鼓励学生参与到通用汽车的研发项目中，让他们在解决实际工程问题的过程中，培养跨学科的思维和实践能力。通过这样的合作，密歇根大学不仅成功地为学生提供了与行业紧密相关的教育内容，也为交通运输领域培养了一批能够适应未来技术挑战的新型人才。

二、终身学习的重要性

在交通运输领域，技术和市场需求的快速变化对从业人员提出了持续学习和自我更新的要求。终身学习成为个人职业发展及适应行业变化的关键。随着智能交通系统、无人驾驶技术，以及可持续能源解决方案等新技术的出现，从业人员必须不断学习新的技能和知识以保持竞争力。

例如，德国铁路公司（Deutsche Bahn，DB）面对数字化和可持续运输的挑战，推出了一项全面的终身学习和技能发展计划，以确保其员工能够适应快速变化的技术和市场需求。DB 学院（DB Academy）是这一计划的核心，它提供了广泛的培训课程，包括但不限于智能交通系统、无人驾驶技术、数据分析，以及电动和氢能源列车的运营与维护。这些课程旨在帮助员工实现从基础技能到高级专业知识的转型，确保他们不仅能够掌握最新的行业知识，还能够在实际工作中有效应用这些知识。此外，DB 学院通过在线学习平台和实地工作坊的结合，提供灵活的学习方式，以适应不同员工的需求。通过这种全员参与的终身学习模式，德国铁路公司成功地构建了持续学习和创新的企业文化，为交通运输业的可持续发展贡献了力量。

要促进终身学习的理念，需要政府、教育机构和企业共同努力，创建一个支持性的学习环境。政策层面，政府可以通过提供税收优惠、学习补贴等激励措施，鼓励个人和企业投资于继续教育和专业培训。同时，建立行业标准和认证体系，认可通过终身学习获得的技能和知识。在企业文化层面，公司可以通过建立内部学习平台、提供学习时间和资源以及鼓励跨部门学习和分享的机制，来支持员工的持续发展。此外，企业与教育机构的合作，如定制课程和实习项目，也是促进终身学习的有效方式。通过这些措施，可以帮助交通运输领域的专业人才不断适应新的技术和市场需求，进而推动整个行业的创新和发展。

三、职业培养与技能升级

在自动驾驶和智能交通系统等新技术日益成熟并开始广泛应用的

当下，针对现有员工的职业培训和技能升级变得尤为重要。这些技术的发展不仅改变了交通运输领域的运作模式，也对从业人员的技能要求提出了新的挑战。例如，自动驾驶技术的推广要求车辆维护人员不仅要掌握传统的汽车维修技能，还需要了解软件更新和数据安全等相关知识。智能交通系统的应用则要求交通管理人员能够使用高级数据分析工具来优化交通流和提高道路安全性。因此，职业培训和技能升级方案不仅有助于现有员工适应技术变革、保持其职业竞争力，也对企业和整个行业的可持续发展至关重要。

在应对自动驾驶和智能交通系统带来的新技术挑战方面，日本东京地铁公司的先进技能培训计划是一个引人注目的例子。随着智能化技术在城市公共交通系统中的快速发展，东京地铁认识到了升级员工技能的迫切需要。该公司启动了一项综合培训计划，专注于提高员工对自动驾驶列车系统的操作能力，以及对实时数据分析和网络安全的理解。该计划通过与日本几所主要的技术学院合作，设计了一系列定制课程，涵盖了从基础的技术知识到高级系统分析和维护的各个方面。除了理论学习，东京地铁还为员工提供了实际操作的机会，比如参与到智能交通系统的测试和维护中去，以确保他们能够在真实环境中应用所学知识。通过这些举措，东京地铁不仅成功地加深了员工对新兴技术的掌握程度，也增强了公司在安全、效率和服务质量方面的竞争力。

四、创新教育模式的应用

在面向未来的交通运输领域人才培养战略中，采纳和推广创新教育模式显得尤为重要。特别是在线学习平台，它通过提供灵活性和广泛的教育资源，为学生和在职人员按照个人节奏和时间安排进行学习提供了便利。例如，专门针对智能交通系统和自动驾驶技术的在线课程以及专业证书程序，不仅向学习者提供了深入的理论知识基础，还通过虚拟实验室和高级模拟器，提供了近乎真实的操作体验。这种学习方式使得学习者能够在一个无风险的环境中，探索和实践前沿技术，从而更深入地理解复杂的系统工作原理。

此外，通过实践培训和工学结合的模式，比如企业实习和与行业领先企业的项目合作，学生们可以获得宝贵的实地工作经验。这样的安排不仅促使他们将理论知识应用于解决实际问题，还提供了与行业专家互动的机会，从而加深了对行业需求和未来趋势的理解。这种教育模式的实施，让学生直接参与到实际的工程项目中，为他们进入未来工作环境提供了坚实的基础，确保他们在毕业时不仅拥有所需的知识，而且具备必要的实践经验和问题解决能力，从而更好地适应快速发展的交通运输行业。

跨学科教育在培养具备全面技能的交通运输领域人才中也发挥着至关重要的作用。通过整合工程学、数据科学、环境科学和管理学等多个学科的课程和项目，学生能够获得必需的技术知识和软技能，如团队合作、项目管理和创新思维。这种教育模式鼓励学生从多个角度分析问题，培养他们的解决问题能力，同时也激发了他们对创新的兴趣和潜力。例如，在跨学科项目中，学生有机会参与到智能交通系统的设计与实现过程中，学习如何整合不同学科的知识来解决复杂问题。

麻省理工学院运输与物流中心（MITCTL）始建于 1973 年，是世界顶尖的供应链教育和研究中心之一。该中心联合工程学、城市规划、经济学和计算机科学等多个学科，开展了一系列关于智能交通和可持续城市交通解决方案的研究项目。学生们参与到从数据分析到系统设计、从政策制定到技术实施的全过程中，这使他们不仅能够深入理解跨学科合作的重要性，还能够亲自体验将理论知识应用于实际挑战的过程。这种教育模式不仅促进了学生对交通运输领域新技术和方法的理解和应用，也为行业培养了一批具备创新能力和全面视角的未来领导者。这表明，跨学科教育模式对于培养能够引领未来交通运输创新的人才具有不可替代的作用。

第三节
科技创新要素

科技创新是推动交通运输领域发展新质生产力的关键要素。通过前沿技术革新、科研与创新的紧密结合、创新生态系统的构建，以及应对挑战与促进创新的策略，交通运输领域正在经历一场深刻的变革。这场变革不仅提高了交通运输的效率、安全性和可持续性，也为社会和经济发展注入了新的动力。

一、技术革新的前沿

当前交通运输领域正处于前所未有的技术变革时期，自动驾驶技术、电动化以及智能交通管理系统等关键技术革新正在重新定义出行方式。自动驾驶技术利用先进的传感器、人工智能算法和机器学习，实现车辆的自主导航和决策，极大地提高了交通系统的安全性。通过减少人为错误导致的事故，自动驾驶技术可能显著降低道路交通事故率。电动化技术的发展，特别是在电动汽车领域的进步，不仅降低了交通运输对化石燃料的依赖程度，也显著降低了运输过程中的碳排放和空气污染，对环境产生了积极影响。智能交通管理系统通过整合交通数据分析、实时监控和先进的通信技术，优化了交通流量管理，提高了道路使用效率，减少了拥堵现象，从而提升了整个交通系统的效率和可持续性。

技术革新如何具体改变交通运输的效率、安全性和环境影响，取决于其集成和应用程度。例如，自动驾驶技术的广泛应用不仅可以减少交通事故，还可以通过优化行驶路线和速度，降低能耗和排放。电动汽车的推广，特别是当其电力来源于可再生能源时，将进一步减少交通运输对环境的影响。智能交通管理系统通过实时数据分析和预测，不仅可以缓解城市交通拥堵，还能为紧急响应提供支持，如快速清理交通事故现场，进一步提升交通安全性。

二、科研在交通创新中的作用

科学研究在交通运输领域的创新中扮演着至关重要的角色，它不仅是新技术开发的催化剂，也是现有技术改进的基石。通过基础科学和应用研究，科研人员能够探索新材料、新能源解决方案和先进的信息技术，这些成果直接推动了交通工具和管理系统的革新。例如，电池技术的研究进展极大提高了电动汽车的续航能力和能效，使得电动汽车成为可行的替代传统燃油车的选择。此外，通过数据科学和人工智能的应用，科研人员能够开发出更加智能的交通管理系统，这些系统能够实时分析大量数据，预测交通流量，并据此优化信号控制，显著提高城市交通的效率和安全性。这些科研活动不仅推动了技术的变革，也为交通运输领域带来了创新的思路和解决方案。

科研项目与交通创新之间的关联在众多公私合作研发项目中得到了生动体现。一个成功的例子是欧洲的"清洁天空"（Clean Sky）计划，这是一个旨在减少航空运输环境影响的公私合作研发项目。此外，谷歌母公司 Alphabet 旗下的 Waymo 与汽车制造商合作开发自动驾驶技术，也是公私合作促进交通技术创新的典范。这些案例展示了科研项目如何通过跨界合作加速交通创新的步伐，为解决交通运输领域面临的挑战提供了有效的技术支持和创新思路。

典型案例：
欧盟清洁天空计划

"清洁天空"计划作为欧洲航空领域的一项标志性公私合作研发项目，自 2008 年启动以来，致力于通过技术创新显著减少航空运输的环境影响。该计划由欧盟和欧洲航空工业共同发起，汇集了政府、航空公司、科研机构及其他相关组织的力量，形成了一个跨国合作平台，旨在推进航空业的可持续发展。

项目的主要目标包括减少飞机的 CO_2 排放和噪声污染，同时推动航空技术的创新发展。为了实现这些目标，"清洁天空"计划开展了一系列的技术研发项目，涵盖了更加高效的发动机技术、改进的航空器设计以及高效的空中交通管理系统等领域。

在发动机技术方面，项目支持了采用新型材料和先进制造技术的发动机研发，以实现更轻、更经济、排放量更低的目标。这些技术的应用不仅提高了发动机的燃烧效率，还有助于减轻整机重量，从而降低了飞机的整体能耗和 CO_2 排放量。

航空器设计的创新则通过优化气动形状和采用复合材料等新技术来提升航空器的燃油效率和运行性能。这些改进不仅降低了航空器的重量，还改善了其整体的环境性能，包括减少噪声和 CO_2 排放量。

空中交通管理的高效化是通过开发新的管理系统和技术来实现的，目的是减少航班延误、优化飞行路径以及降低燃料消耗量。这些措施有助于提高空中交通的流畅性和安全性，同时也减少了对环境的影响。

"清洁天空"计划的实施不仅推进了航空技术的创新，还对欧洲乃至全球的航空工业产生了深远的影响。它不仅促进了科技创新和技术转移，还创造了就业机会，提高了航空运输的效率和安全性。通过这一系列的技术突破和创新实践，"清洁天空"计划为航空业的环保和可持续发展树立了新的标杆，展示了公私合作模式在推动行业进步中的巨大潜力。

三、创新生态系统的构建

形成一种创新文化，意味着创建一个不仅鼓励承担风险、创新思维和持续改进，也将这些视为成功的关键要素的环境。这要求企业和组织领导层展现出对创新的强烈支持，通过明确创新目标、奖励创新成果和容忍失败来培养创新精神。在探讨交通运输领域如何构建创新文化时，奔驰公司旗下的"Lab1886"便是一个生动的案例，它体现了内部创新实验室在培育这种文化中的关键作用。Lab1886 作为奔驰母公司戴姆勒集团的一个独立实体，专门负责孵化和加速新技术和商业模式的发展，重点关注电动汽车、自动驾驶技术和其他前沿创新。该实验室提供了一个资源丰富的环境，鼓励员工自由探索和实验新想法，即使这些想法可能与传统的汽车制造概念不同。Lab1886 的成功案例之一是 Car2Go，这是一个基于应用的共享汽车服务，它允许用户通过手机应用随时随地租用和停放车辆，展示了如何将新技术与创新商业模式相结合来解决城市交通的实际问题。通过这种方式，奔驰不仅加速了技术创新的过程，还促进形成了一种积极探索的企业文化。

创建一个支持性的创新生态系统需要多方面的努力，包括政策支持、资金投入和跨界合作。政府可以通过制定有利于研发和技术创新的政策，如提供研发税收抵免、资助创新项目和简化技术进口流程，来鼓励企业和研究机构投资于新技术的开发。此外，通过公私合作项目和资助方案，政府和私营部门可以共同投资于关键的基础研究和技术开发，降低单个组织面对的风险和成本。跨界合作，特别是促进学术界、工业界和政府机构之间知识和资源共享的合作，对于促进技术创新和应用同样至关重要。这样的合作不仅能够加速创新过程，还能帮助确保新技术的商业化和规模化应用能够满足社会和市场的需求。通过这种多元化的支持结构，交通运输领域能够构建一个既促进创新又能应对未来挑战的强大生态系统。

四、应对挑战与促进创新的策略

在推动交通运输领域科技创新的过程中，资金限制、技术标准化，以及知识产权保护构成了三大主要挑战。首先，针对资金限制，研发新技术，特别是长期且高风险项目，如自动驾驶技术和智能交通管理系统，前期需要巨额投资。这些投资不仅涵盖技术开发本身，还包括必要的安全测试和市场调研费用。例如，自动驾驶汽车的开发不仅需要投入资金研发车辆控制系统，还要投入大量资金用于路测、数据收集和处理以及模拟测试等，这对于许多初创企业，甚至一些成熟企业来说是巨大的财务负担。

其次，技术标准化在推动交通运输领域的科技创新中同样关键。标准化能够确保新技术产品之间的兼容性和互操作性，有助于减少市场分裂，加速技术的市场接受。例如，在智能交通系统领域，不同制造商生产的车辆和基础设施元素若能够基于统一标准交流信息，则可以大幅提升整个系统的效率和安全性。然而，制定这些标准是一个复杂的过程，需要各个利益相关者之间的密切协作和长期的共识建设，同时还要不断适应技术的快速进步。

最后，知识产权的保护对于鼓励创新和投资同样重要。它不仅保障了创新者的权利，避免了创新成果被未经授权的第三方使用，而且通过提供一定期限的市场独占权，能鼓励更多的资金投入到研发领域。然而，在全球化的市场环境中，在不同国家和地区对知识产权进行有效保护，面临着法律法规差异大、执行力度不一，甚至是知识产权保护意识薄弱等复杂挑战。以自动驾驶技术为例，由于技术涉及的领域广泛，包括软件、硬件、数据处理等，因此需要跨越不同领域的知识产权保护，需要国际合作和协调。

为了应对这些挑战并促进交通运输领域的科技创新，可以采取多种策略。政府可以通过制定鼓励创新的政策，如提供税收优惠、研发补贴和创新基金，来缓解资金限制问题。政府和行业协会可以共同努力，加速技术标准化的过程，并为此制定国际合作框架。教育培训也至关重要，不仅需要培养具备必要技能的新一代人才，还需要提高现有工作人员的技能，以适应新技术的发展。此外，国际合作在推动科技创新方面发挥着关键作用，通过跨国研发项目和技术交流，可以共享知识和资源，加速创新过程。

第四节

资本要素

资本是交通运输领域发展新质生产力的关键驱动力。风险投资、公共投资、众筹等多元化的资金渠道为交通运输领域创新提供了必要的资金支持，推动新技术从研发到应用的转化。然而，交通运输领域的项目往往投资规模大、回报周期长，资本配置面临诸多挑战。要破解这些难题，需要政府和市场共同发力，完善投融资机制和政策环境，为资本高效配置创造条件。

一、风险投资在交通创新中的角色

风险投资在推动交通运输领域的技术创新和商业化过程中发挥着不可或缺的作用，特别是对于初创企业来说，风险资本不仅提供了必要的资金支持，还带来了商业经验和行业资源。特斯拉的发展历程提供了一个典型案例，展示了风险投资如何影响和促进一个初创企业的成长和成功。

特斯拉在 2003 年由马丁·艾伯哈德和马克·塔彭宁创立，最初是一个电动车创新项目。2004 年，埃隆·马斯克的加入并领导了 A 轮融资，为特斯拉注入了 630 万美元的资金，这对于当时还处在产品开发初期的特斯拉来说，是一个重要的资金保障。更重要的是，马斯克不仅提供资金，还带来了其在业务发展、品牌建设和产品推广方面的深厚经验，这些对特斯拉快速成长至关重要。

特斯拉的第一款产品 Roadster 在 2008 年推出，这款车的研发和推向市场的过程中，风险投资的作用不可小觑。风险资本不仅解决了资金问题，还为特斯拉提供了接触潜在客户和合作伙伴的机会。例如，特斯拉与大型汽车制造商如丰田和戴姆勒的合作，部分是由于马斯克的业界影响力和这些公司对特斯拉技术潜力的认可。

从商业模式上，特斯拉利用风险投资的支持，采取了一种非传统的直销模式，在汽车行业中是前所未有的。特斯拉直接销售给消费者，绕过了传统的汽车经销商网络，这一策略最初引发了不少争议，但最终证明是成功的，特斯拉能够很好地控制销售过程和提升客户体验。

在技术开发方面，风险投资支持了特斯拉在电动车核心技术，尤其是电池技术和自动驾驶技术上的持续创新。特斯拉的电池技术是行业内比较先进的，而这一切技术的研发都离不开资金的持续投入。2010 年特斯拉在纳斯达克上市后，通过首次公开募股（IPO）募集的资金进一步加强了其技术研发和市场扩展的能力。

二、公共投资的重要性

公共投资在交通运输领域的可持续发展和创新中起到至关重要的作用，尤其是在支持基础设施的建设和技术研发方面。公共投资不仅限于物理基础设施，如道路和桥梁，也广泛涉及支持新技术的开发和实施，例如电动车充电站和智能交通系统。

在基础设施方面，政府的资金支持可以显著加速向更可持续交通系统的过渡。例如，建设广泛的电动车充电网络是推动电动汽车普及的关键。充电基础设施的广泛部署可以减少消费者对电动车续航能力的担忧，从而提高电动车的市场接受度。政府投资在高速公路系统中引入高效的交通管理技术，如自动收费系统和实时交通信息服务，不仅提高了交通效率，还减少了通勤时间和汽车尾气排放，推动了交通网络的绿色转型。

在研发方面，公共资金对于那些初期研究成本高昂且商业回报不确定的领域尤为关键。政府资助的研发项目往往能够填补私营部门不愿意或无法投资的空白。这包括基础科学研究和应用技术开发，特别是在自动驾驶、智能交通管理系统和新材料技术等领域。这些技术的发展和成熟需要巨额的前期投资和长期的技术积累，而政府的介入可以有效地缩短技术从实验室到市场的转化周期。

政府还可以通过直接的财政补贴或税收优惠政策来促进新技术的市场接受。例如，许多国家为购买电动汽车的消费者提供直接的购车补贴或税收减免，这直接降低了消费者的购买成本，加速了电动车的市场渗透率。

典型案例：
挪威政府在电动汽车推广方面的政策

挪威是全球电动汽车普及率最高的国家之一，这在很大程度上归功于政府的积极政策支持。挪威政府提供了一系列激励措施，包括免除车辆购置税和增值税、在公共停车场免费停车、允许使用公共车道等。此外，挪威政府还投资了数亿元挪威克朗来建设和维护全国的充电站网络。这些政策合力推动了电动汽车的普及。挪威公路联合会（Norwegian Road Federation）的统计数据显示，2023 年挪威电动车在新车销售中占比 82.4%，比 2022 年的 79.3% 增加 3.1 个百分点，再创新高。这一成功案例清楚地展示了公共投资在推动交通领域可持续创新中的关键作用。

三、众筹及其他资金渠道

众筹等非传统资金渠道在交通运输领域的创新项目中展现出了巨大的潜力，尤其是对于那些可能难以通过传统方式获得资金支持的小型项目或非主流创新。通过网络平台，众筹允许个人和企业直接向公众展示他们的项目和想法，从而吸引小额投资。这种资金筹集方式不仅降低了创新者面临的经济门槛，也为他们提供了验证市场需求和潜在用户兴趣的机会。例如，2015 年，Sondors 推出了其创新的三轮电动车项目，并选择了众筹作为其资金筹集的主要方式。该公司在 Indiegogo 上的众筹活动引起了广泛的关注和热烈的响应，最终成功地筹集了超过 100 万美元的资金。这些资金支持了其原型车开发和初步生产阶段。

此外，这些非传统资金渠道还为交通运输领域的创新提供了一种独特的市场测试机制。通过众筹过程，项目发起人可以直接与潜在的用户和消费者互动，收集反馈意见，进一步完善他们的产品或服务。这种自下而上的资金支持方式有助于确保所制定的交通解决方案更贴近市场和用户需求，增加了创新成功的可能性。例如，通过众筹获得资金的 Microlino 城市微型电动车项目，是由瑞士公司 Micro Mobility Systems AG 开发的，设计灵感来源于 19 世纪 50 年代的宝马 Isetta。

该项目通过 Kickstarter 平台进行了资金筹集,通过众筹过程,Microlino 团队得以直接与潜在用户交流,收集到关于设计优化、功能需求和用户期望的实际反馈。这些信息帮助他们调整产品设计,使最终产品更符合市场和消费者的需求。

四、资本获取与配置的挑战

交通运输领域在寻求资本获取和配置过程中面临多重挑战,其中资金匮乏和投资回报周期长尤为突出。尽管交通运输创新对社会经济发展和环境可持续性具有重大意义,但许多创新项目特别是那些涉及新技术和基础设施建设的项目往往需要巨额初期投入,而这些投入可能需要较长时间才能获得回报。由于交通运输项目的复杂性和技术不确定性,这些投资往往伴随着较高的风险,这进一步加剧了资金获取的难度。在这种背景下,不仅私人资本可能犹豫不决,即使是公共投资也可能因预算限制和财政约束而受到影响。

为了克服这些挑战,政策调整、激励措施和风险管理策略的实施至关重要。政府可以通过提供税收优惠、直接补贴或者设立专门的创新基金来降低私人投资者的风险,鼓励其向交通运输创新项目投资。例如,设立旨在支持清洁能源交通工具和智能交通系统开发的政府引导基金,可以吸引更多私人资本参与。政府还可以通过实施更加灵活的公私合作模式(PPP),分担投资风险,提高项目的吸引力。此外,通过加强国际合作共享研发成果和风险,也是一种有效的方式。在风险管理方面,采用先进的财务工具和机制,如风险分散投资和保险产品,可以进一步提高投资者对于高风险交通运输项目的信心。

第五节
信息要素

信息技术的快速发展正在重塑交通运输领域的面貌。大数据、人工智能等新兴技术的应用，极大地提高了交通系统的智能化水平，为精准决策、优化管理和创新服务提供了强大支撑。然而，在推动行业信息化和智能化的过程中，数据治理、隐私保护、跨部门协作等诸多挑战亟须解决。把握信息化发展机遇，破解智能化应用难题，已成为交通运输领域发展新质生产力的关键所在。

一、数据驱动的决策制定

大数据技术的融入正在根本地改变交通运输领域的决策制定过程，推动决策方式从依靠经验向数据驱动转变。

这一技术的应用使决策过程不仅更为科学、精确，而且极大地增强了响应速度和灵活性。在实际操作中，通过集成来自传感器、全球定位系统、社交媒体等多源数据，分析系统可以实时监控和预测交通流量，优化交通管理和响应策略，例如调整信号灯时序和公交调度，以适应实时交通状况。这不仅降低了基于假设或过时信息的决策风险，也显著提升了资源分配的效率和效果。

大数据技术还促使交通运输业的服务模式和管理策略创新，如通过精细化的数据分析，能够识别特定地区、时间和条件下的交通模式，形成针对性的交通管理和城市规划策略。此外，数据驱动的决策模式通过实时反馈机制，使运输系统更加灵活，适应性更强，能够快速响应突发事件，适应长期变化趋势。例如，通过分析历史数据识别事故高发点和原因，可实施更有针对性的预防措施，如改善道路设计、调整交通标志等，显著提高安全性。

滴滴出行的案例生动地展示了如何利用大数据技术实现这些理论的实际应用。滴滴整合了海量数据处理、机器学习和云计算等先进技术，通过对大规模数据进行分析和学习，实现了精准的交通和出行服务管理，其预计到达时间（ETA）/路径规划机器学习系统示意图如图 3-3 所示。滴滴平台每天处理的数据超过 2000TB，通过这些数据，滴滴不仅能够进行实时的供需匹配，还能预测 15 分钟后的供需状况，准确率高达 85%。这种预测能力使得滴滴可以提前调度资源，如动态调整驾驶员位置、优化路线，大大减少了等待时间和降低了空驶率，同时提升了用户满意度和经济效益。

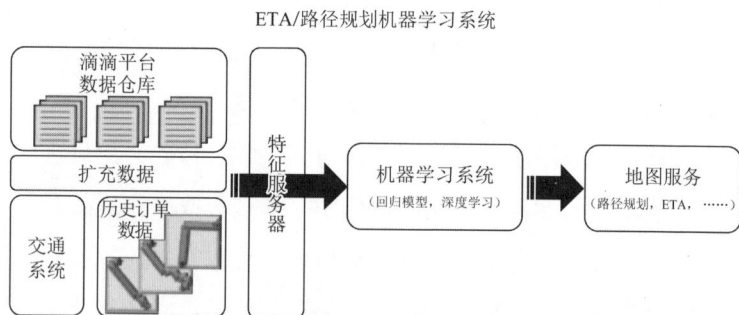

图 3-3　滴滴平台的 ETA/路径规划机器学习系统

此外，滴滴的智能派单系统每 2 秒进行一次决策，处理超过 3 万个乘客请求，显示出其处理高频、大规模数据的能力。通过这种高效的数据分析和应用，滴滴不仅优化了个体用户的乘车体验，也对城市交通管理系统的效率和可持续性产生了积极影响。

基于数据的决策制定方式正逐渐成为交通运输行业的新标准，不仅推动了业务的智能化和高效化，也为全球范围内的交通系统提供了可行的智能化解决方案，展示了技术如何在复杂的现实世界中发挥革命性的作用。

二、人工智能在交通系统中的应用

人工智能技术结合大数据的分析能力，正在交通运输领域引发一场创新革命。自动驾驶汽车是这一领域最引人注目的创新之一，它通过集成高级传感器、摄像头、雷达和人工智能算法，使车辆能够自主导航和做出决策，极大提升了道路安全性和行车效率。人工智能技术也被广泛应用于智能交通信号系统中，通过实时分析交通流量数据，动态调整信号灯的时序，有效缓解城市交通拥堵。在维护方面，人工智能可以通过分析历史维护数据和实时性能指标，预测交通设施和车辆的潜在故障，从而提前采取维护措施，减少意外停机时间，确保交通系统的高效运行。

人工智能技术的应用不仅提升了交通系统的自动化和智能化水平，还极大地增强了用户体验和系统的安全性。例如，特斯拉的自动驾驶辅助系统（Autopilot）利用深度学习算法来处理来自车辆周围的传感器和摄像头的数据，使得车辆能在许多情况下实现自主驾驶。系统能够实时监测道路条件和周边环境，自动调整车速，进行车道保持，甚至在检测到潜在碰撞风险时自动制动。此外，Autopilot可以根据实时交通状况调整行驶路线，有效减少行程时间和燃油消耗。这不仅提高了驾驶的安全性，也大幅度提升了驾驶体验。

在公共交通领域，例如新加坡的公共交通系统通过应用人工智能进行车辆调度和乘客流量分析，显著提高了服务的准时率和运营效率。人工智能（AI）系统分析历史和实时数据预测客流高峰，动态调整车辆发车频率和路线规划，减少乘客等待时间并平衡各线路的拥堵程度。这种智能调度系统不仅优化了资源的使用，还为乘客提供了更加个性化和舒适的出行选择。

三、数据治理和隐私保护

在交通运输领域中，实施有效的数据治理策略是确保数据质量、提升数据利用效率并保障数据安全的关键。随着大数据和人工智能技术的广泛应用，交通系统能够收集和分析海量数据，优化交通流量管理、提高安全性和增强用户体验。然而，这也在数据收集、存储、处理和分享等方面带来了数据管理的复杂性。有效的数据治理策略需要建立一套明确的标准和规范，确保数据的准确性和一致性，同时也需要制定严格的数据访问和使用政策，以保护数据不被误用。例如，通过实施数据加密、访问控制和数据生命周期管理等措施，可以有效保护数据安全，防止数据泄露和滥用。

同时，在促进数据共享和利用的同时，保护个人隐私和数据安全也至关重要。随着智能交通系统和共享出行服务的发展，个人行程数据、支付信息等大量涉及个人隐私的数据被收集和分析。如何平衡数据利用与隐私保护成为一个技术和法律双重挑战。

从技术角度来看，实现隐私保护的核心技术包括数据匿名化和数据最小化。数据匿名化处理指通过技术手段删除或修改个人数据中的识别特征，使个人数据在没有额外信息的情况下不能与特定的用户关联。例如，可以使用k-匿名化技术，通过将个人数据集中的数据与至少$k-1$个其他数据集中的数据进行融合，从而使得数据用户无法将数据与少于k个体直接关联。此外，差分隐私技术也是一种有效的方法，它通过在数据查询结果中添加一定量的噪声，确保即便攻击者拥有除了结果以外的所有背景知识，也无法准确推断出数据集中任何个体的信息。数据最小化原则要求在收集和处理个人数据时，限制数据的类型和数量，仅保留实现特定目的所必需的数据。例如，在智能交通系统中，若仅需要分析交通流量模式，则不需要收集车辆所有者的详细个人信息，只需统计车辆类型和时间数据。

从法律角度，强化数据保护法规是保障个人隐私的必要措施。以欧盟的《通用数据保护条例》（GDPR）为例，该条例提供了一套全面的数据保护框架，强调数据主体的权利，包括访问权、更正权、删除权以及反对权等。GDPR还规定了数据处理的透明度和合法性要求，要求数据处理者在处理个人数据前必须获得明确的同意，并对数据收集的目的、方式和范围进行清晰说明。

在实践中，智能交通系统的开发者和运营商应当设计数据保护影响评估（DPIA），评估和缓解数据处理活动对个人隐私的潜在影响。例如，通过评估哪些数据是分析交通趋势所必需的，哪些数据可能导致隐私风险，制定相应的数据处理和保护措施。

四、面临的挑战与机遇

在交通运输领域实现信息化和智能化的过程中，众多挑战亟须解决。首先，数据质量是基础且关键的挑战之一。高质量的数据是进行有效分析和做出准确决策的前提，然而在现实中，数据的不一致性、不完整性以及时效性问题经常影响数据的有效使用。此外，系统集成挑战也不容忽视，尤其是将新技术融合到现有的交通管理体系中，需要克服技术兼容性、数据标准化等问题。跨部门协作同样是一个难题，信息化和智能化涉及多个部门和领域，缺乏有效的沟通和协调机制会阻碍项目的进展和实施。

面对这些挑战，通过政策支持、技术创新和管理创新来抓住信息技术带来的机遇，是推动行业发展的关键。政府可以制定明确的政策和标准，引导和促进数据共享、保护数据隐私，并为信息化项目提供资金和技术支持。在技术层面，投资于新技术的研发，如云计算、大数据分析工具和人工智能算法，可以提高数据处理的能力和效率，促进系统的无缝集成。管理创新方面，建立跨部门协作平台和机制，确保项目的多方参与和资源共享，是解决协作难题的有效途径。此外，加强人才培养和知识传播，提高从业人员的信息技术应用能力，也是实现交通运输领域信息化和智能化的重要支撑。

第六节
市场要素

在交通运输领域发展新质生产力的过程中，市场要素发挥着不可或缺的作用。市场需求的变化、消费者行为的影响、竞争态势的演变以及政策法规环境的变化，共同推动着交通运输领域的创新和发展。深入理解市场动态，准确把握消费者需求，制定合适的竞争策略，并积极应对政策法规挑战，是交通运输企业实现可持续发展的关键。

一、市场需求的变化与分析

在气候变化和可持续发展的大背景下，交通运输市场正经历一场深刻变革。一方面，消费者对节能减排、绿色出行的需求日益强烈。以电动汽车为例，据国际能源署（IEA）统计，2022 年全球电动汽车销量达 1050 万辆，同比增长 60%，渗透率接近 14%。在共享出行方面，2023 年全球网约车市场规模为 824.2 亿美元，未来 5 年复合增速有望达 16.5%。另一方面，以人工智能、大数据、车联网、5G 为代表的新一代信息技术加速赋能交通运输领域。据统计，全球智能交通市场规模预计将从 2021 年的 1038.1 亿美元增长到 2030 年的 2547.8 亿美元，年复合增长率超过 10.6%。中国领跑全球智慧交通发展，2023 年智慧交通市场规模约为 2817 亿元人民币，预计 2026 年将突破 4000 亿元人民币。面对消费需求变革和技术进步趋势，传统交通运输企业纷纷加大在节能与新能源、数字化与智能化方面的投入。2022 年，在全球十大整车企业的研发投入中，节能与新能源相关投入占比均在 40% 以上，软件与智能化相关投入占比超过 20%。总之，可持续发展和智能升级正成为交通运输市场发展的新引擎，也为行业创新带来前所未有的机遇。

要理解和预测市场需求的变化，市场研究和数据分析成为关键工具。通过收集和分析消费者行为数据、市场趋势、竞争对手动态以及宏观经济指标，企业管理者和政策制定者可以获得对市场需求深入的洞察。例如，使用先进的数据分析技术，可以识别特定消费者群体的出行偏好和未满足的需求，从而指导产品开发和服务创新。同时，通过对历史数据的分析，结合人工智能技术的预测模型，可以预测未来的市场趋势，为战略规划和决策提供支持。在这个过程中，不断更新的数据和分析方法的创新是至关重要的，它们能够帮助交通运输领域的企业和组织更好地适应市场的快速变化，把握发展机遇。

二、消费者行为的影响

消费者行为在交通运输领域的创新和技术采纳过程中扮演着决定性的角色。随着人们对于出行效率、成本、舒适度以及环境影响的日益关注，这些因素共同塑造了消费者对交通产品和服务的选择。例如，对环境友好的交通方式的偏好推动了电动汽车和共享出行服务的发展，而对便捷性和时间效率的需求则促进了智能交通系统和在线预订平台的创新。消费者的接受度和反馈对于新技术的市场渗透率至关重要，只有当消费者认为新技术能够带来明显的好处时，他们才会愿意接受和使用新技术。

为了满足消费者需求并提升用户满意度，用户体验设计和服务创新成为关键手段。通过产品设计实现良好的用户体验，可以使消费者在使用交通产品和服务过程中感到更加方便、愉悦和安全。例如，Uber通过技术创新和客户反馈来不断提升服务质量。

Uber通过其用户友好的移动应用程序简化了车辆预订过程，用户可以轻松地在几分钟内预订车辆，实时查看车辆的状态。这种直观的界面和功能使得用户体验极佳，极大地减少了用户在出行前的不确定感和焦虑。此外，Uber的定价模型和车辆分配算法的不断优化，基于大数据分析用户的行为和需求，使得服务更加精准和高效，从而节约了用户的时间和成本。

另一个创新是Uber提供的多种车辆和服务选择，如经济型的UberX和拼车选项（UberPool），满足了不同用户群体的多样化需求和预算。这种服务多样性不仅扩大了Uber的客户基础，也提升了其市场适应性。

除此之外，Uber 还注重从用户反馈中学习，不断进行服务调整和升级。从简单的驾驶体验反馈到复杂的系统级改进，这种持续的迭代和改进，让 Uber 有效地将消费者的深层次需求转化为其服务和产品设计的核心要素，确保在快速变化的市场中保持领先地位。

三、竞争态势与战略定位

交通运输领域的竞争格局正经历着前所未有的变化，既有的运输公司和新兴的科技企业在这个广阔而多元的领域中展开了激烈的竞争。新进入者，尤其是那些专注于创新技术，如自动驾驶、电动车辆以及共享经济模式的公司，正在以其灵活性和创新能力挑战传统交通运输服务的市场地位。这些新兴企业往往能够快速适应市场变化，引入新技术和商业模式，满足消费者对更高效、更环保出行方式的需求。与此同时，传统的交通运输企业也在积极进行自我革新，通过技术升级和服务优化来保持其市场竞争力。这种新旧势力的竞争和融合，推动了交通运输领域整体向着更加智能化、环保化的方向发展。

在这样的竞争环境中，战略分析和定位成为企业寻找竞争优势和市场机会的关键工具。通过深入分析市场趋势、消费者需求以及竞争对手的策略，企业可以识别自身的独特价值和潜在的增长点。以特斯拉为例，该公司通过其革命性的电动汽车和高度自动化的生产流程，成功地重塑了汽车行业的竞争格局。特斯拉不仅注重产品的环保特性，还通过其独特的直销模式，省去传统经销商网络，直接与消费者接触，这一策略有效降低了销售成本，并提高了客户满意度。根据 2023 年第一季度的数据，特斯拉全球交付量超过 31 万辆，同比增长超过 30%，这一增长率远高于传统汽车制造商。

此外，丹麦的风能巨头维斯塔斯（Vestas）通过其高效的供应链管理和技术创新，在风力发电领域中保持领先。维斯塔斯利用先进的数据分析技术监控风力涡轮机的性能，通过实时数据来优化维护和运营，大大降低了故障率并提高了能源产出。例如，维斯塔斯在 2022 年的一项改进中，通过优化涡轮机叶片设计，提升了其涡轮机的能效比例，使新一代涡轮机的能源输出比前一代提高了 8%。这种持续的技术革新和优化，使得维斯塔斯能在竞争激烈的可再生能源市场中保持竞争优势。

四、政策与法规环境的作用

在交通运输市场中，政策和法规环境不仅设定了市场参与者的游戏规则，而且对企业战略的制定和实施有着直接的影响。以政府对新能源汽车的补贴政策为例，中国通过补贴和税收优惠政策刺激了电动汽车市场的增长。根据国际能源署（IEA）发布的《2023 年世界新能源汽车展望》（*Global EV Outlook 2023*）的数据，2022 年全球新能源汽车销量已突破 1000 万辆，中国电动汽车的销量占全球市场份额的 58%，明显受到政策的推动。政府补贴降低了消费者的购车成本，同时激励了企业加大在电动车技术如电池和电动驱动系统上的研发投入。

同样，对自动驾驶技术的法规制定也极为关键。2020 年，中华人民共和国国家发展和改革委员会等 11 部门联合发布了《智能汽车创新发展战略》，提出到 2025 年，中国标准智能汽车的技术创新、产业生态、基础设施、法规标准、产品监管和网络安全体系基本形成。北京、上海、广州、重庆等地方政府也相继出台了自动驾驶测试管理办法和道路测试规范。这些法规为自动驾驶技术的测试和应用提供了政策保障，有助于这一新兴产业的健康有序发展。

此外，环保法规在推动交通运输业绿色转型方面起到了举足轻重的作用。例如，2020 年交通运输部印发《关于推动交通运输领域新型基础设施建设的指导意见》，提出加快建设智慧绿色交通基础设施，推动传统基础设施数字化、网联化、智能化升级。与此同时，各地政府也出台了相应的实施方案，推进新能源物流车辆推广应用，鼓励发展共同配送、统一配送等集约化运输组织模式，建设智能化绿色货运枢纽。在相关政策的引导下，越来越多的企业开始重视绿色物流，主动采取措施提升运输效率，降低能耗和排放。

为了在这一复杂的政策和法规环境中抓住市场机会并有效应对挑战，企业需要采取积极的政策倡议和合规策略。这包括与政府机构建立良好的沟通渠道，参与政策制定的讨论和反馈过程，以确保企业利益得到充分考虑。同时，通过建立专业的法规团队，及时了解和适应新的政策和法规要求，可以最大限度地降低合规风险，保护企业的合法权益。此外，通过政策引导和市场需求分析，企业可以主动调整战略方向，比如投资于清洁能源技术、智能交通系统和服务创新，以把握政策带来的市场机遇。

五、构建统一开放的交通运输大市场

随着全球化进程的不断深入，构建统一开放的交通运输大市场已成为业界共识和发展大势。当前，受历史、地理等因素影响，许多国家和地区的交通运输市场仍存在不同程度的分割和垄断现象。这种状况不仅导致资源配置效率低下，也抑制了行业的公平竞争和创新发展。为了突破这一瓶颈，推动运输市场的统一和开放势在必行。

统一开放的运输市场，意味着打破地区壁垒，形成全国乃至全球范围内畅通高效的交通网络。这一目标的实现，需要从标准、法规、基础设施等多方面入手。以欧洲单一运输市场为例，经过多年努力，欧盟各成员国在铁路技术标准、航空安全规范、港口服务规则等领域形成了高度一致性，再加上基础设施的互联互通，极大地促进了人员、货物在欧洲大陆的自由流动。数据显示，得益于市场统一，欧盟内部贸易额增速连年保持在3%以上，远高于区域外贸易增速。可见，统一的大市场对经济发展和民生福祉都有显著的促进作用。

开放是构建统一大市场不可或缺的一环。交通运输行业是资金和技术高度集中的领域，需要吸引各市场力量广泛参与，才能真正实现资源的合理配置。纵观全球，在市场化程度较高的国家，企业往往拥有更强的创新动力和服务意识。以航空业为例，欧美航空市场的开放和整合进程一直在稳步推进。2010年，欧美签署了"开放天空"第二阶段协议，标志着跨大西洋统一航空市场建设又迈出了关键一步。新协议在投资开放、法规协调等方面取得重要进展，有利于促进欧美航空公司加强合作，带来更多商业机遇，为旅客提供更优质高效的服务。数据显示，协议实施后，欧美之间航班数量明显增加，运营成本和机票价格也有所下降，充分显示了开放带来的积极效应。

再看货运领域，国务院办公厅印发《"十四五"现代物流发展规划》提出，要完善铁路（高铁）快运网络，鼓励电商、邮政快递等企业参与铁路（高铁）快运设施建设和改造。近年来，铁路货运市场逐步开放，吸引了众多民营快递、电商平台企业参与，为构建统一大市场注入了新的活力。顺丰、京东、菜鸟等企业纷纷与铁路企业达成战略合作，共同打造高效便捷的铁路物流网络。顺丰借助"一带一路"倡议下首条以中方为主投资建设的中老铁路，打通了泰国↔老挝↔中国多式联运新通道，新鲜的泰国榴莲搭乘中老铁路"快车"冷链专列，高效直达国内市场。国内方面，随着成昆高铁快运专列的开通，滇川两省的特色农产品也通过铁路网络快速流通。

统一开放的交通运输市场构成了现代市场经济的根基，对交通运输行业的可持续发展具有决定性的影响。展望未来，交通运输行业需要进一步完善市场规则和优化产业政策，加速构建一个规范有序、创新活跃、普惠高效的大运输市场。这一转型过程需要政府与市场主体的密切合作，一方面，应致力于打造一个公平竞争的制度环境；另一方面，应加快推进互联互通的基础设施建设，确保人流、物流、资金流和技术流等关键资源在更广阔的区域内高效流动。

第七节
组织管理要素

交通运输领域要发展新质生产力，组织管理是关键要素之一。构建适应性组织结构、开展跨界合作、促进人才管理与领导力发展以及培养应对变革的组织文化，是提升组织竞争力的重要方面。灵活高效的组织运作模式，能够激发创新活力，快速响应市场变化，推动交通运输业持续进步。

一、构建适应性组织结构

在交通运输企业中，构建一个适应性强的组织结构是应对快速市场变化和技术进步的关键。通过灵活的组织设计，企业能够快速调整其战略方向，有效应对外部环境的变化。扁平化管理是实现这一目标的重要方式，它通过减少管理层级，缩短决策链，使得信息流通更加顺畅，提高组织的响应速度和灵活性。此外，团队可根据项目需求自主组织和调整，增强了企业的适应能力和创新速度。在这种模式下，团队成员能够根据自身专长和项目需求，发挥最大的创造力和效率。同时，如 Scrum 或 Kanban 等敏捷方法的应用，进一步加强了企业对变化的适应性，通过短周期的迭代和持续反馈，确保项目能够快速适应市场和技术的变化，提高产品和服务的质量和竞争力。

现代管理理念在交通运输企业中的应用带来了显著的效益。一方面，它们促进了更高效的内部沟通和协作，加速了创新项目的推进速度。另一方面，通过增强组织的灵活性和适应性，企业能够更快地捕捉市场机会，提前布局未来的发展方向，从而在竞争中获得优势。此外，扁平化管理和团队自治还有助于提升员工的满意度和归属感，因为它们能够给予员工更多的自主权和参与感，激发员工的创造力和主动性。

二、开展跨界合作

跨界合作在推动交通运输领域的创新和发展中发挥着关键作用。政府、企业、学术界和非政府组织（NGO）之间的合作，通过整合各自的资源、知识和专长，能够共同应对行业面临的复杂挑战，并加速新技术和解决方案的研发与应用。政府可以提供政策支持和资金投入，引导行业发展方向和优先领域；企业则能够带来市场运营的经验和资本投资，快速将创新成果商业化；学术界贡献前沿的研究和深厚的理论基础，推动技术创新；而 NGO 则能在特定领域如环境保护和公共安全中发挥作用，提升社会责任感和公众参与度。这种跨界合作不仅加速了技术创新的过程，也有助于确保创新成果能够更好地服务于社会需求，促进交通运输领域的可持续发展。

成功的跨界合作案例在全球范围内层出不穷。例如，全球电动车倡议（Electric Vehicles Initiative，EVI）是一个国际合作平台，旨在推动全球电动车的推广应用。作为清洁能源部长会议（Clean Energy Ministerial，CEM）下的一个项目，EVI 自 2010 年成立以来，致力于解决电动汽车推广过程中的关键政策和技术问题。这一倡议聚集了来自全球的政府、行业领袖、汽车制造商和能源供应商，共同推动电动车技术的发展，提高其市场接受度，并努力降低交通运输对环境的影响。

EVI 的主要活动包括政策制定支持、技术和经验共享以及公共与私人部门之间的对话促进。通过这些活动，EVI 帮助成员国了解并应对推广电动汽车时面临的政策挑战，例如充电基础设施建设、电网集成和电动汽车电池的供应链问题。此外，EVI 还积极推动国际合作，通过技术交流和共同项目来统一全球电动汽车的技术标准。

2022 年发布的"零排放政府车队宣言"是 EVI 的重要成就之一，该宣言得到多个成员国的支持，体现了政府在推动环境友好政策上的领导作用，这些成员国承诺在公共采购中全面过渡到零排放车辆。国际能源署（IEA）作为 EVI 的协调机构，为该倡议提供战略指导和技术支持，确保其活动与全球能源和环境政策的大方向保持一致。

三、促进人才管理与领导力发展

在交通运输领域，人才管理是推动创新和维持竞争优势的关键。随着技术进步和市场需求的快速变化，需要一支既懂技术又具备创新思维的团队来开发和实施新的交通解决方案。因此，培养和吸引创新人才成为企业战略的重要组成部分。企业可以通过提供持续的职业培训和学习机会，鼓励员工掌握最新的技术和管理知识。创造一个开放和包容的工作环境，可以激发员工的创新潜力和团队合作精神。为了吸引顶尖人才，企业不仅需要提供有竞争力的薪酬和福利，还需要强调其在行业内的领导地位和对社会贡献的承诺，以吸引那些既希望实现个人职业发展又关心社会发展的人才。

领导力的发展对于激发团队创新能力和提升团队绩效同样至关重要。有能力的领导者能够明确愿景，指导团队克服挑战，鼓励创新思维，并促进跨部门的沟通和合作。通过领导力培训和发展计划，可以帮助管理层和关键职位的员工提高他们的领导能力，包括决策制定、战略思考和人际交往等方面。强大的领导力不仅能够吸引和留住人才，还能够提高员工的工作满意度和参与度，从而直接提升团队和组织的整体绩效。在快速变化的交通运输领域，领导力发展确保企业能够适应市场变化，引领行业创新，实现可持续发展。

四、培养应对变革的组织文化

培养积极的组织文化对于鼓励创新、容忍失败并应对行业变革至关重要。在交通运输领域，技术快速发展和市场需求不断变化要求企业必须不断创新以保持竞争力。鼓励创新的组织文化能够激发员工的创造力，鼓励他们积极提出新想法并将这些想法付诸实践。同时，一个包容失败的环境对于创新同样重要。创新过程中的失败应被视为学习和成长的机会，而不是惩罚的理由。这种文化环境鼓励员工冒险尝试，即便是在面对失败时也能从中吸取教训，不断改进和尝试新的方法。此外，随着交通运输行业面临的挑战日益复杂，能够快速适应变革的组织文化变得尤为关键，它要求企业不仅能够接受变化，还要能够预见和引领变化。

组织文化对于促进员工的创新思维和协作精神发挥着关键作用。通过建立一种基于信任、开放交流和团队合作的文化，企业可以促进不同背景和专业知识的员工之间的互动和协作，从而激发新的创意和解决方案。在这样的文化中，员工感到自己的贡献被重视，更愿意分享知识和创新想法。此外，通过文化塑造，例如定期举办创新研讨会、制定激励制度以及创建包容和支持的工作环境，可以进一步增强组织的整体适应性和竞争力。这样的组织不仅能够更好地应对行业变革，还能够吸引和留住那些富有创造力和愿意迎接挑战的人才。

典型案例：
JR 东日本的 E235 系电力动车组

东日本旅客铁道株式会社（简称"JR 东日本"）的 E235 系电力动车组是日本铁路技术和服务创新的一个典型案例。这一系列车辆首次投入运营是在 2015 年 11 月 30 日，目的是替换年久失修的 E231 系，并于 2020 年完成了对山手线所有车辆的更新替换。E235 系的设计旨在提升乘客服务品质、环境性能以及运行的安全性和稳定性，从而彰显 JR 东日本在推动技术创新和提高运营效率方面的承诺。

E235 系的开发围绕着三个核心目标：改善乘客服务，提高环境性能，以及增强安全性和稳定性。车辆采用了由综合车辆制作所（J-TREC）开发的 Sustina 不锈钢车体，这种材料不仅轻量且耐用，还具有良好的环保特性，降低了车辆的能源消耗和长期维护成本。车内设计由著名设计师奥山清行操刀，以宽敞的车厢空间和大窗设计提升乘客的舒适感，同时，车辆的前端设计加入了大型显示屏，加强了与乘客的信息沟通。

尽管 E235 系的设计和技术引领了行业的发展，但它的初期运营并非没有挑战。2015 年 11 月 30 日首次投入运营时，由于未能在高乘载率下进行充分测试，导致自动停车系统出现故障，车辆停止时误差达到 1.5 米，甚至出现了突然停顿的事故。这些问题暴露了在真实运营环境中测试的重要性。JR 东日本对这些初期失败表现出了高度的容忍和迅速的响应能力，公司迅速进行了系统的重新调试，并在几个月后的 2016 年 3 月成功解决了这些问题，恢复了正常运营。

此外，E235 系还引入了 INTEROS 列车信息管理系统，该系统的数据传输速度是先前系统的 10 倍，能够实时监控列车状态，并在发生故障时快速通知车辆段和车务控制中心，极大提高了日常运维的效率和应对突发事件的能力。这一系统的成功应用，不仅提高了列车的运行效率，也为未来铁路系统的技术升级奠定了基础。

本章参考文献

[1] 于凤霞. 加快形成新质生产力: 是什么、为什么、做什么?[J]. 新经济导刊, 2023, 10: 1.

[2] 王勃. 习近平总书记强调的 "新质生产力"[EB/OL]. (2024-03-18) [2024-04-25]. http://theory.people.com.cn/n1/2024/0318/c40531-40197632.html.

[3] 蒲清平, 黄媛媛. 习近平总书记关于新质生产力重要论述的生成逻辑、理论创新与时代价值[J]. 西南大学学报 (社会科学版), 2023, 49(6): 1-11.

[4] 杨丹辉. 科学把握新质生产力的发展趋向[J]. 人民论坛, 2023(21): 31-33.

[5] 徐政, 郑霖豪, 程梦瑶. 新质生产力助力高质量发展: 优势条件、关键问题和路径选择[J]. 西南大学学报 (社会科学版), 2023, 49(6): 12-22.

[6] 魏崇辉. 新质生产力的基本意涵、历史演进与实践路径[J]. 理论与改革, 2023(6): 25-38.

[7] 任保平, 王子月. 数字新质生产力推动经济高质量发展的逻辑与路径[J]. 湘潭大学学报 (哲学社会科学版), 2023, 47(6): 23-30.

[8] 蒲清平. 加快形成新质生产力的着力点[J]. 人民论坛, 2023(21): 34-37.

[9] 李政, 廖晓东. 发展 "新质生产力" 的理论、历史和现实 "三重" 逻辑[J]. 政治经济学评论, 2023, 14(6): 146-159.

[10] 高帆. "新质生产力" 的提出逻辑、多维内涵及时代意义[J]. 政治经济学评论, 2023, 14(6): 127-145.

[11] 张乐. 以新质生产力发展推进中国式现代化建设[J]. 人民论坛, 2023, 21: 11-14.

新质生产力在交通运输领域的发展实践

- 交通运输技术突破性进展
- 交通运输生产要素创新性配置
- 交通运输产业深度转型升级
- 交通运输新业态蓬勃发展

随着中国交通运输行业高速发展，新质生产力在交通运输领域的应用实践正逐渐深入，带来了显著的变革和提升。未来随着技术的不断进步和创新，新质生产力将发挥更加重要的作用。本章围绕交通运输技术进步、要素创新性配置、产业转型、新业态发展等层面阐述新质生产力在助力交通运输领域创新发展的实践，针对基础设施、技术装备、运输服务、行业管控等领域的数字化赋能和转型升级，以及交通运输新模式、新业态等，选取大量典型实践案例进行分析阐述。

第一节
交通运输技术突破性进展

改革开放 40 多年来，特别是党的十八大以来，中国交通运输技术装备水平明显提高，科技创新能力明显增强，交通运输成为新科技新产业的重要承载，运营管理数字化水平显著提升，远洋船舶、高速动车组、铁路大功率机车、海工机械等领跑全球，大飞机、新一代智联网汽车等装备技术方兴未艾，高速铁路、重载铁路、超大桥隧、深水筑港、中低速磁悬浮轨道交通等领域技术创新取得突破性成果，成为中国制造业走向世界的"金名片"。

一、交通新型基础设施建设加快推进

（一）加快交通基础设施智慧化升级

围绕建设交通强国总体目标，中国以技术创新为驱动，以数字化、网络化、智能化为主线，以促进交通运输提效能、扩功能、增动能为导向，积极推动交通基础设施数字转型、智能升级，布局建设智慧公路、智慧铁路、智慧港口、智慧航道、智慧民航、智慧邮政、智慧枢纽、数据中心等一批智慧交通基础设施。差异实施增量与存量交通基础设施智慧化升级方案，积极推进新建交通基础设施与信息基础设施同步规划、同步设计、同步建设，提前预留空间布局；完善改扩建交通基础设施智慧应用体系配建方案，在充分发挥既有设备功能的基础上，统筹新建智慧设施与既有设施协同共融。

（二）推动交通基础设施信息化

顺应 5G、物联网、大数据、云计算、区块链、人工智能等技术与交通运输加快融合趋势，中国积极推动交通基础设施和载运工具基础要素信息化，交通基础设施数字化率不断提高。加快构建交通基础设施网络化数据传输体系，实现交通基础设施网络与交通数据网络同步建设。加快建设覆盖全国、动态更新的高精度数字地图和交通基础信息库，实现对物理基础设施的信息化呈现与管理。加快提升实时数据采集水平，强化各种运输方式的数据管理与融合，完善行业数据分析应用，公路、铁路、水路、民航、城市交通等部分数据开放共享，平台逐步整合。目前，长江干线、西江干线、京杭运河江苏段实现电子航道图全覆盖，自动化集装箱码头已建和在建规模居世界首位，行业部分领域北斗系统应用比例达到或接近 100%。

（三）构建天地一体交通信息通信网络

加快铁路 CTCS-4 系统研发与应用，提升铁路列控系统智能化水平与运行效率。完善全国高速公路信息通信系统等骨干通信网络，全面提升车联网用户渗透率，推动 V2X 网络在部分高速公路和城市主要道路布局，构建车路协同环境。构建船岸协同信息交互体系，全面提升水路交通效率。扩大民航地空无线宽带系统航线覆盖范围，实现航空器与地面的高速数据通信。研究推动交通泛在感知物联网建设，以北斗导航等为重要依托，完善交通物流北斗系统基础设施，打造泛在的交通运输物联网。研究构建全时空交通信息采集系统，实现交通设施设备运行动态感知和泛在互联。强化重要节点及复杂路段全要素感知与检测能力，研究构建全国性基础设施全生命周期监测、管理和服务平台，加快交通运输网络状态识别、预测以及决策辅助能力建设，支撑复杂环境下交通场景的试验应用。

二、先进技术装备不断推广应用

（一）载运工具装备水平持续提升

近年来，中国交通运输领域科技成果频繁涌现，各运输方式装备水平日益提高。铁路车辆加速升级换代，全国铁路机车拥有量为2.24 万台，其中内燃机车 0.78 万台，占 34.7%；电力机车 1.46 万台，占 65.3%。全国铁路客车拥有量为 7.84 万辆，其中动车组 4427 标准组、35416 辆，CR450 动车组深化研制。全国铁路货车拥有量达 100.5 万辆。汽车产业发展迅猛，2023 年中国汽车产销量分别完成 3016.1 万辆和 3009.4 万辆，自 2009 年起连续 15 年稳居全球第一。截至 2023 年，中国全社会机动车保有量超过 4 亿辆，汽车保有量超过 3 亿辆，新能源汽车保有量超 2000 万辆，位居世界第一，新能源车辆在城市公交车的比例超过 75%。船舶发展加快大型化专业化标准化，大中型船舶数量大幅增加，船舶运力结构发生根本性变化，海运船队已逐步发展到包括集装箱船、滚装船、油轮、冷藏船、载驳船、液化天然气（LNG）船、液化石油气（LPG）船在内的类型齐全的船队，国产首艘大型邮轮投入运行，长江船型标准化不断升级，促进长江航运安全绿色发展。

运输飞机装备水平不断提升，C919 大飞机正式投入商业运行，截至 2022 年底，民航全行业运输飞机期末在册架数 4165 架，大型运输飞机数量显著增多；通用航空在册航空器总数达到 3186 架；国内快递行业专用货机从无到有，全行业货机机队规模增至 255 架。

（二）交通设备制造技术快速进步

铁路轨道交通装备制造技术取得重大突破，以高速动车组、大功率机车、重载铁路货车、城市轨道车辆为代表的轨道交通装备系列产品，整体技术达到国际先进水平，部分指标国际领先，已形成全系列、谱系化产品设计制造能力。以自动驾驶、智能网联为代表的新一代智能信息产业加速发展，尤其是智能网联汽车应用场景和技术发展不断突破，智能网联汽车在解决交通安全、道路拥堵、能源消耗、环境污染等方面发挥了积极作用，还带动了汽车产业技术变革和加速升级。大型专业化码头装卸设备制造、海工机械特种船舶、集装箱成套设备制造技术领先世界，我国已成为全球最大的港口机械制造国、使用国和出口国，开发了一批标准化、系列化品牌船型，主流船型实现全系列研发制造，特别是大型液化天然气船、超大型汽车运输船、"雪龙 2"号破冰科考船等实现国内建造"零"的突破。飞机制造自主化水平大幅提升，以 CR929 远程宽体客机、C919 大飞机、ARJ21-700 涡扇支线飞机和新舟系列涡桨支线飞机为代表的"两干两支"民用飞机产品格局正在形成。

（三）交通装备研发能力大幅增强

瞄准新一代信息技术、人工智能、智能制造、新材料、新能源等世界科技前沿，中国积极加强交通运输前瞻性、颠覆性、战略性技术研究，推动大型液化天然气运输船、大型邮轮、重型直升机、高原型大载重无人机、智能快件箱等先进交通物流装备研发应用，有效带动现代产业体系发展。一是载运工具研发水平不断提高，不断开展新一代轨道交通装备、新能源汽车与智能网联汽车、高技术船舶、航空装备等领域研究，重视关键核心技术、基础技术和共性技术研究。二是设备制造研发水平不断提升，交通制造装备智能检测和运维技术不断推广。三是装备研发智能化水平不断提升，利用 5G 通信、大数据、人工智能等新兴技术，交通运输装备领域研发智能化绿色化不断取得突破。四是绿色节能装备研发不断推进，新能源、清洁能源、轻量化交通装备研发技术持续提升，新能源、清洁能源、智能化、数字化、轻量化、环保型交通装备及成套技术加快发展。

（四）交通运输技术装备综合保障能力不断提升

一是聚焦共性前沿技术和颠覆性技术创新，积极推动人工智能等前沿领域成果在交通运输领域的广泛应用，全面加强重大科技项目与行业重点项目、重大工程的衔接。推动"深空、深海、深地、深蓝"重要领域技术装备演进，拓展交通发展新空间。培育重要战略性创新力量，构建核心技术自主可控、具有国际竞争力的现代化交通运输产业技术体系。二是大力提升技术装备标准化水平，充分发挥标准体系在交通运输领域的基础、引导和规范作用，重点推动多式联运、联程联运等标准化工作，完善军民通用标准体系，促进行业标准国际化。三是着力建设技术领先的智慧物流装备体系，推动物流装备更新换代与升级改造，加强货运动车组、新能源货车、标准化船型、全货机等先进装备的研发设计与技术攻关，积极推广无人机、无人仓、无人驾驶货车、物流机器人等智能装备。

三、大力推进智慧交通发展

（一）智慧交通发展迈入快车道

交通运输作为国民经济中具有基础性、先导性、战略性的产业，向来是先进技术试验应用载体和新兴产业孵化成长平台。在现代信息技术应用和商业模式创新的推动下，交通运输的智慧化发展趋势越发明显，智慧交通已成为当今世界有技术实力和应用条件的国家抢占新一轮科技革命和产业变革先机的重要手段。近年来，中国互联网、大数据、云计算、区块链、人工智能等新技术加快发展，加之中国庞大的市场空间和丰富的应用场景，为智慧交通发展创造了良好的发展机遇，传统交通产业智能化趋势明显，智能交通技术产业化加快，新业态新模式加速发展，智慧交通市场规模持续扩大，有力推进了交通基础设施和载运工具数字化、网络化，以及交通运行和运营管理智能化、自动化，极大地提高了运输效率和服务质量，降低了整体运行成本，助力交通运输发展由"走得了"向"走得好"跨越，成为驱动经济增长与社会发展新旧动能转换的重要力量。

同时也要看到，中国智慧交通尚处于起步发展阶段，与交通运输高质量发展和交通强国建设要求相比，还需要加快解决发展短板和滞后问题。例如，交通设施设备智能化、信息化、网联化水平整体较低，港口、铁路、机场等场景自动化作业程度不高；人车路环境下的交通信息采集设备功能单一分散、不成体系，尚未建立全面感知体系；智慧交通指挥决策平台建设滞后，数据对交通规划决策、运营管理、拥堵治理、交通管控等核心业务的精细化提升与多业务协同支撑不足；交通出行全链条、一站式、个性化的服务体系尚未形成，数据采集汇聚共享标准不统一，多方式信息、运营和支付集成程度有待提升；交通行业跨层级、跨地域、跨系统、跨部门、跨业务数据壁垒问题较为突出，协同运行智能化水平较低；缺乏全国统一的智慧交通顶层指引，新技术应用存在不同层次的政策束缚，法律法规等政策有待突破，等等。

智慧交通是互联网、大数据、云计算、区块链、人工智能等新技术与交通运输深度融合的新兴业态，是综合交通运输质量变革、效率变革、动力变革的重要手段，也是实现交通运输高质量发展的必由之路，对推动传统交通转型升级、提升运行效率和服务水平、牵引带动数字经济及新能源新装备等战略性新兴产业融合发展具有重要作用。近年来，数字技术主导的世界新一轮科技革命方兴未艾，为抢占新一轮科技革命和产业变革先机，世界各国高度重视智慧交通建设，结合新兴技术发展趋势及发展诉求，加快探索智慧交通发展路径，加速交通与新技术融合发展，不断推动交通基础设施、交通管理和出行服务模式等各层面深刻变革，智慧交通发展迎来新风口，已然成为世界范围内交通强国争相加快部署的热点。

当前，中国正加速迈入以数字化、网络化、智能化为主要特征的数字时代，并处于传统基建投资边际效应递减和经济下行压力持续加大的特殊时期，党中央、国务院高度重视数字经济发展和新型基础设施建设。党的二十大明确提出"加快发展数字经济，促进数字经济和实体经济深度融合""构建现代化基础设施体系"，作为数字经济发展的重要领域和新型基础设施建设的重要组成部分，中国智慧交通发展正迈入快车道。为此，需要充分把握好战略机遇期，多措并举，超前布局，前瞻性思考、全局性谋划、整体性推进智慧交通建设，加紧抢占智慧交通发展制高点。

（二）智慧交通发展路径不断清晰

立足新发展阶段，要正确认识中国智慧交通发展的不足和问题，准确把握新一代科技革命与产业变革历史机遇，科学研判智慧交通发展规律和发展趋势，围绕推动经济高质量发展和人民群众美好生活需要，精准推进智慧交通补短板、强弱项，加快推进智慧交通新型基础设施建设，推动交通运行、运输服务、综合治理智慧化发展，健全智能决策支持与监管，全面提升交通运输智慧化发展水平，以智慧化带动交通现代化，有力支撑交通强国建设。就现阶段而言，重点加快推进"三个融合"，着力解决"三个基本实现"。

一是推进"交通＋互联网"融合，基本实现客运"一站式"、货运"一单制"服务。加快构建一体化交通信息通信网络，提升交通基础设施、运输工具、信息平台等联网互通水平，推动各类交通信息的开放共享，逐步打破信息不对称、破除行业区域分割，按照建立全国统一大市场的要求，高效配置各类交通运输资源，确保公众通过移动互联网终端，及时获取交通动态信息，提升用户出行体验，基本实现客运全程"一站式"服务，重点城市群内交通"一卡通行"，重点营运车辆（船舶）"一网联控"，全国骨干物流通道货物运输"一单到底"。

二是推进"交通＋大数据"融合，基本实现"出行即服务""数据即服务"。完善交通运输全时空数据采集体系，推动重点路段、航段，以及隧道、桥梁、船闸、枢纽等重要节点感知网络覆盖，加快国家及行业数据共享交换平台和政府数据开放平台建设，依托综合交通大数据中心打造"交通决策大脑"，促进交通运输信息资源高度集成共享和综合开发利用，积极构建基于出行即服务（Mobility as a Service，MaaS）和数据即服务（Data as a Service，DaaS）的全链条智慧出行服务体系，打造综合性和个性化的全链条出行服务闭环。

三是推进"交通＋人工智能"融合，基本实现交通治理从"被动适应"向"主动响应"转变。推动人工智能技术在交通运输领域全面融合应用，建设多网合一、人机交互的全链条交通运行组织和交通运输管控系统，完善交通运输智能决策支撑体系，提升交通调度指挥、运输组织、安全应急等领域的智能化水平。基于人工智能技术应用，加强对交通拥堵、事故异常等情况的自动发现，实现交通管理手段与交通运行状态的实时动态匹配，以及标准化公共运力和个性化需求的高效精准适配。提升交通装备和载运工具的智能化自动化水平，大力发展无人配送、智能仓储、智能快件箱等，有效解决城乡配送环节最后一公里的通行难、停靠难、装卸难等问题。

（三）交通运行管理智慧化转型加快推进

一是积极加强综合交通运输智慧协同治理，促进交通信息资源高度集成共享和综合开发利用，提升综合交通运输运行监测预警、安全风险分析研判、调度指挥等支撑能力。构建智能运行管理系统，研究国家和主要区域智慧交通中心建设。强化国家综合交通网络运行协调与应急调度系统（TOCC）功能，建立覆盖交通参与者、载运工具和交通基础设施的一体化交通信息共享和协同管控系统。二是着力提升交通数字化管理水平，推动实现数据驱动的交通管理模式和服务模式，构建车、路、人等交通要素无缝衔接的智慧交通体系，加强交通运输各类主体之间信息交互，促进交通领域信息资源开放共享和综合开发利用。推进交通运输领域"互联网＋政务服务"，提高交通执法智慧化水平。三是加大对城市大脑建设支持力度，提高城市交通管理和运行效率，合理引导出行需求，促进城市交通更加有序、安全、畅通。加快"出行即服务"体系建设，推动构建一体化出行服务平台，打造"出行即服务"全链条智慧服务系统，发展无处不在、实时响应、按需定制的出行服务，以满足个性化、预约式、"门到门"等高品质出行需求为导向，鼓励互联网企业等市场主体整合线上、线下资源，提供"一站式"智慧出行服务。四是完善国家交通运输公共信息平台，促进物流信息互联共享，推动既有物流信息平台升级融合，加强智慧云供应链管理和智慧物流大数据应用，推动货单全面电子化在线化。

（四）智慧交通场景应用和发展保障持续完善

聚焦出行体验、服务品质以及物流效率、管理效能等重点领域和关键环节，优先选择智慧公路、智慧港口、车路协同、自动驾驶等需求较迫切的场景开展智慧交通先行试点布局，验证技术成效及可靠性，逐步推广应用。一是构筑智能交通产业生态体系。建立技术、市场和资本共同引领的智能交通产业发展模式，以创新驱动发展为导向，针对发展短板，着眼市场需求，大力推动智能交通等新兴前沿领域创新，积极开展产业化应用示范，打造具有国际竞争力的智能交通产业生态体系。二是引导"互联网＋交通"健康发展。提升共享单车、网约车、共享汽车、定制公交等"互联网＋交通"出行服务水平，打造高效利用资源、方便生产生活的交通新业态。加强"互联网＋交通"与城市管理融合创新，推进与城市其他资源协调匹配发展。不断创新监管方式和手段，加强交通运输新业态监管，促进行业健康发展。三是推进建立智能交通标准规则体系。统筹基础设施、运输载具、信息平台等设施设备和应用软件间标准衔接，研究开展自动驾驶、车路协同、智能船舶等新领域标准制定，加快构建系统完善、开放包容的智能交通技术标准体系。积极适应新领域新业态发展需要，以安全、高效、公平为导向，研究推进智能交通发展法律规则体系建设。

四、交通运输技术突破典型案例

（一）创新驱动高铁领跑世界

交通强国铁路先行。高铁作为综合交通运输体系中的骨干和交通运输现代化的重要标志，对现代综合交通运输体系建设和现代化产业体系建设具有重要意义，在装备制造业发展和新质生产力发展中肩负重要使命和先行担当。为推动高铁快速发展，中国先后进行了三次铁路网规划及修编。2004 年，国务院常务会议通过了《中长期铁路网规划》，提出建设"四纵四横"的中国铁路快速客运通道。2008 年，适应新的发展形势，国家发展和改革委员会牵头对《中长期铁路网规划》进行了修编，出台《中长期铁路网规划（2008 年调整）》，提出构建"八纵八横"的高铁骨干网络。2023 年，为进一步科学规划面向中长期的铁路发展战略和空间布局，国家发展和改革委员会牵头启动了对《中长期铁路网规划（2008 年调整）》的新一轮修编。

在相关规划的指引下，中国高质量推进高铁建设发展，在比发达国家晚 40 多年起步的情况下，仅用了约 20 年的时间实现了从无到有、从"赶超"到"领跑"的历史性变化，建成了世界最大的高铁网，被誉为中国经济发展奇迹。截至 2023 年底，全国高铁营业里程达到 4.5 万公里，"八纵八横"高铁网主通道已建成 80%、在建 15%，高铁网连通了除拉萨以外的其他所有省会（自治区首府）城市，覆盖了超过 83.6% 的地级及以上城市、98.7% 的城区人口 100 万及以上城市和 94.3% 的城区人口 50 万及以上城市，高铁完成客运量占铁路客运总量的比重超过 70%。根据 2021 年中共中央、国务院印发的《国家综合立体交通网规划纲要》和 2020 年中国国家铁路集团有限公司发布的《新时代交通强国铁路先行规划纲要》，到 2035 年中国高铁规模将达到 7 万公里左右，通达 50 万人口以上城市，全国主要城区市域（郊）1 小时通达、城市群内主要城市间 2 小时通达、相邻城市群及省会城市间 3 小时通达的"123 小时高铁出行圈"全面形成。

中国高铁的发展有力牵引带动了高铁装备制造业的快速发展，见证着中国综合国力的飞跃，承载着习近平总书记和党中央的殷切期望。习近平总书记多次点赞中国高铁，指出"高铁动车体现了中国装备制造业水平，在'走出去''一带一路'建设方面也是'抢手货'，是一张亮丽的名片"①,"中国已经成为世界制造业大国,突出优势是处于全球产业链中游,高铁、核电、汽车等一大批产业和装备处于国际先进水平"②,"我们着力引领产业向中高端迈进,复兴号高速列车迈出从追赶到领跑的关键一步"③,"我国自主创新的一个成功范例就是高铁,从无到有,从引进、消化、吸收再创新到自主创新,现在已经领跑世界"④。目前,中国已形成了具有自主知识产权的世界先进高铁技术体系,铁路总体技术水平已迈入世界先进行列,部分领域达到世界领先水平。

高铁装备制造业包括机车车辆、牵引供电系统、通信信号系统、安全监控系统等,是高铁运营和行业发展的重要支撑,也是高铁技术不断创新和产业升级的重要动力。自高铁发展以来,中国大力推进高铁装备制造成套技术创新和突破,以引进先进技术、联合设计生产的和谐号动车组为基础,持续深化自主创新,突破技术瓶颈,成功研制拥有完全自主知识产权和世界先进水平的"复兴号"中国标准动车组,形成涵盖时速160～350公里不同速度等级,能够适应高原、高寒、风沙等各种运营环境的"复兴号"系列产品。目前,"CR450 科技创新工程"也已取得重大突破,高速列车实现单列时速 453 公里、交会时速 891 公里运行,时速 600 公里高速磁浮交通系统、时速 620 公里世界首台高温超导高速磁浮工程化样车下线。

目前,中国已经建立起高速动车制造领域完整的产业链,实现了包括高速动车组领域的系统总成技术、车体技术、高速转向架技术、

① 《习近平:中央领导是人民的大勤务员》,新华网,2015 年 7 月 17 日。

② 《习近平接受路透社采访时强调 共同开启中英全面战略伙伴关系的"黄金时代" 为中欧关系全面推进注入新动力》,《人民日报》,2015 年 10 月 19 日 1 版。

③ 习近平:《在中国科学院第十九次院士大会、中国工程院第十四次院士大会上的讲话》,《人民日报》,2018 年 5 月 29 日 2 版。

④ 《习近平:中国冰雪运动必须走科技创新之路》,人民日报客户端,2021 年 1 月 20 日。

牵引变流器技术、牵引控制技术、牵引电机技术、牵引变压器技术、制动系统技术、网络控制技术等各个系统的产业化和"中国造",进一步巩固了中国高铁领跑世界的优势。中国高铁装备制造业的发展也有力带动了上下游产业的发展。根据中国中车集团有限公司的数据,一组"复兴号"动车组包含4万多个零部件,涉及钢铁、铝型材等原材料、电子电器、信息系统、精密仪器等10多个行业,涉及的配套企业有2100余家,全产业链企业遍及全球13个国家和地区,涉及全国20余个省区市,产业拉动效应达到1∶5。

高铁装备制造产业的发展离不开信息化、数字化支撑,中国高铁之所以领先世界,关键因素在于创新。顺应新一轮科技革命和产业变革趋势,中国加快了智能高铁发展步伐,加快推动云计算、物联网、大数据、北斗定位、下一代移动通信、人工智能等先进技术在高铁的应用,以数智化赋能高铁创新发展,通过新一代信息技术与高速铁路技术的集成融合,实现高铁智能装备技术水平全面提升。2018年中国启动"高速铁路智能关键技术综合试验",2019年京张高铁"复兴号"智能动车组成功实现时速350公里自动驾驶,在世界上首次实现时速350公里自动驾驶功能。北斗导航、5G、大数据等先进技术在高铁得到成功应用,为中国高铁发展提供了全方位的科技支撑。在智能型"复兴号"动车组部署2700余个监测点,开发了自我感知、健康管理、故障诊断等列车运行在途监测技术,实现了对列车运行的全方位实时监测。目前,中国已初步构建起了"复兴号"智能动车组成套智能铁路技术体系,成为世界智能铁路发展的重要引领者。

(二)智慧高速公路驶向健康发展快车道

智慧高速公路是新兴技术在交通领域集成应用的重要载体,是新型交通基础设施建设的核心场景之一。智慧高速公路集成应用传感、通信、信息、云计算、大数据、人工智能和绿色能源等先进技术，在高速公路沿线布设相应设施设备并建有交通运行控制中心，对实现车辆运行更加安全、快速和绿色，显著提升交通运输安全、通行效率和服务水平具有重要作用。自 20 世纪 80 年代智慧公路概念在国外正式提出以来，智慧高速公路已从自动化时代升级迈入信息化时代，初步实现了系统集成、运营管理模式创新，数据交互和通行效率提升效果明显。当前，随着科技革命和产业变革的持续演进，在数字革命浪潮推动下，智慧高速公路发展正面临新一轮的迭代升级，从注重系统集成的信息化阶段加速向更加注重数字赋能、业务融合、系统协同的数字化阶段演进。

当前，发达国家高度重视智慧高速公路发展。美、欧、日等国家和地区围绕自动驾驶、车路协同、自动化监测、智慧化运营管控和出行诱导服务等方面持续加快创新探索，试图在数字化时代的智慧高速公路发展中赢得先机。美国大力开展以高速公路为载体的车联网和自动驾驶应用，积极推动在恶劣天气条件下的车道通行以及货车自动驾驶编队等多种类型的试点建设，丰富高速公路智能化升级的应用场景。欧洲围绕主动交通管理，打造数字交通走廊，推出自适应、自动化、有效应对气候变化的第五代韧性道路，强化不同路段车速趋同、分车道动态限速、基于交通状态的动态绕行等主动交通管理应用。日本以 ETC2.0 为载体，提升高速公路车路协同服务功能，布设 1600 余套双向通信车路协同设备（ITS spot），提供自由流收费、动态费率、伴随式信息等智慧化服务。

中国高速公路通车里程已连续 10 年位居世界第一，但智慧公路的发展相较国外发达国家滞后了近 40 年。自 2018 年在北京、浙江、广东等 9 个省市差异化开展新一代国家交通控制网和智慧公路试点示范以来，中国高度重视并加快推进智慧公路尤其是智慧高速公路的建设与发展。近年来，国家密集出台一系列加快推进数字化和新基建的政策，围绕交通强国和新型基础设施建设，加快推进新一代信息技术与高速公路深度融合，智慧高速公路建设试点工作迈入提速阶段。据不完全统计，"十四五"时期将开展超过 5000 公里的智慧高速公路建设。

近年来，中国聚焦数字化发展战略，紧扣高速公路大规模路网高效精准管理、安全便捷出行等核心发展目标，大力推进高速公路基础设施数字化、一体化监测、车路协同、北斗高精度定位、伴随式信息服务、自动驾驶等技术研究及应用。截至 2023 年 4 月，全国已有 20 个省区市、40 余条线路开展基于车路协同智慧高速公路建设，如浙江的杭绍台、杭绍甬智慧高速公路，江苏的五峰山、沪宁智慧高速公路、广东机荷智慧高速公路、江西梨温高速公路等，浙江、江苏、山东、北京、云南、甘肃、河南、四川等省区市还相继发布了智慧高速公路建设指南，为中国智慧高速公路的快速发展奠定了坚实基础。

典型案例：
江西梨温高速公路改扩建 AI 技术应用

1. AI 技术应用场景概述

梨温高速公路是国家重点规划的"五纵七横"国道主干线之一的上海至昆明高速公路（G60）在江西境内的东段，为服务人民群众出行，梨东改扩建项目办在工可设计阶段制定了"边通车、边施工"、保证四条车道通行的任务目标。而高速公路扩建过程中，施工对原有道路交通流、净空和视距等方面造成影响，使得道路通行能力降低、车辆频繁改道行驶等，导致道路通行能力、服务水平、安全水平大幅下降，再加上梨温高速公路是江西省交通流量最大的高速公路之一，此任务目标挑战极大。

为确保实现"边通车、边施工"的保四通行任务目标，梨温智慧高速公路设计过程结合高速公路未来发展和管理服务需求，主要遵循"永临结合、建养一体"的设计思路，统筹布局和分期完成改扩建期和运营期的智慧化建设内容。采用雷视融合、交通仿真、态势预测、主动管控、辅助填报等 AI 技术，改扩建期事件快发快处、智慧交通管控、交通组织优化业务场景初见成效，为后续高速公路改扩建提供了借鉴。

（1）重点路段事故快发快处场景。

事故高发路段发生事故后，依靠接警或巡查平均需要 15 分钟才能确认，且报警人可能不清楚自身所处的位置，对桩号、方向描述不清，导致指挥中心信息掌握不精准，处置困难。

（2）施工路段主动管控场景。

施工路段无感知，发生事故后，依靠交警接警及派警才能发现及确认；交警根据现场情况进行指挥，通过电话通知信息中心发布情报板，清障派单，处置时长为 2 小时左右。

（3）交通组织优化场景。

交通组织对于高速公路改扩建非常重要，梨温高速公路在数字孪生世界里用交通仿真技术，以道路准实时数据提前推演施工占道对交通流的影响，并给出管控策略建议，保障施工路段交通流平稳运行，降低施工对交通流的影响。

（4）改扩建施工安全场景。

交通运输部关于加强交通运输安全生产标准化建设的指

导意见要求依法落实企业主体责任,将安全生产标准化建设作为安全生产管理的基础,贯穿生产经营全过程各环节,全方位提高企业全员安全管理水平。改扩建期的施工场景复杂,边通车、边施工,需要企业以标准化管理和规范化操作保障安全生产。

2. 关键 AI 人工智能技术应用

(1)通过雷视融合 AI 检测技术实现交通事件快发快处。

在事故高发路段、互通/枢纽分合流重点区域部署永临结合雷视感知,采用雷视融合 AI 技术实现交通事件秒级上报,精准获取事件详情(桩号、方向、车牌号、占用车道等)。如改扩建期间,一辆小汽车行驶在沪昆高速公路梨温段时车辆突然爆胎,车主紧急停靠到应急车道上,业主指挥中心智慧高速公路系统实时监测到了停车事件,立即通过一路三方联勤机制查询到车主号码并与车主取得联系,要求车主尽快走到护栏外安全地点,并告诉他清障救援车辆会很快赶到。

(2)通过交通流监测预测算法和主动管控算法实现主动管控。

部署云控交通流监测预测算法,可基于雷视、门架卡口、互联网融合数据实现全路段实时交通态势监测、未来 1 小时交通态势预测,及时协助监控员发现拥堵;部署云控主动管控算法,可结合未来交通态势预测数据实现策略触发、刷新,包含信息提示、分流诱导、匝道管控、收费站管控等策略。如通过系统态势拥堵预警事件发现沪昆高速公路梨温段 K600 路段异常拥堵,监控员通过高点视频和交通大队核实小汽车撞护栏,占用单车道。监控员一键执行管控策略,对后方互通路段进行主动管控，并通过融合通信联勤系统就近调度相关人员通过便道赶赴现场协助，小汽车被快速移入港湾停车带，1小时内恢复两车道通行。

（3）通过交通仿真技术减少施工对交通流的影响。

采用交通仿真技术和动态道路模型数据，提前推演施工占道对交通流的影响，并给出管控策略建议，保障施工路段交通流平稳运行。一是可以为决策者和施工单位提供量化的仿真效果，帮助其确定最优方案，整个方法力求操作性、适用性强，为交通组织优化方案决策提供技术支持，可以帮助交通管理者和施工单位选择第二天施工计划最优方案。二是基于仿真结果，给出管控策略建议，如施工提醒、限速、分流诱导、匝道管控、变道提醒等，保障施工路段交通流平稳运行。

（4）通过数字化作业平台保障改扩建期安全生产。

通过标准作业流程灵活编排、快速上线标准作业流程。通过标准化接入智能终端与常规视频监控，在线管理施工作业；通过多人多端实时视频会商，实现远近景协同作业。采用智能语音辅助技术，批量发布广播消息，安全运营中心在收到雷暴雨、冰雹等天气预报时，通过广播的方式，及时给各地作业人员发送语音提醒信息，提醒大家提前收工、及时撤离，规避安全风险。通过AI智能终端，远程坐席接入视频画面，实时检查现场作业安全情况，主动识别问题与风险。

3.案例小结

AI在改扩建智慧高速公路场景下的应用是新质生产力赋能高速公路改扩建的典型场景，梨温高速公路模式提升了改扩建期道路运营管理异常事件发现及处置效率，保障了施工安全。

在重点路段事件发现方面，使事件发现时长从分钟级缩短到秒级，并通过精准信息提高后续的清障及处置效率。

在改扩建路段事件发现方面，通过交通流监测预测算法及时发现拥堵事件，并通过主动管控策略提高疏堵保畅效率，典型场景下处置效率提升 50%。

在改扩建施工方面，通过交通仿真技术预估施工对交通流的影响，为确定最佳施工时机提供决策辅助。

（三）智慧港口建设蹄疾步稳

港口作为衔接供应链上下游的物流枢纽，在国际贸易和地区发展中有着举足轻重的作用。打造智慧港口是建设交通强国的重要举措，党和国家高度重视智慧港口建设。2019 年 1 月，习近平总书记在视察天津港时强调："经济要发展，国家要强大，交通特别是海运首先要强起来。要志在万里，努力打造世界一流的智慧港口、绿色港口，更好服务京津冀协同发展和共建'一带一路'。"①2017 年 1 月，《关于开展智慧港口示范工程的通知》正式印发，13 个智慧港口示范工程项目入选。2021 年 8 月，《交通运输领域新型基础设施建设行动方案（2021—2025 年）》印发，提出智慧港口建设行动以及智慧港口建设重点工程。

当前，中国智慧港口建设逐步从探索转向成熟，现已建成 10 座自动化集装箱码头，并有 8 座自动化集装箱码头在建，已建和在建规模均居世界首位。从具体港口看，2016 年厦门远海码头实现自动化改造

---

① 《习近平在京津冀三省市考察并主持召开京津冀协同发展座谈会时强调　稳扎稳打勇于担当敢于创新善作善成　推动京津冀协同发展取得新的更大进展》，《人民日报》，2019 年 1 月 19 日 1 版。

并投产，打破了国内自动化集装箱码头发展的空白。青岛港和上海港等全自动化码头，采用"远程操控双小车岸桥＋自动导引车（AGV）＋自动操控轨道吊"生产方案，在码头操作系统（TOS）的统一计划、统一调度下，不同码头作业单元协同有序开展工作，节省码头人力70%以上。烟台港着力打造全球首个全自动干散货码头，通过全系统、全流程、全自动作业进一步提升码头生产效率。

智慧港口建设的关键是港口数字化。港口数字化是指利用互联网、物联网、大数据、云计算、5G等新一代信息技术，对港口生产作业中的各类数据进行智能感知、高效传输、分析处理、泛在互联，进而降低港口运营管理成本、提高综合竞争力。早在20世纪90年代后期，西班牙人就率先提出构建"E-PORT"，即建立全球化的港口网络，实现港口信息的充分共享。当前，新一轮科技革命和产业变革风起云涌，港口与数字技术深度融合，筑牢智慧港口数字底座已成为业界共识。港口安防、远程控制、水平运输、业务协同等应用场景与大数据、云计算、5G等信息与通信（ICT）技术加速协同，ICT基础设施已逐步成为港口的核心生产系统之一，新加坡港、汉堡港等国外港口均积极推进数字化发展。

近年来，中国港口在数字化发展方面大胆创新，通过推动新一代信息技术与传统港航业务深度融合，促进港口相关领域流程再造、管理创新和业务协同，初步实现业务单证电子化、内部监控可视化、行业监管痕迹化、用户服务移动化、全程业务协同化等系列目标，降本增效成果显著。例如，天津港实现了包括舱单、放行、进出门等18种港口主要业务单证的电子化。青岛港完成了20类港口作业主要业务单证电子化，数字化进程被港口工人称为"鼠标革了铁锹的命"。上海港通过推进设备交接单（EIR）无纸化，每年节约4亿元单证印刷和传递成本，通过江海联运业务协同平台实现与长江港口的协调联动，推动相关业务的串联和全程可视化。大连港以口岸为核心，整合多式联运业务信息资源，构筑内陆综合集疏运体系，推动上下游物流节点作业协同和信息共享，有效支撑了集装箱铁水联运业务。

典型案例：
天津港——AI 技术助力能力提升

1. AI 技术助力打造智能视频安防综合防控体系

随着港口数字化的发展，目前各港口已逐步建立生产安防系统，但多数港口还是主要依赖人工对现场或者视频进行观察来发现问题，智能化能力欠缺，难以形成一个有效的智能视频安防综合防控体系，无法满足港口生产实时监控、发现问题以及快速指挥调度的需求。

天津港致力于打造生产智能安防系统，通过卷积神经网络技术，训练 9 类 AI 算法模型解析码头监控摄像头视频流，实时发现自动化区域周界入侵、烟火感知、车辆逆行、车辆超速等事件；通过全景拼接技术，把单一的摄像机所显示的视频图像，通过坐标维度的再整合，以宏观角度呈现大场景、大视角；通过一点即视、自动追视功能实现宏观与微观联动，为大场景安全生产提供保障；通过融合 AI、GIS、视频技术，实现 GIS "一张图"，事件以及人、机、车、货、物信息通过 GIS 地图按位置呈现，系统支持事件与视频快速联动。同时，两级平台架构由集团统一建设，码头按需申请使用，实现了对 AI 算法资源的有效复用，降低了整体港口运营成本。

目前，该系统已在天津港 C 段码头实现了 7 天 × 24 小时实时视频解析，将事后分析变成事前预警，无需人工监看，省时省力，管理人员可快速识别和处置事件，大幅提升安全管理效率，有效地保障了港口企业的安全生产。

2. AI 技术助力集装箱智能生产作业

生产作业计划制订是港口的核心生产环节之一，不仅涉及码头内部各种生产资源和各岗位之间的配合，还涉及码头和口岸单位、船公司之间的配合。集装箱码头通过制订生产作业计划，为进出港船舶及集装箱装卸、运输和存放提前分配泊位、岸桥、场桥、集卡、堆场、舱位等资源。采用传统人工制订计划的方式，存在人工耗时长、效率提升难的问题。面对"多因素、多目标、多约束、多时序、多变化、多工况"所带来的成千上万的变量和约束条件，无法实现资源调度最大化。

天津港通过和华为合作，开发了新一代的集装箱智能计划系统，通过使用数学规划、邻域搜索、动态规划等技术进行场景化建模，并调用天筹 AI 求解器，可在考虑多种约束的情况下，在给定优化目标上快速计算出最优解或近优解，将计划生成耗时从小时级降低到分钟级甚至秒级，同时在泊位利用率、船舶在港时间、船时作业效率、倒箱量等关键指标上带来一定优化，进而实现全链路协同，最大化地调动所有资源，预期可使船舶在港时间缩短 7%，单船完工时间缩短 8%，船时装载效率提升 5%，堆场倒箱量降低 10%，大幅提升港口运转效率和作业效率，其作业场景如图 4-1 所示。

图 4-1　天津港 AI 技术助力集装箱智能生产作业场景

3. AI 技术助力智能水平运输

水平运输系统是指针对集装箱码头的岸边与堆场间的集装箱集运疏环节，构建集内集卡、上层 TOS 调度系统与通信系统于一体的管理与控制系统。传统方式依赖人工驾驶员 7 天×24 小时作业，存在驾驶员招募难、效率提升难、安全风险高的问题。智能水平运输系统的目标是实现高效无人化运输，在实际落地中面临多车无人驾驶协同、基于车辆运动学特征的精细化控制、多种装船模式下的动态车序控制与动态路径拓扑的快速绘制和更新、厘米级精准定位、可靠稳定的端到端作业流程打通等一系列挑战。

为了有效应对以上挑战，天津港与华为及其生态合作伙伴联合打造的智能水平运输系统，通过车路云网使能港口自动驾驶场景高效、智能。通过 AI 赋能智能水平运输系统统一协同管控：通过监督学习分析历史作业数据，优化调度模型，提升系统整体调度效率；通过强化学习方法预测多智能体交互模型，实现多智能体协同规划，减少冲突，提升安全；通过基于深度学习的自动驾驶态势感知，实现全港区全场景实时状态智能识别；通过运动学仿真与 AI 模型训练提升协同效率与本质安全；通过启发式算法实现自动驾驶路径的动态计算，通过 AI 训练优化车辆运动学模型，使能人工智能运输机器人（ART）自动驾驶更流畅、更安全，运输场景如图 4-2 所示。

图 4-2　天津港 AI 技术助力智能水平运输应用场景

第二节
交通运输生产要素创新性配置

在交通运输领域发展新质生产力，需要对生产要素进行创新性配置。这种配置不是单一要素的突破，而是多个关键要素的整合，包括思想、人才、科技创新、资本、信息、市场和组织管理等。只有通过这些要素的综合性配置，才能在交通运输领域实现全方位创新，提升行业效率和服务水平，创造新的价值链和业务模式，引领行业的可持续发展。

一、综合性配置的策略

实现交通运输领域关键要素的有效配置，要求采取跨领域的合作和资源整合策略。这种策略的核心在于打破传统行业界限，通过政府、企业、学术机构和非政府组织等多方的合作，共享资源、知识和技术，以促进交通运输领域的全面发展。例如，政府可以提供政策支持和资金投资，激励企业进行技术研发和创新；学术机构可以提供最新的研究成果和理论支持，帮助企业掌握前沿技术；企业之间的合作可以实现资源共享和技术交流，加速新产品的开发和市场推广。通过这样的跨领域合作，不仅能够有效整合各方资源，还能促进不同领域间的知识和技术融合，为交通运输领域带来新的创新机会。

此外，跨领域合作和资源整合策略在促进技术融合、加速创新过程和提高资源利用效率方面发挥着重要作用。通过整合不同领域的技术和资源，可以避免重复投资和研究，提高研发效率和资源利用率。例如，将信息技术和交通运输技术进行融合，可以发展出智能交通系统，提高交通管理的效率和安全性；整合可持续能源技术与新型材料科学，可以推动电动汽车和其他绿色交通工具的发展。这种策略不仅加速了创新过程，还促进了技术的应用和推广，使交通运输领域能够更好地适应市场需求和社会发展的需要，推动整个行业向更加高效、环保和智能化的方向发展。

二、创新业务模式的开发

基于关键要素创新性配置开发的新业务模式，如基于共享经济的交通服务和数据驱动的智能交通解决方案，正成为交通运输领域创新的前沿。共享经济模式利用数字平台将空闲的交通资源（如汽车、自行车）有效分配给需要它们的人，这不仅优化了资源利用，降低了个人出行成本，还对传统的车辆拥有和使用模式提出了挑战。此外，数据驱动的智能交通解决方案通过分析大量的交通数据，如车流量、交通事故和天气条件等，能够实时优化交通流量，预测并减少交通拥堵，提升道路安全水平。这些创新业务模式通过整合科技创新、信息技术和市场需求等关键要素，不仅满足了消费者对更便捷、高效和环保出行方式的需求，也帮助企业创造了新的商业价值。

这些业务模式之所以能够成功，是因为相关企业深刻理解了市场需求，并提供了差异化的服务。在共享经济模式中，用户可以根据自己的需求灵活选择出行方式，这种以用户为中心的服务设计大大提高了用户体验感和满意度。而数据驱动的智能交通解决方案则通过提供实时的、个性化的交通信息和建议，极大地提高了出行效率和安全性。这些业务模式的成功展示了通过跨界整合不同的资源和技术，围绕用户需求进行创新和商业模式设计的重要性。随着技术的进一步发展和市场需求的不断变化，基于关键要素创新性配置的新业务模式将持续引领交通运输领域的创新与发展，推动整个行业向更加智能化、绿色化和用户友好化的方向进步。

三、新价值链的构建

整合交通运输领域内的不同要素，包括科技创新、人才资源、资本投入、信息技术、市场需求，以及组织管理等，可以构建一个全新的价值链。这种新价值链以技术创新为核心，围绕消费者需求展开，通过有效的资源配置和管理，实现从服务设计、产品开发、运营管理到顾客服务的全链条优化。

德国邮政敦豪集团（Deutsche Post DHL Group，简称敦豪集团）在构建新价值链的实践中，展示了其在全球物流领域的创新和环境责任。敦豪集团通过整合先进的信息技术和物流管理系统，推动了物流配送的效率和环保性，尤其体现在其"GoGreen Plus"服务的推出上。此服务通过"碳嵌入"技术和"碳抵消"，致力于减少二氧化碳和其他温室气体的排放，涉及投资绿色道路运输技术和燃料，如电动汽车、生物液化天然气（LNG）、压缩天然气（CNG）及加氢处理植物油（HVO）。这些举措是公司实现到 2050 年零碳排放目标的重要组成部分。通过这种模式，敦豪不仅提升了运输效率，而且显著降低了运输过程中的碳足迹，进一步为公司带来了环境可持续性的商业优势。DHL 认为，该服务已成为公司可持续发展战略的里程碑，在行业可持续转型中发挥了驱动力，强化了公司在所有运输方式中提供碳中和运输服务的能力，符合第 21 届联合国气候变化大会（COP 21）目标。

构建这种新价值链的关键，在于如何有效地整合和利用各个要素的优势，创造出超越传统模式的创新解决方案。这种新价值链能够显著提高行业的整体效率，例如通过智能化技术减少交通事故，通过优化运营模式降低成本，以及通过环保创新促进可持续发展。此外，新价值链还能增强企业的竞争力，使其在激烈的市场竞争中脱颖而出。企业能够通过提供差异化的服务和产品，满足消费者的高质量、个性化需求，同时，通过可持续的发展策略，建立良好的品牌形象，吸引更多的消费者和合作伙伴。

典型案例：
特斯拉电动汽车与滴滴出行

特斯拉电动汽车的发展历程是一个典型案例，展示了如何通过整合科技创新要素、资本要素、人才要素等，成功地在交通运输领域创造全新的价值链。从技术创新的角度看，特斯拉在电池技术方面取得了显著进展，其电动汽车使用的锂离子电池不仅具有更高的能量密度，而且充电速度更快。例如，特斯拉的 Model S Plaid 版本，可以在 15 分钟内完成约 300 公里续航里程的充电。此外，特斯拉的自动驾驶系统 Autopilot 通过机器学习技术持续进化，能够提供更安全的驾驶辅助功能。在资本要素方面，特斯拉成功进行了多次融资，包括 2010 年的首次公开募股，筹集资金约 2.26 亿美元，这些资金显著加速了其生产规模的扩大和技术的进步。在人才方面，特斯拉吸引了包括电池科学家、软件工程师，以及供应链管理专家等多领域的顶尖人才，这些人才的加入不仅推动了产品的持续创新，也优化了生产流程和成本控制。通过这种多方面的整合，特斯拉不仅提高了电动汽车的市场竞争力，也塑造了一种新的业务生态，为汽车行业带来了深远的变革。

另一个案例是滴滴出行，滴滴出行提供了一个基于共享经济模式的智能交通解决方案。滴滴出行通过整合信息技术要素、市场要素和人才要素，在短短几年内迅速成长为全球最大的移动出行平台之一。信息技术要素在滴滴出行的成功中起到了核心作用，它通过大数据分析和云计算技术，优化了车辆调度和路线规划，极大提高了出行效率和用户满意度。同时，滴滴出行深谙市场需求，不断推出差异化的服务来满足不同用户群体的需求，如快车、专车、顺风车等多种出行方式。此外，滴滴出行也重视人才的引进和培养，构建了一个高效的团队来支持其快速发展。滴滴出行的案例展示了通过创新性配置生产要素，不仅提供了新的商业模式，还对传统的交通运输方式产生了深远的影响，促进了行业整体向智能、高效的方向发展。

四、挑战与机遇

在实施交通运输生产要素创新性配置的过程中，企业和组织面临着多方面的挑战。

首先，技术的突破和应用具有较大挑战性，涉及从基础研发到市场应用多个环节。例如，人工智能在交通运输领域的应用需要依赖高质量的数据集和先进的算法。这不仅要求企业投入大量的资金用于技术开发，还需要建立强大的数据处理和分析能力。例如，自动驾驶汽车的研发不仅需要传感器技术、图像识别算法的不断优化，还需要处理和分析车辆在复杂交通环境中收集到的海量数据。

其次，物联网技术在实现车辆和基础设施之间的通信方面发挥着重要作用，但也存在技术兼容性和稳定性的问题。例如，不同制造商生产的车辆和交通管理系统之间可能存在通信标准不一致的问题，这需要行业内部制定统一的标准和协议来解决兼容性问题。同时，网络安全性也是物联网应用中不容忽视的一个问题，特别是在数据传输过程中，需要保证数据的安全性和隐私性。

再次，可能存在市场接受度问题。新技术的推广往往面临消费者习惯和预期的挑战。例如，虽然电动汽车具有减少环境污染的优势，但消费者可能对电动汽车的续航能力、充电便利性等方面抱有顾虑。这就要求企业不仅要在技术上不断突破，还需要通过市场引导和政策支持等方式来提升消费者的接受度和信任度。

最后，法律法规的约束也是企业在推广新技术时必须考虑的因素。特别是在自动驾驶汽车领域，不同国家和地区对于自动驾驶的法律定义、责任归属以及使用权限等方面的法规各不相同，这对跨国企业来说是一大挑战。例如，欧美国家对自动驾驶的安全性和隐私保护有严格的要求，而这些法规直接影响了技术的部署和商业模式的设计。

在交通运输领域面临众多挑战的同时，企业和组织亟须通过具体举措把握机遇，推动持续的技术创新与市场发展。具体策略可以从以下几个方面深入展开：

（1）加强与科研机构的合作：企业应主动与大学、研究院所等高等教育机构建立合作关系，充分利用这些机构在基础科学和应用科学方面的研究优势。例如，通过共同设立研发中心或实验室，共享科研成果和实验设施，以降低自身研发成本并加速技术成果的转化。在智能交通系统和自动驾驶技术方面，与高校合作可以快速吸收前沿的机器学习和人工智能知识，加速技术迭代。

（2）构建开放式创新平台：企业应开发在线平台或论坛，邀请用户参与新产品的测试和评估。这不仅可以在产品开发初期收集用户反馈，调整产品设计，还可以通过用户的早期参与来助其建立对新技术的信任感。例如，通过虚拟仿真平台让用户体验未来的自动驾驶汽车，收集他们对安全性、舒适性的反馈，并据此优化技术。

（3）积极参与政策制定：与政府部门保持密切联系，参与相关交通法规和行业标准的讨论与制定。这可以确保新技术在法律框架下的顺利推广，同时也能为企业自身争取到更有力的政策支持。例如，在电动汽车推广政策方面，企业可以建议政府提供购车税收优惠、建设更多充电站等措施，以促进市场的快速成长。

（4）持续进行市场研究和趋势分析：通过市场调研和数据分析，不断跟踪消费者需求和行业动态，帮助企业及时调整其产品和市场战略，抓住快速变化的市场中的机遇。例如，通过分析消费者对出行方式偏好的变化，企业可以调整服务模式，如增加共享出行服务，或是开发针对城市短途出行的电动车型。

第三节
交通运输产业深度转型升级

当前，中国交通运输发展已经取得巨大成就，建成超大规模交通基础设施网络，运输服务质量持续提升，战略支撑能力不断增强，交通运输基本适应经济社会发展需要。但是，面对国际国内新的发展环境与形势变化，对标全面建成社会主义现代化强国战略安排、中国式现代化内涵特征和本质要求，以及新发展理念、新发展格局和高质量发展要求，特别是与现代化经济体系建设、现代化产业体系运行、现代化流通体系构建、现代化城镇体系发展、绿色生态文明体系打造等综合性因素共同作用下的国民经济循环畅通要求相比，中国综合交通运输发展仍有诸多不足，体制机制仍然存在不少问题。步入新的发展阶段，全面开启社会主义现代化国家建设新征程，构建以国内大循环为主体、国内国际双循环相互促进的新发展格局，对交通运输发展提出了新的要求。需要准确把握新发展阶段新的形势变化，坚持新发展理念，按照高质量发展要求，围绕更好畅通国民经济大循环，以供给侧结构性改革为主线，以服务人民为中心，以改革创新为引领，强化供需精准匹配，推动交通运输发展方式战略转型，提升要素资源流动流转质量和效率。

一、新时代交通运输发展面临新的形势要求

（一）高质量发展要求交通运输加快转变发展方式

中国经济发展已由高速增长转向高质量发展阶段，现阶段高质量发展已成为全面建设社会主义现代化国家的首要任务。在经济高质量发展背景和要求下，高附加值运输需求快速增长，特别是高端出行增长较快。为适应新的运输需求，中国综合运输将向快速化、品质化、高附加值方向转变。同时，随着经济社会的快速高质量发展，土地、岸线、能源等资源要素日益紧缺，生态环境压力持续增大。资源和环境的约束"倒逼"经济步入高质量发展，也进一步"倒逼"交通运输发展做出相应调整。高质量发展下，传统的单纯追求数量、规模、速度型的交通运输发展方式必须让位于质量、效率、效益相统一的发展方式，这就要求加快转变交通运输发展路径，加强环境保护，节约集约利用交通运输资源。

（二）新发展格局构建要求加快交通运输组织再构与转型

构建以国内大循环为主体、国内国际双循环相互促进的新发展格局，将会显著改变中国市场和资源两头在外的发展模式，带动广大内陆地区以更高水平融入循环体系，这就需要充分挖掘内陆腹地优势，加快补齐国内大循环短板。交通运输作为国内大循环的重要支撑，其组织重心也将由传统沿海港口向内陆枢纽尤其是国家物流枢纽等新

"锚点"转移，以内陆新"锚点"为组织中枢，重新集聚整合分散在广袤腹地空间的物流资源，由此导致交通运输需求也将逐渐由东部沿海地区向内陆腹地倾斜。这就要求加快交通运输组织再构与转型，围绕国家物流枢纽重塑交通运输组织空间，推进交通运输组织区域化和专业化发展，增强交通运输组织弹性和韧性，构建多层交通运输组织循环，切实增强现代化产业体系的交通运输承载能力。

（三）扩大内需战略实施要求交通运输加强供需精准适配

习近平总书记在 2022 年中央经济工作会议上明确指出，必须大力实施扩大内需战略，采取更加有力的措施，使社会再生产实现良性循环①。交通运输作为基础性、先导性、服务性行业，是连接生产和消费两端、提升供需适配效率的基础环节，不但有助于扩大有效投资，而且能够促进消费，对扩大内需战略实施具有重要作用，有助于推动形成"需求牵引供给、供给创造需求"的更高水平动态平衡。随着扩大内需战略的深入实施，消费需求将由模仿型排浪式消费向个性化、多样化消费转变，人们的消费将由以"衣、食、住"为主的生存型、温饱型，快速向享受型、发展型转变，由此带来运输需求也将发生明显转变，客运出行的多样化、个性化、高品质特征将越发明显，货物运输需求将呈现明显的小批量、高价值、强时效等特征。这就意味着消费者在追求交通运输安全、速度的同时，对交通运输的舒适化、人性化、品质化等方面提出了更高的要求。

（四）现代化产业体系建设要求交通运输发挥支撑引领功能

交通运输是重要的服务性行业和现代化经济体系的重要组成部分，是建设现代化产业体系的坚实保障。当前，中国正处于产业结构战略调整和产业空间布局优化的关键时期，原材料工业的产品结构和产

---

① 习近平：《当前经济工作的几个重大问题》，《求是》，2023 年第 4 期。

业布局将发生调整，技术密集、知识密集型产业将加快发展。党的二十大报告明确指出，推动战略性新兴产业融合集群发展，构建新一代信息技术、人工智能、生物技术、新能源、新材料、高端装备、绿色环保等一批新的增长引擎，构建优质高效的服务业新体系。产业结构的优化升级带来货运强度的明显下降和运输质量的明显提高，对货物运输结构产生巨大影响。同时，产业结构优化升级也对运输的全程化和便捷化提出要求，促进交通运输向有效衔接和协调发展的方向发展。

（五）新型城镇化建设要求提升交通运输能力和服务水平

新型城镇化是实现现代化的必由之路，是保持经济持续健康发展的强大引擎和促进社会全面进步的必然要求。城市群是城镇化发展的主体形态，新型城镇化的发展将在现有基础上加快培育和发展一批辐射能力较强的城市群。而城市群的发展，要求加快构建高效快捷的现代化综合交通运输体系，以提高运输能力和服务水平。在客运方面，城市群发展诱发了城市间客流的爆炸性增长，客流快速通勤需求急剧上升，通勤流与经商流、探亲流、旅游流相叠合，形成巨大的城际客运需求，原有运输能力全面吃紧，需要加快构建城市群大容量快速客运系统。在货运方面，随着城市群经济及贸易的增长，城市群内的货物交流将更加集中、频繁，城市群与周边城市群、周边主要城市之间的货运需求也将快速增长，在城市群货运需求快速增长和供给约束共同作用下，必然需要构建更加完善的交通运输体系，满足城市群大运量、高密度的货运需求。

二、交通运输需求特征和趋势发生深刻演变

（一）交通运输需求将持续增长，但增速将放缓

客货运输量的多寡是反映社会运输需求总规模的主要标志，人均

旅行次数和单位工业增加值货运量分别反映了旅客生成密度和货物生成能力，是判断运输需求潜力的重要指标。根据宏观经济发展趋势，中国经济发展正从高速增长转为高质量发展，从规模速度型粗放增长转向质量效率型集约增长，这将促使客货运输量的增长趋缓。从客货运输总量来看，中国客运总量从 2013 年之后开始出现下降趋势，新冠疫情后有所回升；全国货运总量虽整体保持上升态势，但增长幅度呈下降趋势。从客货生成潜力来看，目前全国客货运需求的生成潜力同样呈现不断下降的趋势，人均旅行次数从 2013 年的 15.60 次/人下降到 2019 年的 12.57 次/人（2020 年之后因新冠疫情导致数据失真，采用 2019 年数据，下同），单位工业增加值货运量从 2013 年的 19.47 吨/万元下降到 2019 年的 16.84 吨/万元。总体判断，未来中国全社会运输需求总体上仍将保持增长态势，但增速将趋缓。在客运方面，中国客运需求（包含小汽车）已经处于快速增长阶段末期，加上中国人口增长速度也正放慢，老龄化程度不断加深，客运量的增速将逐渐下降；在货运方面，中国货运需求增速将在现有基础上有所下降，但由于工业化和城镇化进程还将持续，大宗货物运输需求处于峰值平台期，全社会货运需求将保持增长。

（二）旅客运输的多元化、规模化和均衡化趋势明显

中国日常跨区域长途旅客主要以公务、商务、旅游等人员为主。此外，由于区域经济发展的不平衡性，中国特有的因离乡工作而流动的人员在春运等传统节日期间的大量返乡，以及学生异地求学形成的客流，都成为区域间特定时间段的重要的、具有相当规模的出行需求，造成明显的区际客运多元化、季节规模化特征。近年来，公务、商务、旅游需求不断增长，尤其是生活水平的提高及消费模式变化，将使跨区域的消费性出行需求快速增长，区际客运的总量规模将在既有基础

上继续扩大。同时，中国区域经济发展水平与资源禀赋存在客观差距，导致了区际客运在客流时间上、方向上的不平衡。随着区域经济发展战略调整和城镇化不断加快，在一定程度上会改变这种不平衡性。首先，由于区际旅客运输构成中的公务、商务、旅游人员，在区域经济快速和均衡发展中，将形成持续的客流需求，其所占比重将因区际经济合作规模的扩大而不断提高，并促进区际客流在时间上、方向上的相对均衡。其次，虽然春节、清明、"五一"、暑期、"十一"等重要节假日流动性异地学习和工作人员的出行需求会出现巨大波动，但随着城镇化步伐加快及后发地区经济发展，流动人员就近定居和工作的比重将提高，波动性会逐渐降低。未来，中国区际客运方向上、时间上的不平衡性总体将趋于缓和。

（三）货物运输的集约化、专业化和适箱化趋势明显

随着区域经济格局的完善和产业布局的调整，未来货物运输总体上还将呈现平稳增长趋势，但增速会放缓。对未来运输影响较大的主要有煤炭、矿石以及普通货物的集装箱化运输。从煤炭运输来看，煤炭消费需求的增长同经济发展速度和经济结构有着密切的关系，在中国经济转方式、调结构的要求下，"低碳经济"和节能减排将贯穿经济社会发展的全过程，新能源、绿色能源的推广力度将逐步加大，煤炭在中国能源消费结构中的比重将呈下降趋势，目前中国煤炭需求量已达到峰值，近中期可能维持一定平台期，中长期将持续下降。从矿石运输来看，未来铁矿石的需求主要以满足国内经济发展对钢铁的需求为主。根据国家钢铁产业优化布局，主要依托国内矿产资源的将优先在中西部资源地布局，主要利用进口资源的将优先在沿海沿边地区布局。钢铁产业布局将可能使铁矿石的区际交流量不再有大的增加，而是维持现状或减少。未来从沿海地区进入中西部地区

的铁矿石将主要通过江海联运，或通过煤炭铁路运输的回程，实现钟摆式运输。

从集装箱运输来看，目前中国的集装箱运输主要是以外贸集装箱运输为主，未来随着中国产业及产品结构升级，区域间加强合作及优势互补，区际集装箱运输需求将会有较大增长空间。与此同时，集装箱运输结构也将发生明显变化，一是集装箱运输将由目前的以外贸集装箱运输为主，向内外贸集装箱运输并重转变；二是目前的主要以港口为龙头辐射内陆腹地的集装箱运输格局将有所调整，从内陆与沿海之间的流动逐渐向东西、南北之间等多方向流动转变；三是随着区际互补性增强和产业分工的形成，尤其是西部陆海新通道、东北海陆大通道的建设，内陆长距离的集装箱运输也将有较大发展；四是国际集装箱运输将有较大增长，尤其是陆路集装箱在共建"一带一路"的推动下，中欧班列的发展空间广阔。

（四）客货流集中趋势显著，货流呈现明显的方向特征

中国跨区域客流（不含港澳台）主要集中在华北↔华东，华中↔华东、华中↔华南方向上，占总客流量的近一半，且客流基本平衡。具体来看，中国各省间的客流主要集中在北京↔河北、上海↔江苏、上海↔浙江、江苏↔安徽、广东↔湖南、广东↔广西、重庆↔四川、天津↔河北、江苏↔浙江等省际交流段，其比重占省际客流总交流量的 1/3 左右。中国跨区域货流主要集中在华北↔东北、华北↔华东、华中↔华东、华东↔华南等方向上，占比超过货物总交流量的一半，而且货流方向特征明显，主要集中在华北→东北、华北→华东、华东→华中、华东→华南等流向，而反向流向量相对较小、比重较低，双向比约为 2：1。具体来看，中国各省区市间的货流分布方向性较强，且呈分散趋势，主要集中在河北→天津、山西→河北、山西→山东、江

苏→上海、浙江→上海、安徽→江苏、山东→江苏、河北→北京、河北→山东、天津→河北、内蒙古→河北、湖南→广东、广西→广东等省际交流段，其比重占省际货流总交流量的 1/4 左右。总体来看，近年来河北→宁夏、豫皖→云贵、新疆→京沪粤、中部地区→海南等方向客流强度有较大幅度增长，新陕甘宁青等西北地区至湘鄂赣等中部地区方向、云贵川渝等西南地区至晋冀等华北地区方向的货运交流强度有较大幅度增长。

三、新发展格局下交通运输产业的发展转型

（一）交通运输组织重心由沿海港口向内陆枢纽转变

全球金融危机发生以来，内需逐渐成为中国经济增长的主要动力，中国外贸依存度由 2008 年的 70%左右下降到 2019 年的约 30%，经常项目顺差占国内生产总值的比例由 10%降至 1%左右，国内需求对经济增长的年均贡献率超过 100%。特别是新发展格局的构建，要求充分挖掘内陆腹地优势，加快补齐国内大循环短板，中国市场和资源两头在外的发展模式将会发生明显改变，内陆地区将以更高水平融入循环体系，"十四五"时期，中西部地区人均"社消零"总额将由东部地区水平的约 60%提高至 70%以上。随着交通运输需求逐渐由东部沿海地区向内陆腹地倾斜，以沿海港口为重心的交通运输组织将在内陆地区寻求新的"锚点"，以内陆枢纽尤其是国家物流枢纽为组织中枢，集聚整合分散在广袤腹地空间的物流资源，服务国内大循环。

（二）交通运输组织空间由跨区域调配向区域内适配转变

长期以来，中国主要依托技术和资源禀赋比较优势，形成了大尺度、跨区域分工生产格局，适应新发展格局对产业链价值升级和自主可控的发展要求，这一传统分工生产格局将发生显著变化。随着区域

一体化进程的推进，顺应产业结构升级和产业转移趋势，产业跨区域分工与合作将逐步减弱，而区域内产业分工与协作将逐步加强。尤其是在新型城镇化战略指引下，中国城市群和都市圈综合承载能力和资源优化配置能力将显著提升，由此带来的区域产业集群化和产业集群区域化发展趋势将愈发明显。与此相适应，人流、物流、资金流、信息流等也将向城市群、都市圈地区高速流动与集聚，跨区域的长距离运输需求将逐步减少，区域内及毗邻区域间的运输需求将持续增加，交通运输在空间上将加强与区域内产业布局供需适配，更加注重区域内部承载能力提升，运输组织也将由以跨区域调配为主向区域内适配为主转变。

（三）交通运输组织模式由跨方式"小综合"向跨业界"大融合"转型

建设现代化经济体系需要畅通生产、分配、流通、消费等国民经济循环中的堵点和梗阻，充分发挥交通运输链接生产和消费的纽带作用，有效整合不同运输方式资源，推动多式联运创新发展，促进交通运输组织一体衔接和高效协同，实现交通运输组织由各运输方式条块分割向跨运输方式链式串接转变，推进交通运输与现代化产业体系运行、现代供应链和物流发展趋势变化精准对接，畅通国民经济循环。同时，要科学把握高质量发展新阶段下交通运输与经济社会呈现出的融合互动、互促共进新态势，充分发挥交通运输在经济要素高效流动和产业组织方式创新中的作用，为加快建设现代化经济体系夯实基础。这就需要在推动交通运输组织效率提升、更好服务产供销链条的基础上，进一步探索形成交通运输与经济社会深度融合的高效率要素流转模式和高水平资源配置方式，着力提高全要素生产率，推动经济高质量发展。

（四）交通运输组织路径由服务出口向服务进口转变

为缓解全球金融危机对本国产业发展的影响和提升本国产业体系韧性，加强国家内部产业分工成为金融危机后各国产业布局的重点。随着优势互补、高质量发展的区域经济布局和国土空间体系构建，特别是区域协调发展战略、区域重大战略、主体功能区战略、新型城镇化战略等深入实施，中国中西部地区产业将加快布局，进而推动内陆以城市群都市圈为主要载体的消费市场扩张。据麦肯锡公司研究预测，2035 年左右中国消费市场将超过欧美消费市场总和。中国内需的爆发式增长将显著改变改革开放以来形成的以出口为主的对外经贸格局，进口需求将持续扩大，如 2018—2020 年期间，西部陆海新通道海铁联运北部湾港至内陆腹地的上行列数从 436 列激增至 3062 列，上行箱量从 2.2 万个增至 15 万个，均远高于下行班列和箱量的增幅，其中，北部湾港去往四川的上行列数和箱量增长 12～13 倍，云南方向增长了近 20 倍。这就需要更加注重服务内陆地区产业发展和运输需求的交通运输体系建设，推进由以服务出口为主的传统交通运输组织向更加注重服务进口的运输组织模式创新转变。

四、交通运输产业转型升级发展的思路导向

（一）转变传统交通运输组织方式，围绕现代经济循环运行，优化交通网络结构功能，建立现代化运行治理模式

顺应新一轮科技革命和产业变革，按照高质量发展要求，围绕新发展格局构建和畅通国民经济循环运行，精准对接现代经济体系、现代产业组织、现代流通体系、现代化城市农村人员流动以及国防保障要求，优化综合交通运输网络整体格局、空间布局和功能结构。树立服务人民、合理运输、安全绿色、开放共享、循环联动的交通运输发

展价值观。充分发挥大数据、人工智能等智能智慧手段，充分发挥政府与市场作用，强化运输组织供给能力精准提升，加强需求侧有效引导、调节与管理，建立现代综合交通运输宏观调控与治理机制。

（二）转变传统交通运输与经济社会粗放式、被动式供给需求关联逻辑，确立交通运输与国民经济价值循环机制

强化交通运输供需动态化精准匹配，推动交通运输与经济社会全方位深度融合，强化区域城乡交通运输协同发展，有效支撑国民经济循环运行和产业联动。以经济、安全、适用为准则，统筹长远发展与近期需要，把握好适度超前的"度"，加强有效供给，防止无效投入。研究建立广域价值贡献平衡机制，强化交通运输自身价值贡献与经济、社会、生态等直接或间接价值以及衍生价值评估与挖掘，科学确定投入效益比和产出率，建立交通运输与经济社会生态等跨领域、跨区域价值反哺机制。对于地方经济增长过度依赖交通基础设施建设投资等问题，需要予以重视，防止出现系统性金融风险，并做好有效防范。

（三）转变传统交通运输要素配置和增长驱动的惯性路径依赖，构建与新发展格局有效匹配的可持续发展方式

立足实质性破除交通运输制约国民经济循环运行的关键环节持续发力，改变交通运输注重自身发展扩张的要素投入、投资驱动方式，强化资源要素高效流转、统筹利用和有效配置。在注重交通设施规模等级标准、服务能力、技术装备、市场主体等总量扩张的同时，更加关注系统性结构整体优化，提升基础设施、运输服务、技术装备、组织管理、市场主体等之间及内部要件间匹配衔接精准度，更加注重通过制度性改革、存量效能发挥、技术管理与组织创新，推动质量变革、效率变革、动力变革，全面提升发展质量和效益，精准支撑新发展格局。

五、中西部中心城市交通运输转型升级案例

构建以国内大循环为主体、国内国际双循环相互促进的新发展格局，要求着力构建适应产业布局特征的综合交通运输体系，推动交通、物流、产业协同发展，提升保障产业链、供应链稳定运行的运输服务水平和组织效率，增强交通运输对现代化产业体系的支撑引领能力。成都、重庆、武汉、郑州、西安等中西部中心城市的交通运输产业转型升级路径，无一例外走的都是交通运输与产业融合发展的道路，其发展经验表明，交通运输与产业协同发展是地区经济增长的重要动力和城市快速发展的重要引擎。

（一）成都"两港三网"托举产业发展模式

成都是中国西部地区重要的经济中心，为显著提升成都全域产业发展参与国际竞争的能力和水平，加快培育具有成都特质的核心竞争力，提高产业组织和空间组织效率，提升国际和国内两个市场、两种资源的整合和利用能力，成都充分发挥交通、物流基础设施功能，提升国际、国内供应链服务能力，强化国际陆港、国际空港组织功能，构建供应链主导能力强、延伸服务价值增值能力强、产业培育与布局支撑力强和融合运行组织力强的陆上物流网、航空客运网、航空物流网。建设"两港三网"是成都交通运输与产业发展有机衔接、融合的有效举措，对成都构建跨国、跨区域产能合作、经贸交流、物流链接等具有重要的基础支撑和先行引领作用。成都通过"两港三网"建设，积极推动物流业与制造业、商贸业、金融业等多业联动和发展融合，实现产业链、供应链、价值链协同，整体提升了产业核心竞争力，为加快融入国际经济产业发展大舞台奠定了坚实基础。

（二）重庆中欧班列和西部陆海新通道加持产业发展模式

重庆是国内率先推动中欧班列运输服务模式的城市，也是西部陆

海新通道的重要发起城市。中欧班列的开行改变了重庆产业发展生态，通过中欧班列（渝新欧），降低了制造业企业的物流运行成本，改善了地区投融资环境，吸引了电子制造业落户重庆，带动了制造业、商贸业等产业发展。围绕西部陆海新通道建设，重庆主动开展了通道物流和运营组织中心建设、强化通道能力建设、提升通道物流服务效能、促进通道与区域经济融合发展、提升通道对外开放水平等一批重大任务，加强西部陆海新通道与中欧班列（渝新欧）和长江经济带高效联动、有机衔接，深化了区域经贸合作，物流效率和通关便利化水平大幅提升，有效促进了贸易和产业发展，区域协调发展和对外开放作用逐步显现，为集聚高新技术产业，发展智能制造业和现代服务业，推动重庆市产业结构升级奠定了基础。

（三）武汉交通运输与产业经济融合发展模式

"十三五"以来，为推进武汉经济总量"万亿倍增"，武汉提出推动交通运输与经济社会深度融合发展，围绕构建"大光谷""大车都""大临空"和"大临港"四大工业板块，探索培育航运经济、航空经济、高铁经济等融合发展新动能新范式，打造一批高端产业基地和特色产业集群，构建现代交通与产业深度融合的"武汉样板"。一是积极发展航运经济和临港经济，着力打造企业成群、产业成链的长江航运经济集聚区，聚合供应链服务要素和产业创新资源，推进长江航运服务链与区域产业链深度融合。二是加快建设现代航空枢纽经济区，强化产业聚集和区域经济辐射，引导产业升级，扩大辐射范围，带动区域经济增长。三是创新发展高铁枢纽经济，优化高铁产业圈层和城市空间格局，强化高铁枢纽与周边区域联动开发和辐射带动能力，推动高铁枢纽关联产业集聚发展，打造集交通、商业、经贸等于一体的高品质高铁枢纽经济区。

（四）郑州枢纽经济引领产业转型升级发展模式

为引领产业转型升级发展，郑州坚持"以大枢纽带动大物流，以大物流支撑大产业"。以郑州航空港为中心，构建起以郑州机场为龙头、以"米"字形高铁网为骨架、以干线公路网为支撑的大交通格局，依托航空网、铁路网、公路网"三网融合"与航空港、铁路港、公路港"三港一体"的多式联运综合交通枢纽优势，打造辐射全国、联通世界、服务全球的国际性综合交通枢纽。交通物流条件的改善，为产业发展创造了条件，郑州依托多式联运国际物流中心建设，创新发展新技术、新业态、新模式，瞄准产业链、价值链高端，围绕航空物流、高端制造、现代服务三大主导产业和交通物流枢纽建设，集聚发展智能终端（手机）、精密机械、生物医药、电子商务、航空物流、航空制造与维修、现代服务（商贸会展）等八大产业集群，加快打造高端制造、现代服务和新经济发展高地，构建现代枢纽经济区。

（五）西安"三个经济"推动现代产业体系发展模式

西安市围绕强大国内市场建设和国际开放空间拓展，积极打造枢纽经济、门户经济、流动经济等"三个经济"协同发展新格局。一是依托综合交通枢纽的集聚和辐射作用，增强本地对人才、物资、资金、技术和信息等要素的吸引与集散，构建多种资源协同发展的枢纽经济体系。二是依托对外开放的门户便利条件，扩大经济交流与合作，增强资源要素配置能力，构筑开放合作的门户经济体系。三是依托资源要素快速流通和汇聚优势，拓展流通范围，提升流通速度，增强流通活力，形成对国际要素资源高效整合的流动经济体系。围绕"三个经济"，加快建设辐射能力强大的交通运输网络载体，打造多元化国际化开发开放平台，培育壮大现代化产业集群，有效畅通国际国内资源要素流动大循环。

第四节
交通运输新业态蓬勃发展

交通运输新业态是指以互联网等信息技术为依托构建服务平台，通过服务模式、技术、管理上的创新，整合供需信息，从事交通运输服务的经营活动。近年来，以数据为新型生产要素的平台经济进一步放大了科技优势，打造了引领新质生产力发展的"硬科技"，充分发挥企业作为研发应用新型生产工具主力军的作用。从劳动资料来看，更高技术含量的劳动资料是新质生产力的动力源泉。新一代信息技术、大数据应用、AI 等先进科技的融合应用，孕育出一大批更智能、更高效、更低碳、更安全的新型生产工具，新型基础设施和自动化、无人化运载工具等劳动工具将逐步成为主流。

一、出租汽车行业转型升级

新一轮科技革命以来，以网约车为代表的交通运输新业态进一步拓展了生产新边界。各交通运输新业态企业加强研发投入，依托技术优势推动新老业态融合发展、推动更多人员共享科技成果、逐步提升出租汽车行业智能化水平，为转型升级和效率提升提供了强大支持。

（一）新质生产力助力出租汽车行业新老业态融合发展

早在 2016 年 7 月，《国务院办公厅关于深化改革推进出租汽车行业健康发展的指导意见》就印发并实施，其中指出：鼓励巡游车经营者、网络预约出租汽车经营者通过兼并、重组、吸收入股等方式，按照现代企业制度实行公司化经营，实现新老业态融合发展。鼓励巡游车企业转型提供网约车服务；鼓励巡游车通过电信、互联网等电召服务方式提供运营服务，推广使用符合金融标准的非现金支付方式，拓展服务功能，方便公众乘车；鼓励个体经营者共同组建具有一定规模的公司，实行组织化管理，提高服务质量，降低管理成本，增强抗风险能力。

新质生产力可持续赋能传统出租汽车行业，部分交通运输新业态企业注重技术创新，并将这些技术用于出租汽车行业"巡网融合"方案制定中，旨在保留出租汽车巡游特性的同时，对平台派发的线上订单实行与网约车相似的市场化计价模式，进一步改善出租汽车的价格管理机制，推动行业服务监管水平提升，实现长期的"巡网融合"发展。"巡网融合"方案可以起到增加驾驶员收入、提升驾驶员运营效率、促进驾驶员提升服务质量三重作用。按照供需关系进行精细化时段分段，通过不同时段下差异化定价，平峰期下浮价格拉动需求，高峰期上浮价格拉动运力，最优匹配供需关系促成完单。同时考虑到拥堵等客观因素影响，多维度合理提升驾驶员收入。在"巡网融合"试点城市，出租汽车驾驶员应答率得到有效提升，试点驾驶员日均线上流水较非试点驾驶员提升显著；"巡网融合"试点内驾驶员计费时长占比较试点外驾驶员提升 4% 以上，显著提升了驾驶员运营效率；平台上的人和车得到最佳匹配，有效提升驾驶员的工作效率。总体上看，"巡网融合"试点促使出租汽车驾驶员月均线上完单量提高了约 2 成，试点驾驶员日均线上流水得到明显提升。

（二）新质生产力助力适老化出行服务

中国老龄化程度日益严重，截至 2022 年底，60 岁以上老年人口达 2.8 亿，占总人口的 19.8%，不少老年人不会上网、不会使用智能手机，在出行、就医、消费等日常生活中遇到不便，无法充分享受智能化服务带来的便利，老年人面临的"数字鸿沟"问题日益凸显。2024 年1 月，《交通运输部　国家铁路局　中国民用航空局　国家邮政局　中国残疾人联合会　全国老龄工作委员会办公室关于进一步加强适老化无障碍出行服务工作的通知》印发，在改善适老化无障碍城市交通出行体验部分指出：要督促出租汽车经营者保持巡游出租汽车扬召服务，持续优化完善"一键叫车"功能，有效提高约车响应效率；在大型社区、医院等老年人活动集中的场所，因地制宜设置"一键叫车"候客点及便捷叫车按钮，方便老年人即点即用。

部分新业态企业通过技术创新，将新质生产力赋能适老化出行服务，致力于解决老人打车难题，上线老年版小程序，老年用户无须下载 App，打开小程序即可"一键叫车"。同时，为进一步方便老年用户，先后开通全国老年人电话叫车热线，由人工客服帮忙代叫车，并在出行 App 上线"助老打车"入口。助老打车产品整体采用字大、简洁的产品设计理念，老年用户无须输入目的地，便可一键呼叫出租汽车，并可在订单结束后用现金支付；同时，考虑到老年用户的特殊需求，当终点是医院等医疗场景时，60 岁以上认证用户可享受优先派单服务。

（三）新质生产力助力交通运输低碳化转型

交通运输新业态企业积极发挥自身优势，推动节能降碳减污。以滴滴出行为例，2022 年，滴滴出行推出"碳元气"环保项目，在用户端打车全流程进行创意化的低碳出行引导，做到出行减碳可量化、可视化、可参与、可分享。通过荣誉及物质持续激励用户选择低碳出行方式，并将用户低碳出行的减碳量进行配捐，用于公益捐赠，以改善生态环境、保护野生动物。截至 2023 年底，滴滴出行"碳元气"项目已在 298 个城市上线落地，对于缓解城市交通拥堵、优化出行结构、培育居民绿色出行意愿具有重要积极意义。在能源侧，鼓励用户通过"低碳家园"帮助电网侧"削峰填谷"。2022 年 4 月，小桔充电在北京、天津率先启动低碳家园产品试点，用户进入低碳家园参与低碳行动，并按约定时间到指定场站完成充电，即可获得相应的低碳币奖励，低碳币可直接抵扣充电服务费。用户获取相应奖励的同时，还间接参与了电网调峰需求响应，帮助电网"削峰填谷"，助力新能源电力系统建设。2023 年，小桔能源参与深圳绿色电力"精准响应"推动绿色可持续发展。

二、互联网租赁（电动）自行车服务提升

互联网租赁（电动）自行车［简称"共享（电）单车"］，从 2016 年诞生至 2024 年已有 8 年，是随着数字经济兴起而发展起来一种共享经济新业态。在市场力量的推动下，共享（电）单车行业经历了从野蛮生长到政府监管、行业自律、多方治理的阶段，运营范围覆盖了包括全国所有省会级城市、重要地市级城市和主要发达县（市、区），投放车辆数量接近 3000 万辆，每天被骑行上亿次。已经成为大众日常生活中的重要出行方式之一。共享（电）单车数字化、普惠化、低碳化的特征，使其成为"新质生产力"和创新技术模式助力传统出行行业的典型应用场景。

（一）北斗技术的应用，打造数字交通底座

共享（电）单车骑行场景是中国最大北斗芯片应用市场之一，是数字经济和实体经济结合的典型案例。截至 2022 年 5 月，已经投放的数百万辆共享（电）单车的智能锁中都嵌入了北斗定位芯片，这是城

市使用数字化手段管理车辆的关键。运营企业可根据车辆回传的数据建立调度后台，保持车辆供需以及路面停放秩序。与此同时，城市管理部门的监管平台建设也逐步成熟。监管平台只需要接入各家运营企业的数据，就能实现对运营范围内车辆的实时动态监控和运营监督。

平台能够实时接收并展示车辆数据，包括实时数据、超投数据和订单管理。通过这些信息，可以判断车辆状态并生成工单，指导运维人员进行维护。在站点管理上，平台监控各站点的状态，对可能的淤积情况进行预警，确保共享（电）单车供需平衡，避免资源浪费或过度集中。城市路面管理采用专门研发的前端设备，如蓝牙道钉和蓝牙嗅探器，记录设备信息、状态和故障报警。在运维人员的管理上，对运维人员进行考核管理，通过移动端小程序实现打卡签到、在线率统计和轨迹查看。城市监管部门也可以通过该平台对企业运维服务、线下运维调度、现场秩序管理等方面进行评分考核，为管理部门考核车企提供数据支持。这种基于数据的精细化的管理和运营促进了用户体验以及城市秩序和效率的双赢。

（二）安全普惠，为大众美好生活提供真价值

共享电单车的锂电池主要包括磷酸铁锂、锰酸锂和三元锂电池三种。据调查，目前使用的车辆多数采用的是磷酸铁锂电池。这种电池类型在安全性上优于锰酸锂和三元锂电池，自燃温度高，在 500～800 摄氏度才会自燃或爆炸。并且，共享电单车采用的电池大多是来自行业头部的合规产品，电池寿命长，充放电循环次数高。电池设计中考虑到了机械安全，如防震、防冲击等特性，以抵御外部物理冲击可能对电池造成的损害。多家运营企业也都表示，车辆在低温条件下依然能保证电池性能稳定。

从充电安全来看，目前与充电有关的电动自行车火灾占到 4/5 以

上。其中，在居民楼里充电发生火灾危害最大。虽然有一些地方性法规已经要求人员密集性场所配置电动自行车集中停放区域，建设集中充电设施，但受客观条件限制，目前居住区电动自行车充电设施建设仍然存在布局不够均衡、部分充电设施企业运营维护不到位、收费标准混乱等现象。而共享电单车运营企业如哈啰出行等自建仓库和换电柜网络，直接把充/换电这一环节集中到换电柜，与居住区域保持安全距离。在换电柜建设上，每个隔口都有独立的温控、断电和消防设备，实时监控充电终端电流、电压、功率及配电设备温度等状态信息，实现充换电安全闭环管理。

（三）充换电柜——锂电新能源补能网络

"以换代充"是共享电单车行业提出的创新方案。首先，换电模式直接切断了用户自己充电过程中的隐患，用户无须顾虑怎么充电、何时充电，充电柜距离居住区域也更远，运营企业的维护团队会集中统一换电。其次，换电柜实施国家标准和认证。换电柜采用了智能充电器和电池管理系统（BMS），这些充电器能够根据电池的状态调整充电策略，避免不当充电导致的安全风险。电柜内部配备了压缩机和加热装置，通过温度传感器监测柜内温度，并根据需要送入冷空气或热空气，以维持电池在适宜的温度范围内工作。这种温度控制机制有助于防止电池过热，降低热失控的风险。这种应用层的创新直接让用户受益。

换电柜和充电桩织成城市能源网络，缓解里程焦虑。行业在广泛布局中的换电柜和智能充电桩能够像水、电、煤气一样构筑城市新能源网络，私人电动自行车用户也可以使用这些设施更安全、更便捷地充电。这些设施不仅能满足日常的集中充电需求，还通过即插即充的通用设计，为市民提供了灵活的能源补给选择，缓解里程焦虑。如此一来，没有了里程焦虑，电动自行车的使用者，尤其是外卖员、快递员等群体，就不会有那么大的动力去改装电池，甚至使用违规电池，这也促成了安全使用电动自行车的正向循环。

典型案例：
人民出行运营车辆终端与管理解决方案

人民出行自行研究形成了较为完整且成熟的共享电单车终端与管理解决方案，所有运营车辆根据人体力学原理由专家小组研发，并由电动自行车生产龙头企业定制生产，车辆均通过了电动自行车新国家标准，并获得中国强制性产品认证（CCC）认证。主要借助以下9项创新技术助力行业规范发展：

（1）AI摄像头技术、电子围栏技术规范市民交通参与行为；

（2）北斗与GPS双定位可实时反馈车辆动、静态信息；

（3）"北斗精准＋RFID"技术确保用户90度精准定向有序停车；

（4）智能头盔系统，用户不解锁佩戴头盔，车辆不可行驶，守护用户骑行安全；

（5）智能重力检测系统，避免用户违规载人骑行，引导市民提升守法意识；

（6）实名认证程序，避免16周岁以下用户注册使用车辆；

（7）逆行监测技术，引导提醒用户不逆向行驶，规范交通行为；

（8）智能语音系统，及时纠正引导和规范公众文明行为；

（9）预留5G通信端口，便于延展性视频数据传输，便于车辆运营数据共享、共治。

三、自动驾驶技术研发与应用

自动驾驶是新质生产力应用的典型代表。从技术革命性突破角度，自动驾驶是人工智能的集大成者，融合了多源感知、深度学习、智能决策、实时控制、地图定位、人机交互、信息安全等多种尖端技术。从生产要素创新性配置角度，与人类驾驶员相比，自动驾驶技术规模化应用后，能够显著提升交通效率和安全水平。从产业深度转型升级角度，智能化成为汽车与交通新时代的主旋律，自动驾驶服务能够"以用促产"，拉动中国汽车工业转型升级，为交通强国建设带来新活力。目前，自动驾驶已经进入产业规模化发展的新阶段，城市级规模化应用迫在眉睫，自动驾驶服务发展前景广阔。

（一）百度——武汉应用案例

在国家和地方政策的大力支持下，武汉市交通运输局推进自动驾驶技术与运营，已经开展了机场接驳、短途接驳、景区接驳、公交接驳、城市出行等多场景应用，并联合百度公司开展了自动驾驶出行服务，形成了城市级应用的前沿探索，为交通运输服务提供了新质生产力发展经验。

1. 新产品新模式技术研发与应用

百度于 2022 年发布了搭载第六代自动驾驶解决方案的新一代车型并在武汉市落地应用（图 4-3），该车型配备 38 个传感器（包含 8 个激光雷达、6 个毫米波雷达、12 个超声波雷达、12 个摄像头），平台算力达到 1200TOPS（处理器运算能力单位）。该车型首创七重全冗余的整车系统：电源冗余、通信冗余、L4 级冗余制动系统、L4 级冗余转向系统、架构冗余、计算单元冗余、传感器冗余。设计了超高强度笼式车身，并面向后排强化安全保障，建立"整车＋自动驾驶系统"一体的故障诊断及风险降级体系。随着新车型的量产落地，将加速自动驾驶服务的规模化部署，重新定义汽车和未来出行方式。目前该车型已经在武汉等多个城市落地应用。

图 4-3　百度自动驾驶第六代车型在武汉道路的应用情况

2. 制定系列研发与示范应用支持政策

2019 年起，武汉市交通运输局积极创新自动驾驶车辆上路的宽松政策环境，指导出台了《武汉市智能网联汽车道路测试和示范应用管理办法（试行）》《武汉市智能网联道路建设规范（总则）》《武汉市综合交通运输发展"十四五"规划》《武汉市公路发展"十四五"规划》等系列政策，支持远程驾驶商业试点和规模化应用示范，提出对待新事物要秉持开放包容的理念，组建机场高速公路自动驾驶专项推进机制，支持为百度公司发放第 1000 张"自动驾驶测试牌照"，支持东风公司自动驾驶领航项目 Robotaxi 平台上线，为高级别自动驾驶应用提供了优质土壤。支持武汉市人大 1 号议案《关于加快推进新能源和智能网联汽车产业发展，推动汽车产业转型升级案》办理，利用自动驾驶与车路协同技术实现公交、出租汽车智能化。

2023 年底，武汉市交通运输局将高速公路（机场高速公路）、跨江线路（天兴洲长江大桥、杨泗港长江大桥、月湖桥、知音桥等）纳入智能网联汽车道路测试范围，开放道路覆盖住宅区、商业区、学校及景区等复杂场景，累计里程（单向）达到 3379 公里，累计里程数和开放区域数全国领先，全市已累计接入智能网联示范运行车辆 700 辆，自动驾驶总里程超过 1500 万公里，自动驾驶总时长超过 60 万小时。

3. 依托交通强国建设试点打造服务融合创新高地

2021 年 2 月，武汉市正式获批交通强国建设试点。在交通强国试点的引领下，武汉市积极推进城市智慧交通车路协同创新应用与自动驾驶商业应用，围绕"一流设施、一流技术、一流管理、一流服务"进行工作创新。在国内率先实现中心城区到机场枢纽的自动驾驶接驳服务，成为全国首个自动驾驶汽车跨长江运行的城市。

2023 年 12 月，武汉市交通运输局以武汉综合交通运行中心为载体，联合武汉理工大学、交通运输部科学研究院、中国城市规划设计院城市交通分院、百度、武汉数据集团等 13 家高校、专业机构和企业，成立武汉交通运输联创工作室，联合产学研用优秀创新团队，搭建研究创新平台，以"大数据和人工智能"为核心，推进技术创新与产业供需双向对接，形成项目共建、资源互通、成果共享的全链条闭环。

（二）滴滴——网约车应用案例

滴滴自动驾驶专注于共享出行场景下的 L4 级自动驾驶技术研发、产品应用及相关业务拓展，形成了领先的技术和运营能力。目前，滴滴自动驾驶已在广州和上海的运营区域内实现网约车混合派单。

1. 深耕高精尖产业，推动网约车服务更智能

在技术研发方面，滴滴自动驾驶全栈核心技术自主可控，"城市泛化引擎"技术能针对扩域时所遇到的复杂车流和长尾场景做定向优化，加强技术的可泛化性。2023 年 4 月，滴滴自动驾驶自研量产化三域融合计算平台 Orca 虎鲸，携手行业合作伙伴研发 2K 图像级高精度激光雷达。联合研发 2K 图像级高精度激光雷达"北曜 Beta"，拥有每秒 300 万高点频、超 512 线、横向 120 度及纵向 25.6 度的超大视场角等性能特点。在自动化运营方面，创新打造了 24 小时自动驾驶自动运维中心"慧桔港"，全流程自动化率已达 90%。"慧桔港"作为自动驾驶车辆运维的智能运营平台，集结了自动驾驶工程建设、智能硬件、软件平台等多方面的力量，是自动驾驶无人运营的中枢"大脑"。"慧桔港"构建了自动运维中心、订单业务中心、安全护航中心、远程支持中心以及客户服务中心，五大中心的联动设计也进一步提升了自动驾驶的安全性、效率和用户的自动驾驶出行体验。

2. 强化运营体系建设和商业化实践

滴滴自动驾驶携手行业合作伙伴，推进自动驾驶规模化和商业化应用，为用户提供安全、经济、舒适的自动驾驶出行服务，为社会创造更大价值。2023 年 5 月，滴滴与广汽埃安启动无人驾驶新能源量产车项目"AIDI 计划"，发挥各自产业优势、技术优势，深度探讨智能汽车领域产品创新、应用创新，共同定义和量产共享出行 L4 无人驾驶新能源汽车，全速推进无人驾驶出行生态建设。首款量产车型将基于广汽埃安 AEP3.0 高端纯电专属平台、星灵高端电子电气架构及行业领先的多融合感知自动驾驶量产技术，搭载滴滴自动驾驶 L4 城市泛化引擎和特有的面向出行服务的自动驾驶技术方案。2024 年

4 月，广汽埃安和滴滴自动驾驶成立了合资公司安滴科技，这是 L4
级自动驾驶公司和车企为了打造 Robotaxi 量产车，在国内成立的首
家合资公司。首款车型已完成产品定义，正在进行设计造型的联合评
审，计划 2025 年实现量产。新车全套适配滴滴自动驾驶无人化智能
运营系统"慧桔港"，未来将分批有序投放万辆级，并以混合派单形
式接入滴滴出行网络，为用户提供安全舒适、高性价比的无人驾驶出
行服务。

（三）美团——自动配送应用案例

美团自动配送业务通过与现有复杂配送流程结合，形成自动配送
整体解决方案，包括快速分发订单的交易平台、基于大数据优化的调
度系统、利用自动驾驶技术构建的物流路网、多种人机协同的末端配
送模式、形式多样的智能配送终端等。配送方案发挥无人机、自动配
送车、特种机器人等不同产品优势能力，满足在楼宇、园区、公开道
路等不同场景下即时配送需求，提升配送效率和用户体验，最终实现
"用自动配送让服务触达世界每个角落"的愿景。

自动配送车以自研 L4 级自动驾驶软硬件技术为核心，与美团即
时零售业务结合，形成满足公开道路、社区、工业园区等室外全场景
下的自动配送整体解决方案。依靠摄像头、激光雷达等传感器，实时
感知预测周围环境，通过高精地图定位和智能决策规划，保证自动配
送车全场景即时配送能力。目前，美团自动配送车已先后在北京顺义、
亦庄，以及深圳坪山、龙华等地开展常态化测试运营，如图 4-4 所示。
截至 2023 年 12 月底，美团自动配送车常态化服务覆盖全国 100 多个
社区，累计完成配送近 400 万单，测试里程超过 500 万公里，自动驾
驶里程占比超过 99%。2024 年 2 月，美团自动配送车落地深圳龙华，
正式启动公开道路测试。

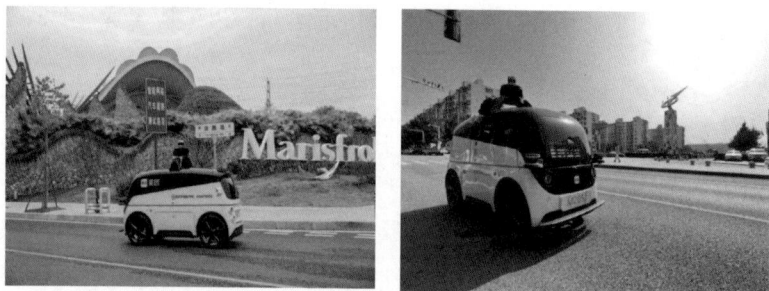

图 4-4　在公开道路上行驶的自动配送车

1. 新质生产力助力核心技术与设备研制

强化新质生产力和创新技术应用，美团自主研发、迭代 40 余版高级别自动驾驶系统，其障碍物预测精度、融合定位精度、动态环境下决策耗时等核心技术指标全球领先。一是城市环境下自动配送车平均时速接近 22 公里，与乘用车平均车速持平。二是注重自动驾驶路径规划与控制技术。针对城市复杂动态环境，自动配送车在最高时速 45 公里，1.5 米窄路通行情况下，可达到车人比 > 10，在城市公开道路场景实现行业领先。此外，引入国际成熟的方法论，参考 ISO/SAE 21434: 2021 Road vehicles - Cybersecurity engineering(《道路车辆　网络安全工程》)、ISO/IEC 27001: 2022 Information security, cybersecurity and privacy protection - Information security management systems - Requirements (《信息安全、网络安全和隐私保护　信息安全管理系统要求》) 等国际标准，将基于自动配送车开发生命周期嵌入网络安全与数据安全管理要求。

在核心硬件设备研制方面，美团累计研发、生产数百台自动配送车硬件设备。车身装配 3 个激光雷达、19 个摄像头、2 个毫米波雷达以及 9 个超声波雷达，能感应 5～150 米内的障碍物。性能更加稳定，全车设计装载 150 千克，容积近 540 升，最高时速可达 45 公里，能在雨、雪、雾、风、弱光等环境中保持稳定运行,可适应全天 24 小时运营需求。

此外,美团自动配送业务深度打磨单位经济模型（UE）,打造满足用户多样化需求、线上线下融合的一刻钟便民生活圈。在运营安全保障能力上,建立"人-车-云"主被动安全保障系统,车体搭载主动防御安全模块和冗余传感器设计,同时配合基于平行驾驶理论的远程实时遥监控平台,优先保证车外环境安全,并建立完备的分级响应制度处置安全应急事件,通过多重角色保障自动驾驶行驶周期安全。其中,云监控可进行在途风险监控,云辅助可进行车辆脱困,云代驾可进行风险场景介入驾驶,发生故障或事故时区域安全员进行现场处理。目前,已建立一套从事件发生上报、分层流转、响应、视频回溯、远程交互到事件归档的完整处置流程。

2. 新质生产力助力优化运营安全保障

美团自动配送车通过常态化运营探索出一套运营安全保障机制。一是有效规避借道问题,自动配送车通过智能路线规划,合理利用机动车道和非机动车道,目前已安全行驶超过 500 万公里,并已积累超过 40 万公里的机动车道安全行驶经验。二是参照道路安全法规设计自动驾驶系统策略,并可通过提前感知规划、精准数据决策规避风险驾驶行为,有效避免人类不按交规驾驶带来的隐患。实现最高时速度 45 公里,可在合法合规的条件下,满足即时配送的时效性要求。三是自动配送车续航里程和耐久性更好,有效避免人类疲劳驾驶问题。自动配送车当前单次续航里程超过 120 公里,且可通过换电模式保障 24 小时上岗,车辆利用率高。四是道路安全风险应对能力更强,具备更丰富的驾驶经验和运营安全保障能力。自动配送车具备 5 厘米至 150 米范围内的障碍物识别能力,可提前对道路交通风险做预判,尤其可以最大限度地识别其他交通参与者,并合理地与其他车辆保持安全距离,提高社会车辆通行效率。

3. 新质生产力助力物流配送降本增效

自动配送车采取人机协同、分段履约的模式,可有效降低即时配送领域的物流成本,提升配送效率和弥补劳动力结构性缺口。一是可通过速度提升和智能规划等降低在途配送成本。随着自动配送软硬件技术的不断迭代会进一步缩短在途配送时间,增加配送集单时间和增加单趟次订单的配送数量,提升车辆周转率,从而不断降低配送成本。二是通过提升配送载质量和配送效率,降低单均成本。车厢容积大、承载量大,能支持舱容和舱体结构的改造,可满足各种类型的货物装运和支持品类扩增的配送服务。三是可缓解因极端天气、节假日、夜间等场景造成的人工运力短缺带来的物流配送成本飙升问题,并减少安全隐患。

4. 新质生产力带动上下游全产业链增值

自动配送车的规模应用将加快推动中国自动驾驶全产业链成熟,并将带动上下游产业链增值。自动配送车的技术突破,有力推动了自动驾驶技术的发展和成熟,可加速传感器、芯片以及操作系统等核心零部件的国产化替代和规模化应用,提升自动驾驶产业基础能力,突破关键技术瓶颈和培育产业发展新优势,对推动自动驾驶产业的壮大具有重要意义。在产业链上下游合作上,美团自动配送车除主计算芯片使用英伟达芯片以外,其他全部芯片、组部件均已实现国产化研发或应用,产业链、供应链伙伴超过 70 余家。

(四)京东——智能配送应用案例

京东物流自 2016 年起就开始致力于智能快递车的研发,并在一线应用,目前已更新迭代至第五代智能快递车。针对不同城市的特点,京东物流持续开展多种业务探索，服务范围不仅覆盖社区、商圈的快递配送，还跟商超系统打通，提供超市订单无人即时配送服务。

目前，京东物流在全国多座城市常态化运营智能快递车，与京东快递员组成"人车 CP"，为消费者提供"最后一公里"末端快递服务。京东物流无人车实现对城市社区、商业园区、办公楼宇、公寓住宅、酒店、校园、商超、门店等八大场景的覆盖，满足消费者的多元需求。

京东物流最新的第五代智能快递车货箱容积可达 1.1 立方米，最大可承载 200 千克，通过模块化设计支持搭载多种格口组合货箱，满足不同业务场景下不同规格物品的装载需求。充满电后可续航 100 公里，集成了高精度定位、融合感知、行为预测、仿真、智能网联等十大核心技术，可以实现 L4 级别自动驾驶。车辆实现了远程开关机、远程监控等功能，后台可实时掌握车辆状态，在关键时刻对车辆进行有效干预，全面提升安全性及使用效率；应用新型雷达后，结合人工智能算法和大数据技术，车辆对低矮障碍物的识别能力大大提升，有效提高了自动驾驶的智能水平。

从场景应用来看，在末端配送方面增加了短驳模式，对于一些路途较远的路区，无须快递员往返站点取货，智能快递车可以将货物短驳到快递员身边；对于单量密度大的小区，也可以将快递包裹传送到快递员身边，再由快递员送货上门。同时多种格口的货箱可以根据不同场景及时更换。通过人车组合，提高了单个快递员的配送效率，帮助他们顺利经受流量高峰的考验，收入也实实在在获得了提高。

除了室外场景，京东物流也创新研发室内配送机器人，打造楼内末端配送新体验。室内配送机器人最大可承载 30 千克，模块化设计，可以搭载单一格口和多格口货箱，根据具体需求灵活组合，充满电后可连续工作超过 8 小时。基于 L4 级别自动驾驶技术，室内配送机器人满足快递派送揽收、楼内外物品和外卖等配送需求，广泛应用于商场、写字楼等场景。目前，京东物流已经在北京多个商业楼宇部署运营了室内配送机器人，不仅能改善用户体验，降低楼内管理成本，还有效提升了楼宇整体科技化程度。

四、智慧物流助力降本增效

智慧物流是物联网、大数据、云计算、区块链等信息技术与现代物流业深度融合的新兴领域，具有连通性强、融合度广、经济成本低、运行效率高、生态效益好等显著优势，代表着现代物流业的发展方向。近年来，智慧物流新业态发展迅速，已经成为新质生产力助力现代物流业发展，促进物流业降本增效的重要体现。

（一）菜鸟——打造全球智慧物流一张网

菜鸟秉承数智化的基因与扎根物流的优势，沉淀出自动化、IOT、AI、大数据等硬核技术能力，形成了丰富的科技产品和行业解决方案，致力于专业的设计、硬件、算法、技术、工程等产品和服务。自 2013 年成立以来，一直致力于通过打造全球智慧网络，以不断的技术创新来赋能整个物流价值链。菜鸟作为集团内部智慧物流能力的支柱，不仅持续优化自身运营效率，还能提供差异化产品服务，为客户提供一整套实用且经济高效的技术解决方案，包括自动化、数字供应链、物联网和智能硬件等，帮助客户提高产能和运营效率，优化成本结构。2023 年推出升级后的新产品"全球 5 日达"，助力跨境电商的物流服务提质增效。

在"全球 5 日达"背后，是菜鸟正在加速构建的一张全球领先的智慧物流网络，基于这张网实现跨境物流端到端的综合能力。通过不断加强全球基础设施建设，持续开展精细化运营，将物流技术广泛应用于跨境物流全链路等措施，从全链路各维度提升效率，为跨境商家提供了兼具时效与极致性价比的物流解决方案，让跨境电商物流体验快速向国内物流体验趋近，帮助商家提升复购率。随着"全球 5 日达"上线的国家持续增加，将有越来越多搭乘着"中国速度"出海的中国品牌与中国好物走向全世界。

1. 构建全球智慧物流基础设施网络

在全球持续开展物流基础设施建设，构建了一张全球智慧物流基础设施网络。目前，菜鸟在全球有 18 个大分拨中心、100 多个跨境仓库和超 8000 组自提柜，链接 5 万多个自提点。已分别在马来西亚吉隆坡、比利时列日、中国香港建成了三大全球智慧物流枢纽（eHub），作为铺设全球物流网络的支点，成为菜鸟布局海外的高端物流枢纽设施，辐射影响目的国及所在区域。菜鸟直接运营的跨境物流仓库超过 300 万平方米，在国内 18 个省建有预收仓和分拨仓，在欧洲、北美等建有 40 多个海外仓。菜鸟常态化运营 30 多条国际货运航线，跨境航线包机平均每周上百架次，往来中国与海外主要目的地包机、包板。

菜鸟高度重视对海外末端配送的可控和自营，因为末端服务直接关乎消费体验，直接挂钩商家复购率。以西班牙为例，其依托菜鸟在当地运营的仓群、自动化分拨中心、配送站等物流基础设施，已经将自建配送网络覆盖到当地 30 多个城市，能够实现 20 多个城市"隔日达"，在马德里、巴塞罗那等核心城市更是实现"次日达"。

2. 扎实开展"A、B、C、D"段精细化运营

跨境物流链路中，包裹交接次数越少，时效才会越快，成本才会越低。通过减少不必要的交接，强化各链路咬合，同时强化数字化运营能力，给每个物流环节降本提效。菜鸟将国际快递链路分为四段，

分别是 A 段（国内揽收与清关）、B 段（干线运输）、C 段（海外枢纽到目的国）、D 段（目的国配送），并且在整个网络每个节点上都通过精细化运营来加强"咬合"。目前已在国际快递的 A、B、C、D 段四个环节建立完善能力，实现端到端可控。

为了进一步提升物流时效，菜鸟在提升 A、B、C、D 段能力基础上，不断尝试创新。例如，在国内段实现"首干融合"，即把揽收跟干线运输融合成一次性完整操作；在海外段做到"关仓融合"，飞机落地后，包裹即进入机场的海外监管仓，并实现清关和分拨一体化；在末端，则通过自提柜和派送相辅相成的方式提效，根据消费者的地址分布选择适合的配送渠道。

3. 数智化技术助力跨境履约降本增效

运用大数据、自动化、数字化等科技力量，创新跨境物流运营模式。在国际快递业务中，应用数智化技术赋能跨境物流的各个环节，在"硬联通"之上，叠加数字化层面的"软联通"。

在智能设备方面，一是研发无线射频识别技术（RFID）方案，以物联网技术为基础，通过优化芯片与识别算法，将该技术的识别准确率从 80% 左右的行业水平大幅提高至 99.8%，这一关键技术的突破为 RFID 在物流领域的商业应用创造了更多可能。目前，该技术在物流作业中的盘点、入库交接、全链路追踪等环节广泛应用，是跨境货物的"电子身份证"。二是研发的托盘四向穿梭车，以物流自动化、大数据、云计算等技术为基础，基于物流仓储作业实际场景，打造了自动化设备托盘四向穿梭车，该产品是一款用于托盘类货物搬运的自动化设备，可在仓库内实现纵横四向行走，自动将货物移动到货架任意位置，是托盘类密集存储解决方案的新一代智能搬运设备，并配合穿梭车控制算法、高位立体货架等配套技术，形成了一套完整的立体仓库解决方案。在全球智慧物流枢纽 eHub 已经投入使用物联网设备，并配备了智能货站、智能分拨中心系统及一系列自动化设备。

在人工智能方面，通过在快递物流领域多年积累，基于真实业务场景和技术需求，在计划、网络、仓、干、配、末端等场景沉淀了多模态、高质量的海量快递物流数据。通过研发人工智能相关算法，开发了快递物流智能决策技术，可以在国际跨境等细分快递物流场景中，为各节点的仓库工人、合作伙伴、调度中心、客服中心生成供应链各环节的科学指引与决策，提升物流数字化、智能化能力，加速物流产业数字化转型，助力全球交通物流流转效率提升，降低综合成本，同时通过更优的决策为绿色物流战略作出贡献。

在智能系统方面，菜鸟在跨境物流全链路用数字化的手段确保平台和卖家之间有高质量的实时数据交互，从而使通关速度、跨境包裹分拨等方面效率大大提升。例如在全球超过 60 个大型口岸，菜鸟均接入了智能清关系统，优化清关效率，可实现"秒级"申报，具备峰值千万级处理能力。菜鸟自研海外分拨系统（GXMS），能够实现跨境包裹分拨效率翻倍。

在算法赋能方面，创造智能合单让海外消费者"买得多、到得快"，通过自身强大的数智化能力，建立了"集货仓＋智能合单"模式。菜鸟通过大数据分析，可将一位消费者在一段时间内分别购买的不同商品进行聚合，利用国内物流能力将来自不同地方的商品变成一个包裹，再通过航班实现跨境干线运输，发往目的地。这种模式不仅大幅降低了跨境包裹的成本，提升了包裹时效，也具有显著的绿色降碳效果。

（二）京东——新质生产力赋能智慧物流

1. AI 技术赋能智能仓储

为了优化拣货路径、缩短拣货时间和减少工作量，京东物流将 AI

算法运用到指导仓内商品布局上。一方面是基于商品的热度,把出库数量件数比较高的商品定义为畅销品,通过算法,提前将这些商品摆放在靠近拣货产线的储位,缩短拣货员的走动距离,在最优情况下,可能拣货员转个身就能取到一些畅销品。另一方面,考虑商品在订单中的关联关系,通过大数据和人工智能算法的分析结果,把比较高频同时出现在同一个订单里的商品摆放在仓库内距离比较近的储位,从而优化订单维度的整体拣货路径。

对于一些周期性的畅销品,京东物流会在一些特定时期对这些商品做动态的分布调整。比如,端午节前的粽子、中秋前的月饼、春节前的年货等,都是典型的周期性畅销品。

在商品入库环节,通过大数据和机器学习算法预测商品的畅销度和关联度,优化商品存储位置。比如将畅销品存放在靠近拣货产线的储位,方便补货和快速拣货;而对于销量一般的商品,需要考虑订单关联性,关联性高的商品应该存放在相同的储区,位置靠近,减少多品订单的跨储区拣货;需要根据商品的外形和数量匹配到相应的货架类型,既保证储位数重足,又确保储位上的空间利用率最优。

在拣货环节,融合运筹优化、机器学习等技术手段,通过智能定位实现订单到拣货员的最优匹配,以及引导拣货员走最优的拣货路径,在保证时效的前提下,提升整个仓的订单生产效率。

在商品出库环节,采用大数据算法,根据商品的长宽高推荐合理包裹数,避免打包的时候出现大箱装小物,以及订单包裹数过多、过度拆包的情况,减少耗材浪费,降低成本。

AI 算法指导生产作业的初衷就是提高仓内全环节的生产效率,降低生产成本,运用到的技术和算法在持续根据具体情况进行优化。

为了保持算法和技术的最优化,京东物流研发人员也投入了大量精力。尤其是"618"购物节前,厂家常常会提前备货,导致仓储空间不足,京东物流会第一时间深入现场了解情况,并与后端研发团队联动,通过大数据和智能算法,指导一线仓储管理人员进行畅销品、关联商品等的移库,支持大促期间平稳生产。

2. AI 技术赋能智能调度

京东物流自主开发"京调"智能运力调度平台,将前端用户下单、快递揽收、仓储生产等环节的数据与后端路由情况、承运商和驾驶员资源打通,通过大数据分析和人工智能技术进行货量预测,智能化地规划线路、提供调度派车方案建议。

对于一线调度员来说,原本需要向多个部门获取数据并人工进行货量预测,并且需要规划线路,才能减少车辆空驶,这样既费时又费力。现在,计算和匹配运力资源以及规划线路的工作由"京调"智能运力调度平台完成了。原本承运商要准备多种不同型号车辆,驾驶员要提前 24 小时到场等待,现在承运商只需要根据具体要求准备具体型号的车辆,驾驶员也只要提前 8 小时进场。"京调"智慧运力调度平台会智能化地生成调度任务,并匹配承运资源,只需要对方案进行确认即可。

在货量比较稳定的时期,人工提前 24 小时的货量平均预测准确率能达到 70%~80%,但在"618"购物节期间货量不稳定时,就只有不到 50% 了。

而"京调"智能运力调度平台能根据历史发货规律,考虑各种突发因素,结合人工智能算法,预测发货货量,根据预测货量智能计算最优的线路和资源的派车方案,自动生成派车任务,提前规划运力,指导调度、承运商以及驾驶员。对于稳定线路,提前 24 小时的预测准确率能达到 93%,对不稳定线路的预测准确率也能达到 84%。同时,结合仓库实时生产节奏及外单揽收的货量预报情况，滚动计算预测结果，在发车前 8 小时指导调度约车，此时即便是不稳定线路的预测准确率也可达到 90%以上。发车前持续滚动更新预测货量，同步传给分拣场地及调度，指导场地线上临时约车。

五、低空经济

低空经济是以各种有人驾驶和无人驾驶航空器的各类低空飞行活动为牵引，辐射带动相关领域融合发展的综合性经济形态。它广泛体现于第一、第二、第三产业之中，在促进经济发展、加强社会保障、服务国防事业等方面发挥着日益重要的作用。具体来说，低空经济包括的交通工具主要有直升机、固定翼飞机、无人机等，这些交通工具在低空范围内可以实现快速运输、空中游览、应急救援等多种功能。其应用场景也非常广泛，包括城市空中交通、偏远地区的工业、农业、林业、渔业和建筑业的作业飞行，以及医疗救援、抢险救灾、气象探测、海洋监测、科学实验、教育训练、文化体育等方面的飞行活动。

低空经济具有产业链条长、应用场景复杂、使用主体多元、涉及部门和领域多等特点。近年来，随着无人机等低空飞行器的普及和应用，低空经济正在逐渐成为新的经济增长点。例如，无人机配送、无人机航拍、无人机植保等应用场景已经逐渐成熟，为低空经济的发展提供了广阔的市场空间。总的来说，低空经济作为一种新兴的经济形态，具有广阔的市场前景和发展潜力，是新质生产力的典型应用模式，正在成为推动经济高质量发展的新动力。

（一）配套政策支持低空经济产业创新

为支持低空经济的发展，国家和地方政府也出台了一系列政策措施，包括建立低空飞行服务法规标准体系、提升低空飞行服务保障能力、推动低空经济产业创新等。这些政策措施为低空经济的发展提供了有力的保障和支持。

1. 国家相关支持政策

2021 年，国务院印发的《国家综合立体交通网规划纲要》首次提出发展低空经济，标志着低空经济成为"十四五"时期需要认真谋划的新兴经济形态。

2023 年底，中央经济工作会议将低空经济列为战略性新兴产业之一。

2024 年 1 月，国务院、中央军委发布《无人驾驶航空器飞行管理暂行条例》，从国家层面对无人驾驶航空器从设计生产到运行使用进行全链条规范化管理。这为无人机等低空经济相关产业的发展提供了法规依据。

2024 年 3 月，国务院正式将"积极打造生物制造、商业航天、低空经济等新增长引擎"写入政府工作报告。这些政策文件为低空经济的发展提供了强有力的政策支持。

2024 年 4 月，工业和信息化部、科学技术部、财政部、中国民用航空局印发《通用航空装备创新应用实施方案（2024—2030 年）》。这意味着低空经济的战略性新兴产业的地位已经明确，并且被国家确立为中国经济高质量发展的重要动力。战略性新兴产业的定位，表明低空经济是会对中国经济社会全局以及长远发展产生重大影响的产业，是关系到未来中国提升国际竞争力、形成竞争优势而需要进行长远布局的产业。低空经济是新技术、新产业、新模式、新业态的突出体现。

2. 地方相关支持政策

在国家政策的推动下，各地也积极抢抓低空经济产业密集创新和高速发展的战略机遇期。低空经济在地方政策中得到了广泛的关注和支持。截至目前，已有 17 个省（自治区、直辖市）将"低空经济"有关内容写入 2024 年政府工作报告，强调要壮大低空经济产业链，支持加强低空基础设施建设，完善飞行保障/监管体系，加强创新能力建设，培育低空经济应用场景等。这些政策背景为低空经济的发展提供了有力的保障和支持，也为相关企业和投资者提供了广阔的市场空间和机遇。

深圳市制定了《深圳经济特区低空经济产业促进条例》，这是深圳为优化低空经济产业发展环境、促进低空经济产业高质量发展而制定的条例，自 2024 年 2 月 1 日起施行。同时，深圳市将争创国家低空经济产业综合示范区纳入市政府工作报告，在低空空域管理、飞行规则标准和适航审定等方面先行先试，并计划新增无人机航线 80 条。此外，深圳市交通运输局等七部门联合出台《深圳市支持低空经济高质量发展的若干措施》，旨在围绕引培低空经济链上企业、鼓励技术创新、扩大低空飞行应用场景、完善产业配套环境 4 个方面提出 20 项具体支持措施。这些措施为深圳市低空经济健康发展提供了法治指导，并为其他省市发展低空经济提供了有益借鉴。

广州市在 2024 年的立法工作计划中，明确提出将制定智能网联汽车创新发展条例和低空经济发展条例，以抢抓智能网联汽车、低空经济等产业新风口、新赛道，加快培育和发展新质生产力。

苏州市公布了《苏州市低空经济高质量发展实施方案（2024—2026 年）》，其中提出构建低空地面基础设施体系，发挥交投集团等国资平台引领作用，引导社会资本投入。

山东省发布了《山东省低空经济高质量发展三年行动方案（2024—2026 年）》征求意见稿，旨在主动适应新一轮科技革命和产业变革，加快新兴产业集群集聚和未来产业前瞻布局，培育和发展新质生产力。

该方案强调以智慧化、高端化、融合化、绿色化为导向，着力构建协同高效、包容审慎的低空飞行服务保障新体系，打造以原创性、颠覆性前沿技术为引领的创新驱动新引擎。

成都市制定《成都市产业建圈强链 2024 年工作要点》，其中明确低空经济将在政策、资金、人才、载体等层面获得扶持，加快打造西部低空经济中心。

珠海市鼓励保险公司开发针对物流、载人、城市管理等低空商业应用险种，扩大保险覆盖范围和商业场景契合度，建立风险覆盖广泛的低空经济保险服务体系。

（二）低空经济在交通运输领域的研究应用实践

低空经济涉及物流运输、城市交通、农林植保、应急救援、体育休闲、文化旅游等领域，同时也涉及高端制造、人工智能等行业，具有服务领域广、产业链条长、业态多元等特点，是前景广阔的战略性新兴产业，也是新质生产力的典型代表。在交通运输领域，以无人机配送和飞行汽车最为典型。

1. 无人机配送应用案例

低空经济中的无人机配送案例越来越多，以下是其中几个具体的案例：

亚马逊 Prime Air：亚马逊的无人机物流配送项目 Prime Air 已经在英国等地展开试点项目。顾客下单后，无人机就会从仓库发出，飞行到顾客的家中，准确地将包裹投递到指定位置。

Zipline 无人机物流配送：Zipline 是一家无人机物流配送公司，主要服务于非洲和巴拿马等偏远地区的医疗物资配送。无人机可以将药品、血液等生命必需品快速送达偏远地区的医疗机构，解决了传统交通无法到达的问题。

长沙县无人机物流配送：长沙县在国内率先提出打造"中国民用无人机产业第一城"，并计划开通 5～10 条无人机物流配送航线。其中，湖南省城市低空物流首航仪式已经在长沙县吾悦广场举行，无人机以 60 公里/时的速度平稳飞行，将快递送达消费者手中。此外，还有无人机从长沙血液中心飞往中南大学湘雅二医院，配送血液制品，展示了无人机在医疗物资配送方面的能力。

广州黄埔无人机直达配送：广州黄埔综合保税区跨境电商监管中心已经实现了全国海关首票跨境电商进口商品无人机直达配送业务。无人机从监管中心出发，按照设定路线在空中跨越综保区卡口，配送至综保区外的跨境电商保税直购店消费者手中。这一配送模式的最大创新之处在于使用无人机低空运输来代替传统陆路运输。

深圳公园无人机配送服务：深圳市城市管理和综合执法局、福田区政府引进了公园综合配套服务项目，其中包括无人机配送服务。该条新航线以深业上城为起点，最快 10 分钟就能将奶茶、汉堡等超千种商品空投到 2 公里外的深圳中心公园内。

典型案例：
美团无人机配送

美团无人机配送是美团在物流领域的一项创新举措，旨在通过无人机技术提升配送效率和服务质量。

核心组成：美团的无人机配送系统主要由飞行器、地面装备和后台系统三个部分组成。飞行器即配送无人机，集成了美团自研的飞控导航、感知、定位、场景识别等系统，以适应城市复杂场景下的运行。地面装备包括社区配送站、楼宇配送站、接力配送站和智能换电站等多种设备，以满足不同配送场景的需求。后台系统则是美团自研的无人机交通管理系统，负责配送路线的制定、无人机飞行数据的报备等工作，以实现对无人机配送运力的实时调度和管理。

运营情况：自 2021 年完成首单配送以来，美团无人机已在上海和深圳两城落地运营，截至 2022 年底，累计配送订单超过 12 万单，配送商品种类超过 2 万种；在配送效率方面，无人机平均配送时长约为 12 分钟，较传统配送模式提效近 150%，为用户节省了大量等待时间。

应用场景：美团无人机配送适用于多种场景，如紧急用药、购买生鲜蔬菜、临时运送文件素材等，由于无人机的高机动性，它更适用于对时效性要求较高的需求场景；此外，无人机配送还可以覆盖人力无法触达的自然景区以及收货地址难以识别的公园、露营场所等区域；无人机配送服务在智能调度系统的指导下进行，实现无人机与骑手的协同工作，确保订单能够高效配送。

技术迭代：美团无人机技术经历了从第一代到第四代的迭代发展，第四代新机型在配送半径、载质量、速度、抵抗恶劣天气等方面都有了很大的提升；2023 年，美团无人机已经能够在雨雪天气中持续运营，并能够满足特殊天气中的无人机即时配送服务需求。

这些案例展示了低空经济中无人机配送的广泛应用和快速发展。随着科技的进步和政策的支持，无人机配送技术将在更多领域得到应用，为人们的生活带来更多便利。

2. 飞行汽车技术研发和应用案例

飞行汽车主要是指在空中飞行或在陆地上行驶，能够由一辆公路汽车变身为一架飞机。从更广泛的角度来看，飞行汽车是面向未来"立体智慧交通"的运载工具，是电动化、智能化、立体化的陆空"两栖汽车"。它具备电动垂直起降、智能无人驾驶、陆空两栖运载等基本特征。飞行汽车按设计和技术特点分类，主要有可转换型飞行汽车、垂直起降飞行汽车、固定翼飞行汽车、垂直起降与固定翼结合型等。飞行汽车的原理主要依赖于螺旋桨或喷气式技术提供升力和推力，类似于直升机的飞行原理。飞行汽车的应用场景非常广泛，包括城市交通、远程旅行、应急救援、旅游观光、军事应用、物流配送和农业作业等多个领域。它们能够有效缓解城市地面交通拥堵，提供更快速的通勤方式，同时也能在紧急情况下快速到达现场，提供救援物资或运送伤员。此外，飞行汽车还能为旅游者提供全新的观光体验，提高农业生产效率等。

在工业和信息化部、科学技术部、财政部、中国民用航空局等四部门联合印发的《通用航空装备创新应用实施方案（2024—2030 年）》中，明确提到了支持智慧空中出行（SAM）装备发展，推进电动垂直起降航空器（eVTOL）等一批新型消费通用航空装备适航取证。鼓励飞行汽车技术研发、产品验证及商业化应用场景探索。

在技术研发方面，清华大学主持研制的世界首台面向城市交通的智能载人飞行汽车在西安试飞成功，采用了多旋翼、四轴八桨的飞行结构，并融合了新一代飞行动力系统。这些技术创新使得飞行汽车具备了更高的安全性和可靠性，同时能够适应复杂的空中环境，实现精准的飞行控制。

在商业化运营方面，随着技术的不断进步和市场的日益成熟，飞行汽车的商业化运营也取得了进展。飞行汽车主要应用于短途城际、城内通行，航程 100 公里以下多采用纯电动力，100～300 公里兼有纯电和氢电混动，300 公里以上则以氢电混动为主。例如，从广东深圳飞至珠海仅用时 20 分钟，这种高效便捷的出行方式得到了市场的认可。除了城市短途通行外，飞行汽车还应用于物流、应急响应、旅游、农业等多个领域。例如，在物流领域，飞行汽车可以用于城市间的快速快递服务，特别是在交通拥堵的城市环境中，能够显著提高配送效率。在旅游领域，飞行汽车可以为游客提供全新的观光体验，让游客们得以从全新的视角欣赏风景。

（三）低空经济在交通运输领域的发展展望

低空经济在交通运输领域的发展前景广阔，它以其独特的魅力和巨大的市场潜力，有望成为未来交通领域的一大亮点。主要体现在：

市场规模的迅速扩大：随着技术的不断进步和政策的支持，低空经济在交通运输领域的应用范围将不断扩大，市场规模也将迅速增长。

新型交通工具的广泛应用：低空经济将推动新型交通工具的研发和应用，如电动垂直起降飞行器（eVTOL）等。这些新型交通工具具有垂直起降、高效便捷等特点，将极大地方便人们的出行，特别是在城市交通拥堵的情况下，将提供更为快速、高效的解决方案。

低空运输网络的构建：在丘陵山地等复杂地形区域，低空运输网络将发挥重要作用。通过建设分布式的起降节点和覆盖电动垂直起降飞行器运输航线的低空智联网，可以形成区域低空运输网络，改变公路与铁路不及地方的原始交通运输状态，提供更为灵活、高效的运输方式。

智能化和自动化的提升：低空经济的发展将推动交通运输领域的

智能化和自动化水平的提升。通过应用人工智能、物联网、大数据等技术，可以实现低空交通的智能化管理和调度，提高运输效率和安全性。同时，自动驾驶技术的应用也将使低空飞行器具备更高的自主飞行能力，进一步降低人为错误的风险。

政策的支持和推动：政府将通过加强低空域的管理和规划、出台相关政策文件、明确发展方向和目标等措施，为低空经济的发展提供有力的政策保障。这将有助于推动低空经济在交通运输领域的广泛应用和快速发展。

产业链的完善和协同：低空经济的发展将带动相关产业链的完善和协同。包括低空飞行器制造、低空飞行服务、低空飞行保障等多个领域都将迎来新的发展机遇。同时，产业链上下游企业之间的合作也将更加紧密，推动整个产业的协同发展。

────── 本章参考文献 ──────

[1] 丁金学. 亟需加快推进现代化交通基础设施建设[J]. 经济, 2023, 6: 28-31.

[2] 国务院. 国务院关于印发"十三五"现代综合交通运输体系发展规划的通知[EB/OL]. [2017-02-28]. https://www.gov.cn/zhengce/content/2017-02/28/content_5171345.htm.

[3] 丁金学. 新发展格局下交通运输与产业协同发展的模式路径[J]. 宏观经济管理, 2023, 2: 42-49.

[4] 丁金学, 罗萍. 新时期我国城市群交通运输发展的思考[J]. 区域经济评论, 2014, 2: 106-111.

[5] 李卫波, 丁金学. 新发展格局下广东交通运输发展的形势要求与思路建议[J]. 中国经贸导刊, 2021, 23: 27-30.

[6] 樊一江. 交通运输与经济社会深度融合发展: 思路和建议[J]. 宏观经济研究, 2018,8: 150-158.

[7] 吴文化. 开启交通强国建设新征程[J]. 综合运输, 2018,1: 1-4.

[8] 国家发展改革委编写组. 加快构建现代综合交通运输体系[M]. 北京: 中国计划出版社, 中国市场出版社, 2020.

[9] 王昌林. 新发展格局: 国内大循环为主体国内国际双循环相互促进[M]. 北京: 中信出版社, 2020.

[10] 汪鸣, 吴文化, 樊一江, 等. 交通大融合[M]. 北京: 中国计划出版社, 2019.

[11] 汪鸣. 交通物流和产业的发展关系[N]. 周口日报, 2018-4-24(4).

[12] 国家发展改革委编写组. 加快构建现代综合交通运输体系[M]. 北京: 中国计划出版社, 中国市场出版社, 2020.

[13] 丁金学. 抢占智慧交通建设制高点[N]. 经济日报, 2023-4-24(5).

[14] 丁金学. 精准推进智慧交通补短板[N]. 经济日报, 2024-3-13(5).

[15] 丁金学. 创新驱动高铁领跑世界[N]. 经济日报, 2024-4-20(10).

[16] 丁金学, 李卫波. 推进智慧高速公路建设[J]. 中国投资, 202, Z3: 80-81.

[17] 国务院办公厅. 国务院办公厅关于深化改革推进出租汽车行业健康发展的指导意见[EB/OL]. (2016-07-26)[2024-04-28]. https://www.gov.cn/gongbao/content/2016/content_5097556.htm.

[18] 交通运输部, 国家铁路局, 中国民用航空局, 等. 交通运输部 国家铁路局 中国民用航空局 国家邮政局 中国残疾人联合会 全国老龄工作委员会办公室关于进一步加强适老化无障碍出行服务工作的通知[EB/OL]. (2024-01-12)[2024-04-28]. https://www.gov.cn/zhengce/zhengceku/202401/content_6925864.htm.

[19] 工业和信息化部, 科学技术部, 财政部, 等. 工业和信息化部 科学技术部 财政部 中国民用航空局关于印发《通用航空装备创新应用实施方案 (2024—2030 年)》的通知[EB/OL]. (2024-03-27)[2024-04-25]. https://www.gov.cn/zhengce/zhengceku/202403/content_6942115.htm.

[20] 吴洪洋. 向"新"而行共绘交通运输行业新图景——新质生产力助力交通运输新业态蓬勃发展[J]. 交通建设与管理, 2024, 2: 28-35.

交通运输新质生产力
发展展望与愿景

- 综合立体
- 产业融合
- 产城融合
- 智能高效
- 绿色低碳
- 安全韧性

中国交通运输经历了新中国成立时的基础薄弱、百废待兴，改革开放之初的瓶颈制约，20世纪末的初步缓解，再到目前的基本适应，实现了历史性跨越。但是，进入新发展阶段，面对全面建设社会主义现代化国家新征程的新要求和新使命，我国交通运输还存在"综合立体"程度与效率不高、交通与土地使用深度融合程度不够、城市交通拥堵形势严峻、交通绿色化面临严峻挑战、交通对产业与城市发展引领带动作用仍需提升、交通智能化水平差距依然很大、交通安全韧性仍待显著提高等问题。

与此同时，"人民满意、保障有力、世界前列"交通强国建设目标的实现，也亟须新质生产力理论在交通运输领域的创新应用，切实发挥交通成为中国式现代化的开路先锋作用。

展望未来，综合立体、产业融合、产城融合、智能高效、绿色低碳、安全韧性等是交通运输新质生产力的重要发展方向与体现。

第一节
综合立体

我国综合立体交通网主骨架空间格局的蓝图已基本形成，国家综合立体交通网建成率约78.6%、主骨架线路建成率约87%，基本建成了由铁路、公路、水路、民航等多种运输方式构成的综合立体交通基础设施网络，同时，我国客货运输服务的质量和效率也有了很大提高，交通运输公共服务供给和管理得以加强。但是，交通运输体系综合立体发展程度还需提升。本节展望新质生产力在交通运输综合立体发展的愿景及实现路径。

一、发展愿景

《交通强国建设纲要》和《国家综合立体交通网规划纲要》绘制了到 21 世纪中叶全面建成交通强国和现代化高质量国家综合立体交通网的宏伟蓝图，是新时代综合交通运输发展的"总战略"和"总规划"，需要若干个五年计划持续推进落实，并将助力实现中华民族伟大复兴的中国梦。

交通强国建设总目标是人民满意、保障有力、世界前列，2035 年基本建成交通强国，2050 年全面建成交通强国。

与此对应，到 2035 年，基本建成现代化高质量国家综合立体交通网，全面建成国家综合立体交通网主骨架，网络韧性显著增强，基础设施质量和安全、智能、绿色水平达到世界前列，综合交通运输逐步实现一体化融合发展，综合能力、服务品质、运行效率和整体效益显著提升，交通运输服务达到世界一流水平，有力支撑"全国 123 出行交通圈"和"全球 123 快货物流圈"构建，为基本建成交通强国奠定坚实基础。

到 21 世纪中叶，全面建成现代化高质量国家综合立体交通网，拥有世界一流的综合交通基础设施体系，实现"人享其行、物优其流"，全面建成交通强国，为全面建成社会主义现代化强国提供有力支撑。

构建便捷顺畅、经济高效、绿色集约、智能先进、安全可靠的现代化高质量国家综合立体交通网，为构建新发展格局，畅通国内国际双循环，国家重大战略实施，扩大有效投资，保障国家战略安全，促进共同富裕提供支撑，当好中国式现代化的开路先锋。

二、实现途径

实现交通运输体系综合立体发展的目标与愿景，是交通强国建设面临的首要任务，其实现要点是综合立体交通基础设施的高质量建设、支撑全环节高品质运输服务的实现、运输体系效能升级、智慧创新融合发展、全环节绿色转型发展，如图5-1所示。

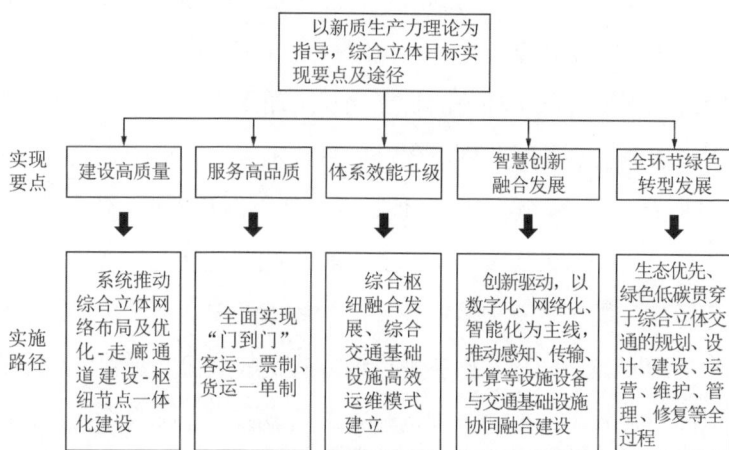

图 5-1　综合立体目标愿景实现要点与实施路径

以上目标愿景实现要点的落实与实施路径如下：

第一，系统推动综合立体网络布局及优化、走廊通道建设、枢纽节点一体化建设，实现综合立体交通基础设施的高质量建设。加强综合立体网络主骨架路线联网、补网、强链，提升网络效益，统筹主骨架和区域路网建设，促进区域协调发展和共同富裕，加快6条主轴、7条走廊、8条通道建设，加强国际性、全国性综合交通枢纽城市建设，增强集聚辐射能力，推进综合交通枢纽港站城一体化建设，合理预留枢纽站场发展空间，城市综合交通枢纽规划设计及建设中提前统筹考虑各出行方式一体化需求，实现站城融合发展、多种运输方式在交通枢纽的一体化融合，以及长途运输、中短途运输和城市交通不同空间范围的客货运输的无缝衔接、高效融合。

　　第二，全面实现"门到门"客运一票制、货运一单制，提供交通运输全环节世界一流运输服务。基于出行需求，利用智能技术，加快发展联程运输，加强各种运输方式间运营信息、班次时刻、运力安排等协同衔接，全面实现"一次购票、一次支付、一证（码）通行"，建立高效、便捷、一站式"门到门"智能客运服务体系，大幅度提高客运服务水平，实现行车、停车、枢纽换乘、末端出行以及定制服务、需求响应式服务等各个环节的智能化，进而提供"门到门"的一站式高效便捷服务。利用互联网等先进信息技术手段，重塑企业货运业务流程，创新企业资源组织方式，促进线上线下融合发展，建立全程"一次委托"、"一单到底"、结算"一次收取"的智能货运服务方式，提高仓储、运输、配送等货物运输环节运行效率及安全水平，形成一单制智能化货运服务。充分发挥各种运输方式比较优势，加快发展多式联运，提高组合效率；推动各种运输方式信息共享、标准衔接、市场一体化。

　　第三，依托综合枢纽融合发展，建立综合交通基础设施高效运维模式，促进运输体系效能升级。全面落实《交通强国建设纲要》《国家综合立体交通网规划纲要》，加快建设集装箱码头等港口设施，加强进港深水航道和锚地、沿海沿江粮食码头中转仓库、集装箱码头配套危险品堆场等建设；推进相关枢纽机场改扩建，强化国际枢纽机场与轨道交通高效衔接；依托枢纽机场、主要港口、高铁车站打造一批综合客货运枢纽站场，推进相关综合交通枢纽等建设，完善国家邮政快递枢纽体系；加强枢纽集疏运体系建设，加快重要港区、大型工矿企业和物流园区的铁路专用线建设；推进干线铁路、城际铁路、市域（郊）铁路融合发展，做好与城市轨道交通衔接协调。贯彻全生命周期成本理念，强化交通基础设施常态化预防性养护，加强铁路综合维修养护一体化管理，深化公路养护市场化改革，推进内河高等级航道养护制度化规范化，提升民航基础设施运维和安全保障能力，强化不同辖区管养工作协调联动，提高全生命周期综合效益。

第四，坚持创新驱动，以数字化、网络化、智能化为主线，推动感知、传输、计算等设施与交通基础设施协同融合建设，全面促进综合立体交通智慧创新融合发展。推进铁路基础设施智能化，打造新一代轨道交通移动通信系统，推动高速铁路智能化升级改造，推进下一代列控系统、智能行车调度指挥系统研发应用。开展公路数字化行动，有序推进公路基础设施全要素数字化，深化高速公路电子不停车收费系统（ETC）拓展应用，稳步推进智慧路网云控平台建设。积极推进智慧航道和智慧港口建设，完善内河高等级航道电子航道图，加强梯级枢纽船闸联合智能调度系统建设，推进新型自动化集装箱、大宗干散货码头建设及码头操作系统研发推广应用。推进智慧机场建设，提升机场保障能力、以人为本的服务水平和运行效率，发展新一代空管系统，提升空中交通全局化、精细化、智慧化运行能力。推动综合客运枢纽、货运枢纽（物流园区）智能化建设，开展仓储库存数字化管理等应用。推进数字化智能化设施跨省统筹布局、统一标准、同步建设，尽快形成整体服务能力。

第五，将生态优先绿色低碳理念贯穿于综合立体交通的规划、设计、建设、运营、维护、管理、修复等全过程，使综合立体交通全环节绿色转型发展，实现绿色规划引领、绿色方式主导、绿色设施支撑、绿色工具主体、绿色管理保障，降低全生命周期能耗和碳排放。强化节约集约用地、保护耕地意识，积极推行节地技术和节地模式，将节地作为工程选址及建设方案重要因素。强化生态保护意识，优先避让生态敏感区，确无法避让的应采取严格的生态保护和污染防治措施。推进以低碳为特征的绿色交通基础设施建设，建设港区、机场、公路服务区、交通枢纽场站等近零碳示范区。加强绿色航道建设，保护河湖生态功能。推动交通基础设施标准化、智能化、工业化建造，推广永临结合施工，推进建养一体化，降低全生命周期资源消耗。推进铁路电气化和机场运行电动化，加快高速公路快充网络有效覆盖。

三、关键技术及支撑体系

综合立体实现关键技术及支撑体系包括综合立体交通体系的协同建设、资源节约集约统筹利用、因地制宜选择建设标准、形成完善的技术标准规范体系、建立综合立体发展全过程评估优化机制、建立技术创新研究支撑体系，如图 5-2 所示。

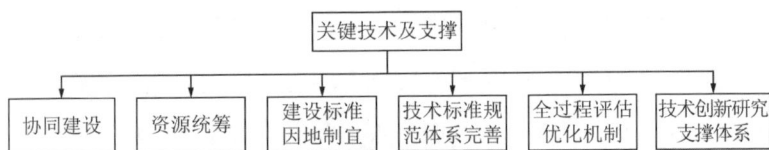

图 5-2 综合立体实现关键技术及支撑体系

第一，综合立体交通体系的协同建设。坚持全网"一盘棋"，以通道综合交通基础设施整体运输能力为评价标准，分析判断供求关系，论证建设必要性和建设时机。任何交通方式的线路规划建设必要性论证，必须以通道内的综合交通运输供求关系状态分析为依据，论证基础设施建设的必要性和紧迫性。对通道内综合运输方式能力利用率不低于 0.85 的能力紧张区段，应适时进行扩能改造，科学新增规划线路。对通道内个别运输方式能力利用率不低于 0.85，整体低于 0.85、不低于 0.60 的区段，重点通过科技手段、局部微改造、信息服务等方式提高综合运输效能及方式间能力综合调配。对通道内综合运输方式能力利用率低于 0.60 的能力过剩区段严格限制新建项目，包括国家层面和地方层面线路设施的新建项目，避免出现全网设施能力过度富余和局部设施不足的情况。对通道内个别运输方式能力利用率不低于 0.60，整体低于 0.60 的区段，除严格限制新建项目外，个别运输方式可利用科技与信息手段等方式提高运输效能，加强不同方式间衔接一体，综合提升服务效率与质量。科学布局综合交通基础设施网络体系，优化交通结构，综合完善各种运输方式路网结构，适度增加国家战略和区域发展迫切需要、经济可行的重大项目。适当调减原规划中部分不适合建设或应为规划研究的线路。

第二，资源节约集约统筹利用。从综合交通发展角度建立多方式一体化规划建设统筹机制，推进综合立体交通系统建设项目节约集约利用土地、线位、桥位、水域岸线等资源，推进多方式共用过江通道，整合优化断面空间，与沿线通信、能源、水利、市政等基础设施协调布置，促进交通通道由单一向综合、平面向立体发展，提高国土空间利用率。改扩建项目要充分利用既有通道资源，减少土地占用、环境影响。强化交通规划与国土空间规划动态衔接和信息互通共享，做好在国土空间规划"一张图"上的信息核对和上图入库，明确空间布局和用地控制规模，加强交通基础设施线位、点位等与耕地和永久基本农田、生态保护红线、城镇开发边界、城乡建设布局、河湖水域岸线等衔接协调。

第三，因地制宜选择建设标准。审慎论证，重视工程可行性研究，优化调整综合运输通道的交通基础设施布局，科学把握建设标准与建设时序。工程可行性研究要以量化分析为依据，达到建设新线标准方可建设。强化"6 轴"（即京津冀↔长三角主轴、京津冀↔粤港澳主轴、京津冀↔成渝主轴、长三角↔粤港澳主轴、长三角↔成渝主轴、粤港澳↔成渝主轴 6 条主轴）快速运输网络建设。完善、延伸 6 轴，优化提高建设标准，加强四大城市群间 6 主轴的多通道、多路径的快速联通功能；谋划连接长三角、珠三角和京津冀城市群时速 400 公里以上的沿海高速轨道交通通道项目；加强长江、西江、京杭大运河等高等级航道建设及三峡第二通道谋划。优先考虑当地现有交通基础设施的充分利用和改造升级，杜绝盲目建设新的交通基础设施，以提高现有道路和交通设施的利用效率、减少投资以及资源和空间浪费。实施"7 廊、8 通道"（即京哈走廊、京藏走廊、大陆桥走廊、西部陆海走廊、沪昆走廊、成渝昆走廊、广昆走廊 7 条走廊，绥满通道、京延通道、沿边通道、福银通道、二湛通道、川藏通道、湘桂通道、厦蓉通道 8 条通道）补短板。对能力紧张路段进行扩能改造，同时确保建设时机、规模与经济社会发展需求、财力相匹配，避免过度超前或重复建设，同时避免出现不同方式利用率不均衡、部分方式资源浪费的情况。

第四，形成完善的技术标准规范体系。完善综合立体交通体系规划、设计、施工、管理等方面技术要求和配套政策，明确管理机制、责任主体、权益划分等，适时发布综合立体发展年报、案例等，建立多方联合的技术支撑团队。

第五，建立综合立体发展全过程评估优化机制。建立综合立体发展的规划设计、实施、评估、优化反馈、考核等的全过程评估优化机制，制定推进建设的监督和激励措施，对建设进展顺利、地方配套资金落实到位的地区进行激励，对工作滞后的地区加强督导，完善调整项目库，做好适应性评估。

第六，建立技术创新研究支撑体系。在新一轮科技革命的浪潮中，更好地应变局、育新机、开新局，实现创新驱动发展，充分发挥交通运输科技创新的支撑引领作用，营造创新氛围、夯实创新基础、培养创新人才、落实激励措施、建立长效机制，加强技术攻关，结合重大工程建设需求和自然环境特点，有针对性地加大科技攻关力度。

第二节
产业融合

随着交通技术的发展和对美好生活需求的不断提升，交通成为发展新质生产力的重要领域。通过充分发挥"交通+"的引领作用，依托高速交通方式，能显著降低地理距离的制约，提高经济活动的流动性，达到优化资源分配的目标，扩大城市之间的协作效应，促进各区域间的紧密联系，从而显著提升整体社会经济运作的效率与产出，重塑生产生活模式，激活交通乘数效应，催生交通与旅游、物流、制造业、医疗、乡村振兴、空港、商务等创造更高的效率和优势，形成全新的产业生态，成为经济发展的新动能。

一、交通与旅游融合

交通与旅游的融合正引导旅游产业向更高效、更综合、更智能的方向演进。交通与旅游融合，提升了旅游体验，促进了地方经济与相关产业的创新成长，并实现了旅游服务的个性化和便捷化。在国家政策的引导和支持下，旅游业正在向多模式创新发展。

（一）发展目标

在实施交通强国战略的时代背景下，推动交通与旅游的融合发展，其目标就是为旅游群体提供高质量的交通服务，同时，促进旅游产业、旅游产品多元化发展。

（1）高效便捷的出行体验。构建无缝连接的综合交通网络，使旅游出行更加便捷、高效，减少旅途中的等待和转换时间，让旅客能够享受到更加流畅的旅行体验。

（2）智能化的旅游服务。利用人工智能、大数据、云计算等技术，为旅游者提供个性化推荐、智能导游、即时信息服务等智能化旅游服务，使旅游决策更加科学、旅行体验更加丰富多彩。

（3）实现旅游业的可持续发展。推动绿色交通和生态旅游，减少旅游活动对环境的影响，实现旅游业的可持续发展。通过优化旅游和交通规划，保护自然环境和文化遗产，促进经济与环境和谐发展。

（4）拉动地方经济与文化振兴。通过交通与旅游的融合发展，带动地方经济增长，提升地区品牌影响力，促进文化交流和传播，加深游客对目的地文化的理解和体验，激发地方文化的活力。

（5）促进创新发展模式。鼓励创新思维和跨界合作，通过技术创新和模式创新，开发新的旅游产品和服务，促进交通、旅游、文化、科技等多领域的融合发展，共同构建旅游产业新生态。

在新形势下，交旅融合需要顺应旅游业发展新方式，往高品质、多元化、个性化方向迈进，与旅游产业深度融合，构建多产业、多业态整合的生态结构。

（二）实现途径

实现交通与旅游融合，关键在于构建高效交通网络、利用智能化技术创新、推行可持续旅游、促进地方振兴及跨界合作。需要新技术发展、政策支持与行业协作，确保交通便利性以提高旅游体验，同时带动经济增长和文化交流。

（1）完善基础设施网络。持续改善和扩大旅游交通基础设施网络，包括"快进"高效交通网络和满足游客体验需求的"慢游"网络。

（2）提供景区直达交通服务。建设直通主要旅游景区的公交线路或班车服务，特别是在旅游高峰期增加班次，确保游客便捷到达。

（3）创新多元化的交通服务产品和多模式交通接驳服务。拓展交通设施的旅游服务功能，包括客运枢纽增强旅游服务功能，高速公路服务区和普通公路增设旅游服务设施。提供灵活的多模式交通服务，如机场到酒店的班车、旅游大巴等，以方便游客快速到达目的地。

（4）旅游交通与旅游产品创新相结合。通过铁路、公路、水路和低空飞行等不同方式，开发丰富多样的旅游交通产品，包括精品旅游线路和特色观光列车等。

（5）地方特色与文化相融合。开发具有地方特色的旅游产品，如文化体验、乡村旅游等，利用文化特色和交通便利性吸引游客，促进地方经济和文化发展。

（6）提升旅游运输服务质量。通过推进游客联程联运、加强旅游交通信息服务、提升旅游交通安全保障水平等措施，提高旅游运输服务的整体质量。

（三）关键技术

要实现交通与旅游融合，不能忽视新技术应用，在融合进程中，需要研发应用以下关键技术：

（1）大数据分析和旅游方案智能化生成与推送技术。运用大数据分析，对旅游和交通数据进行深入挖掘，通过整合先进的信息技术、优化交通与旅游资源的配置、实现多模式交通系统的无缝对接，以及提供个性化和定制化的旅游服务，为旅游者提供出行便捷、内涵丰富和环境友好的旅行体验。

（2）物联网（IoT）和智能传感技术。在旅游交通基础设施中应用物联网和智能传感器，实现实时监测和管理，提高旅游交通系统的安全性和效率。

（3）虚拟现实（VR）和增强现实（AR）技术。利用 VR 和 AR 技术，为游客提供虚拟旅游体验和增强现实导览，丰富旅游交通产品。

（4）信息化和智能化平台建设。构建综合交通旅游信息服务平台，集成交通、旅游、气象等信息，提供实时信息服务和应急响应。

二、交通与物流融合

交通与物流融合是一个全面整合运输网络和物流服务的过程，是构建更加高效、更可持续的供应链体系的重要举措。

（一）发展目标

交通与物流融合是要建立一个高效、智能的物流系统，实现安全、绿色的物流运输，是支撑物流业高质量发展的需要。

（1）提高物流运输效率。通过更好的交通网络规划和物流管理，提高物流运输的效率，减少货物运输时间和成本。

（2）促进区域经济发展。通过改善物流和交通设施，促进区域间的经济交流与合作，支持区域经济一体化发展。

（3）建立弹性化供应链管理体系。构建更加灵活的供应链体系，能够快速响应市场变化和突发事件，降低供应链中断的风险。

（4）多式联运发展。促进不同运输模式之间的有效衔接和集成，推广多式联运，以降低运输成本、提高运输效率和服务灵活性。

（5）支持绿色物流运输。促进绿色物流的发展，减少运输过程中的能源消耗和碳排放。

（二）实现途径

实现交通与物流融合发展，要通过基础设施的一体化建设、多式联运的优化发展、政策支持和标准化的推进等策略的实施，共同构筑一个高效、智能、环保的现代物流体系。

（1）基础设施一体化与布局优化。加强交通基础设施与物流设施的一体化建设，科学规划国家级、区域级和地方级的交通物流枢纽，以及物流主干线和国际物流通道，确保多种运输方式之间的顺畅衔接和"最后一公里"的畅通。

（2）多式联运与服务创新。发展和完善多式联运系统，创新经营模式，推广"一单制"运输，实现不同运输方式的无缝对接，降低物流成本，提升服务质量。

（3）农村物流体系的加强与整合。关注农村物流体系的发展，改善农村地区的交通和物流设施，推动农产品物流效率的提升，促进农村经济发展。

（4）政策支持与监管协调。制定和完善促进交通与物流融合的政策法规，加强跨行业、跨部门的规划和政策协调，建立统一的行业标准和服务规范。

（5）信息技术融合与标准化推进。利用云计算、大数据、物联网等技术实现物流信息的实时共享，推进单证票据的标准化，建立电子赋码制度，促进信息互联互通及实时更新和共享。

（三）关键技术

为了实现交通与物流融合体系的构建和目标的达成，可以使用以下关键技术：

（1）同步交通与物流规划（STLP）。优化货物运输路线和交通流量管理，预测物流活动对交通网络的影响，调整交通管理策略以适应物流活动需求，从而减少运输延迟和提高整体网络效率，例如采用STLP整合的方法，考虑物流需求与交通网络容量的相互依赖。

（2）动态货物共享平台。平台运用实时数据分析和智能匹配算法，将有相似路线和时间窗需求的货物进行匹配，实现货物共运。这不仅提高了运输资源的使用效率，也降低了运输成本和环境影响。通过整合空载或半载运输资源，优化物流配送过程，减少无效运行。

（3）实时数据交换和共享。通过实时数据交换和应用程序编程接口（API）集成，物流公司可以与交通管理系统、客户和供应链合作伙伴共享关键信息。

（4）智慧城市与物流一体化。随着智慧城市的发展，交通与物流的融合正在达到一个新水平。借助物联网、大数据和人工智能技术，城市能够更有效地管理其交通系统和物流活动，优化城市配送中心的位置，提高货物配送效率。

三、交通与制造业融合

通过高效的交通网络和智能物流系统，制造业能够实现原材料的及时供应、产品的快速分销以及市场需求的灵敏响应，促进绿色生产和可持续发展理念的落实，为制造业的未来发展奠定坚实的基础。

（一）发展目标

交通与制造业融合的发展目标是，在新质生产力理念的引领下，构筑一个智能、高效和绿色可持续的未来产业生态。

（1）提高效率和灵活性。通过深度融合交通物流和制造业，实现生产过程和物流配送的高效协同，缩短产品从生产到市场的时间，提高对市场变化的响应速度。

（2）效率与响应速度的同步增强。利用高度集成的信息系统和灵活的物流解决方案，优化供应链管理，缩短产品从设计到交付的周期，提升市场响应速度。

（3）促进智能化升级。利用人工智能、物联网、大数据分析等技术，推动生产自动化和智能物流发展，提升制造精度和物流服务的个性化水平，实现智能化管理和决策。

（4）实现绿色可持续发展。通过优化运输方式、提高能源利用效率和采用清洁能源，减少生产和物流过程中的能耗和碳排放，推动形成环保和可持续发展的产业模式。

（5）推动产业融合创新。鼓励跨行业、跨领域的合作与创新，通过技术融合和模式创新，开发新产品、新服务，探索未来制造业和交通物流融合发展的新业态和新模式。

（二）实现途径

要实现交通与制造业的融合发展，推动制造业转型升级，重要的途径如下：

（1）确保基础设施建设直接响应生产需求。充分优化与利用现有的铁路和道路系统，构建专用路网系统，直接连通制造业的生产基地，此外，强化铁路和公路与港口、机场的联动，以减少货物在转运过程中的等待时间，提高整体物流效率。交通基础设施具有公共服务性，为企业在信息和资源的获取上提供了更多的选择，并且能够节约时间成本。

（2）精细化运输服务以覆盖各个角落。为高端装备制造业量身定做专业运输服务，并开发适用于大型货物的运输技术及流程。同时，为具有特定需求的制造业如食品、药品行业提供专门的运输服务。

（3）创建智能物流服务平台。关注物流平台的智能化细节和实用性，开发能与客户订单系统深度整合的配送系统和支持模块化组合的智能管理平台。确保这些平台能够灵活配置、实现定制化，且能有效连接客户的数据库，提升服务的响应速度和质量。

（4）技术创新驱动发展。技术创新对交通和制造业融合发展的驱动机制可以分为直接作用和间接作用,直接作用体现为技术溢出效应、生产方式变革和生活方式变革,间接作用体现为效率提升、动力变革和质量保障。

（5）完善并加强跨部门统筹协调管理。形成政府与企业之间的协同机制,支持物流和货运企业开展多种运输方式的联合运营。政府应调整相关政策,提供税费优惠,简化通关程序,以降低物流和货运的成本和时间,刺激行业发展。建立协同主体之间的信息治理机制,以解决信息不对称的问题。

（三）关键技术

要实现交通与制造业融合的关键技术,除了人工智能、物联网、大数据分析等关键技术,还可以运用以下技术:

（1）自适应供应链网络。利用云计算和大数据技术,制造企业可以构建一个灵活的供应链网络,能够根据市场需求和物流状况自适应调整生产计划和物流安排。

（2）生产与运输自动化。不仅限于生产线上的自动化机器人,还包括物流仓库中的自动化搬运机器人、用于货物装卸的无人机和自动驾驶车辆。

（3）边缘计算。在数据产生地（如工厂和物流中心）进行数据处理,可以减少数据传输时间,提高数据处理速度和系统响应速度,尤其适合对实时性要求高的场景。

四、交通与商务融合

交通与商务融合推动经济增长,促进市场扩展和商业活动的高效进行,提升企业的运营效率,为企业创造更多的增长机会,同时增强城市的经济活力。

（一）发展目标

交通与商务融合的发展目标是,通过创新的交通解决方案和技术,提升商务活动的效率,促进商务活动的全球化和可持续性。

（1）提升商务活动效率。利用高效的交通网络和物流系统,减少商务活动中的时间和成本消耗,提高整体商业运作的效率。

（2）增强商务旅行的便捷性。通过改善交通基础设施和提供高质量的商旅服务,以及技术创新和服务整合,显著提升商务出行的效率、便捷性和舒适度,同时享受到高标准的出行服务。

（3）促进区域经济一体化与全球化。通过交通网络的优化,促进不同城市和地区之间的经济联系,推动区域经济一体化发展,同时通过改善国际交通连接和物流服务,支持企业进入全球市场,拓展国际业务,增强跨国运营能力。

（4）支持电子商务和数字贸易的发展。借助先进的物流和配送技术,支持电子商务快速发展,为消费者提供更快捷、可靠的在线购物体验。

（二）实现途径

交通与商务融合的实现途径大致有以下几种:

（1）多方式交通系统融合与多方式交通枢纽建设。提供一站式服务,结合不同交通方式（如地铁、公交、出租汽车和共享单车）解决商务出行需求。完善交通枢纽的配套设施,如停车场、物流中心、商业服务区等,增强枢纽的综合功能。

（2）交通与商业一体化发展。采用以公共交通为导向的开发（Transit-Oriented Development, TOD）模式,在交通枢纽周边进行高密度开发,促进公共交通和商业区的一体化发展,提供优质服务,提升商务出行的整体体验。

（3）交通基础设施的改善与拓展。提升机场、火车站、地铁等公共交通设施的商务服务功能，增强对偏远地区和新兴商业中心的交通连接。

（4）扩展共享经济在商务出行中的应用。推广共享交通工具和服务，如共享汽车、共享办公空间等，提供更加灵活和成本效益更高的商务出行选项，满足不同商务场景下的需求。

（三）关键技术

在交通与商务融合的过程中，除了智能技术的应用，管理和策略层面的技术和方法也扮演着至关重要的角色，这方面包括：

（1）多模式交通集成管理。开发和应用跨模式（如陆运、空运、海运）的交通管理系统，通过优化调度和资源配置，实现不同交通方式的无缝衔接，为商务活动提供多样化和高效率的出行选择。

（2）共享经济平台。通过技术平台，个人和企业可以共享交通资源（如车辆共享、货运共享），这不仅优化了资源使用，还创造了新的商业模式和服务。

（3）灵活的供应链管理技术。采用先进的供应链管理软件和策略，实现供应链的实时监控、动态优化和快速响应。这不仅提高了商务活动的效率，也增强了面对市场变化和突发事件时的适应能力。

（4）智能城市与物联网的整合。随着智慧城市概念的推广，交通、服务和设施的更深度物联网整合将为商务出行者提供一个更加互联、智能和高效的环境。

（5）政府管理。政府还应推动信息技术的应用和数据共享，促进交通与商务的智能化和数字化发展。通过建立统一的数据标准和平台，实现不同部门和企业间的信息互通，提升商务活动的便利程度和市场透明度。

第三节
产城融合

城市没有产业支撑，即使再漂亮，也是空城；产业没有城市依托，即使再高端，也是空转。交通在枢纽、高铁、临空、城市发展等诸多产城融合领域发挥着重要作用，但仍有较大提升空间。本节以产城融合为对象，从枢纽经济、高铁经济、临空经济、交通与城市融合等方面分别阐述发展愿景、实现途径、关键技术，以探索新质生产力指引下的产城融合发展路径。

一、枢纽经济

枢纽经济是指以交通运输、物流等为核心依托，辐射带动周边产业发展的经济形态，其发展可以促进产业升级、优化城市空间结构、提高城市综合竞争力，推动城市产城融合进程。枢纽经济是新经济、新业态的典型代表，具有经济外溢性、资源集聚性和产业融合性等多重优势，在建设全国统一大市场背景下成为各地竞相培育发展的增长点和新动能。

（一）发展愿景

（1）打造现代化交通枢纽。建设现代化、智能化的交通枢纽，提高运输效率和服务水平，为城市产业发展提供便利条件。

（2）优化城市空间布局。通过发展枢纽经济，优化城市空间结构，形成合理的城市发展格局，提高土地利用效率。

（3）促进产业升级。枢纽经济的发展将带动周边产业的升级，推动产业结构优化，提高产业附加值。

（4）提高城市综合竞争力。发展枢纽经济将提高城市的综合交通运输能力和产业发展水平，增强城市的综合竞争力。

（二）实现途径

（1）加强枢纽基础设施建设。建设现代化、智能化的交通枢纽设施，包括机场、港口、铁路车站等，提高运输效率和服务水平。

（2）优化交通网络布局。优化交通网络布局，提高城市交通运输效率，减少交通拥堵，改善城市交通环境。

（3）促进产业集聚发展。引导产业向交通枢纽周边集聚，形成产业集聚效应，推动产业升级和优化。

（三）关键技术

（1）交通运输智能化技术。应用智能化技术，以提高交通运输系统的管理水平和运营效率。例如：交通管理系统可以利用 AI 技术来预测交通拥堵情况，从而及时调整交通信号灯的时间，缓解交通拥堵，减少等待时间。

（2）物流信息化技术。发展物流信息化技术，实现物流信息的实时监控和管理，提高物流运输效率。例如：电商企业在物流配送过程中通过信息化手段实现订单的自动化处理、货物的自动化分拣、仓储的自动化管理、配送的自动化调度，从而提高物流配送效率，优化物流配送方案，降低物流成本。

（3）城市交通网络优化技术。优化城市交通网络布局，提高交通运输效率，减少交通拥堵。其中，交通需求分析与交通网络优化的定量化模型体系、交通网络布局规划与建设过程优化的定量化分析方法和布局规划方案、优化建设方案的定量化评价技术是交通网络优化定量化仿真技术的三大技术瓶颈。

（4）产业集聚发展技术。利用产业集聚理论和技术，引导产业向交通枢纽周边集聚，形成产业集聚效应。例如：四川省成都市发挥"双机场双枢纽"门户优势和向西向南开放前沿区位优势，推动产业集聚发展。

二、高铁经济

高铁作为一种快速、便捷、安全的交通方式，可以有效促进城市之间的联系与互动，推动城市产业发展，优化城市空间结构，提升城市综合竞争力，实现产城融合。得益于显性知识与隐性知识的互补关系，以互联网为代表的信息基础设施进一步增强了高铁的经济影响力；高铁在促进经济高质量发展的同时，也有利于实现区域均衡发展。

（一）发展愿景

（1）构建高效便捷的交通网络。通过高铁建设，构建起城市间高效便捷的交通网络，缩短城市间的距离，促进城市间的联系与合作。

（2）优化城市空间布局。高铁沿线城市将更具发展吸引力，有助于优化城市空间结构，促进城市产业升级与城市功能区域优化。

（3）促进产业升级。高铁带动了周边产业的发展，推动产业向高端、绿色化方向升级，提高产业附加值。

（4）提升城市形象和吸引力。高铁带动城市经济快速发展，提升了城市的国际形象和吸引力，有利于吸引更多的人才和资金。

（二）实现途径

（1）加强高铁基础设施建设。建设现代化、高效率的高铁线路和车站，提高高铁运输的便捷性和舒适性。

（2）优化高铁运营管理。优化高铁运营管理模式，提高高铁运输效率和服务水平。

（3）推动周边产业发展。高铁带动了周边产业的发展，政府可以制定相关政策，引导和扶持周边产业，促进产业升级。

（4）打造高铁沿线城市群。高铁沿线城市可以加强合作，共同打造高铁沿线城市群，形成区域经济合作共赢的局面。

（三）关键技术

（1）高铁技术。高铁技术包括高铁线路建设技术、高铁列车制造技术等，保证高铁运输的安全、快速和舒适。例如："复兴号"样车研制成功后长达 60 多万公里的一次试验中出现了 300 微秒的通信中断故障，总体技术及核心系统研发团队找了整整 7 天，才捕捉到这个故障背后的原因。

（2）信息化技术。应用信息化技术提高高铁运输的管理水平和运营效率。例如：安全生产监管信息化工程（一期）国家铁路局建设项目被列为 2023 年铁路重大科技创新成果拟入库成果(铁路科技项目)。

（3）智能化技术。应用智能化技术提高高铁设施和服务的智能化水平，提高运输效率和安全性。例如：2020 年 6 月 22 日，世界首台千吨级高铁箱梁运架一体机"昆仑号"在福厦高铁湄洲湾跨海大桥的施工现场实现了完美"首秀"，长 40 米、重 1000 吨的箱梁如搭积木一般精准落在桥梁间。

（4）绿色环保技术。开发高铁的绿色环保技术，减少高铁对环境的影响，推动绿色发展。例如："复兴号"CR200J-C 通过采用轻量化设计、优化空气动力学外形、提高牵引系统效率等手段，显著降低单位运输能耗，为减少碳排放作出积极贡献。

三、临空经济

临空经济是指以机场为核心，辐射带动周边产业发展的经济形态。发展临空经济可以促进机场及周边城市的经济发展，提升城市的综合竞争力，实现产城融合。临空经济在引导区域发展模式向创新驱动型转变中发挥着重要作用，以其独特的"技术-制度-产业-空间"属性，通过技术支撑、制度安排、产业延伸、空间极核等新的范式结构，为区域创新发展提供跃升条件。

（一）发展愿景

（1）打造现代化国际机场。建设现代化、智能化的国际机场，提高机场的运营效率和服务水平，使之成为城市的门户和窗口。

（2）促进航空产业发展。带动航空制造、航空物流等相关产业发展，形成完整的航空产业链，提升产业附加值。

（3）提升城市国际化水平。发展临空经济可以提升城市的国际化水平，增强城市在国际上的影响力和竞争力。

（4）优化城市空间布局。临空经济的发展将带动周边地区的产业发展，优化城市空间布局，提高土地利用效率。

（二）实现途径

（1）加强机场基础设施建设。建设现代化、智能化的机场设施，包括航站楼、跑道、停机坪等，提高机场的运营效率和服务水平。

（2）积极发展航空产业。引进航空制造、航空物流等相关产业，形成完整的航空产业链，推动产业升级和优化。

（3）打造临空经济示范区。在机场周边打造临空经济示范区，吸引高端产业和人才集聚，形成产城融合的发展模式。

（4）推动交通联动发展。发展多式联运，将机场与铁路、公路等交通方式有机结合，提高交通运输效率。

（三）关键技术

（1）航空运输技术。航空运输技术包括飞机设计与制造技术、航空物流技术等，提高航空运输效率和安全性。例如：东航物流无人仓配系统项目引入自动叉车＋激光导航技术，使用动力更强的举升堆垛式自动导引车辆（AGV）自动叉车机器人进行搬运，利用同步定位与建图（SLAM）激光导航系统，对物流仓库进行自动路径规划，实现智慧仓储的全程无人化操作。

（2）信息化技术。应用信息化技术提高机场管理和航空物流管理水平，提高运输效率。例如：河南省郑州机场航空电子货运信息服务平台以机场为中心，联通航司、货代、海关、报关企业、货车公司等航空物流产业链上下游企业，解决了行业长期存在的重复填报、多头申报等痛点问题，提升了郑州新郑国际机场航空货运信息流转和共享效率，降低了航空公司在郑州新郑国际机场运单传输成本。

（3）智能化技术。应用智能化技术提高机场设施和服务的智能化水平，提升用户体验。例如：广东省惠州平潭机场实现了机场一体化管理平台、机场协同决策（A-CDM）系统、地理信息系统、智能安防平台、进港行李装卸可视化系统、线上失物招领系统等近 20 个技术项目的应用，优化了业务流程，提升了旅客出行体验和员工办公体验。

（4）绿色环保技术。开发机场的绿色环保技术，降低机场对环境的影响，推动绿色发展。例如：浙江省杭州萧山国际机场货站屋面 2.4 万平方米的分布式光伏发电项目通过光伏电板将清洁的太阳能转化为电能，其中，装机容量 2.3 兆瓦，预计年发电量 307.8 万千瓦时、日均发电量 8500 千瓦时，每年可节约煤炭 1231.1 吨，减少二氧化碳排放 3225.5 吨。

四、低空经济

低空经济是以各种有人驾驶和无人驾驶航空器的各类低空飞行活动为牵引,辐射带动相关领域融合发展的综合性经济形态,涉及物流运输、城市交通、农林植保、应急救援、体育休闲、文化旅游等领域,同时也涉及高端制造、人工智能等行业,具有服务领域广、产业链条长、业态多元等特点,是前景广阔的战略性新兴产业,也是新质生产力的典型代表。积极稳妥推动低空经济发展意义重大、前景光明。2024年全国两会,"低空经济"被写入政府工作报告,明确将其作为新兴产业和未来产业,打造新增长引擎。随着供给侧飞行器与各种产业形态加快融合,"低空经济+"将可能成为社会生产和人民生活的基本内容。

（一）发展愿景

（1）无人机配送提升物流效率。建立高效智能的"空中快递""空中配送"网络,打造全链条、全流程、全场景无人配送服务网络,重构快递行业、配送行业新生态,在提高物流配送效率、降低配送成本上增效提质。

（2）打造低空经济先进产业集群。充分发挥政府和市场双轮驱动的作用,实现产业链就近集约集聚发展和配套基础设施的合理布局,促进城市经济结构转型升级。

（3）打造低空经济生态体系。有效形成低空经济领域良好的政策生态、技术生态、市场生态、资本生态等,为低空消费注入新动力,助力消费转型升级。

（4）助力智慧城市建设。低空经济产业,特别是无人机产业向智慧城市、智慧巡检、应急、安防、物流等领域延伸,为城市建设智慧化提升形成强劲助推力。

（二）实现途径

（1）原材料与核心零部件领域技术突破。低空经济产业链上游主要包括为低空经济提供原材料和核心零部件的企业。原材料涉及金属原材料、特种橡胶、高分子材料等，这些都是制造航空器和相关设备的基础物质。核心零部件包括但不限于芯片、电池、电机等关键组件，这些零部件的质量直接影响低空飞行器的性能和安全性。这些领域的创新和关键技术突破，是发展低空经济的重要基石。

（2）低空制造、低空飞行、低空保障与综合服务保障。低空经济产业链中游是低空经济的核心部分，包括低空飞行器的制造、飞行服务、保障维护以及提供综合解决方案的企业。这一环节直接关系到低空经济的实际运作和发展，需要通过技术创新和政策机制保障，全面促进产业链高质量发展。

（3）应用场景创新。低空经济产业链下游是低空经济的应用场景，包括旅游业、物流业、巡检业等。这些行业通过低空飞行活动获取服务或创造价值，是低空经济产业链的最终输出和受益方。在技术应用的过程中，需要把握好有序发展的尺度，结合各地产业生态的实际情况和具体、扎实的场景需求，稳妥有序布局相关产业。应防止产业发展"一哄而上"，同时又要有效避免行业发展"一哄而散"。低空经济的培育需要一个较长的周期，从技术引进、示范应用到产业生态培育，都需要系统谋划，做好规范有序的"最先一公里"，才能实现行业的可持续发展。

（4）建设国家低空经济产业综合示范区。这是贯彻落实中央经济工作会议精神，推动低空经济发展，加快形成新质生产力的重要举措。通过开展低空物流、城市空中交通等研究试点，丰富拓展低空应用场景，构建低空规章标准体系，加强数字化网络平台建设和低空服务基

础设施建设，不断探索城市空中交通低空载人运输新场景，完善低空
经济产业发展顶层设计、协同机制和政策举措。

（三）关键技术

（1）低空飞行技术。低空飞行技术是低空经济的核心技术。低空
航空器包括垂直起降航空器、小型飞机和各种无人机。其中，电动垂
直起降（eVTOL）航空器是当前重点研发推广的技术项目之一。全球
已有 300 余家企业设计了约 700 种电动垂直起降航空器，飞机制造企
业、汽车企业都在积极介入这一领域。客运型电动垂直起降航空器已
处于产品认证与适航审批阶段。

（2）无人机智能化导航与控制技术。该技术是无人机技术的核心，
通过集成导航传感器［如 GPS、惯性测量单元（IMU）等］，无人机能
够确定自身的位置、速度和方向，并通过控制系统实现自主飞行和避
障。既要兼顾飞行速度，又要遵从空域规则安全飞行，同时还要考虑
无人机自身特点等因素，因此，需要通过不断的技术研究创新与突破，
才能实现更加高效、安全、稳定的飞行。

（3）低空空域智能管理。低空飞行器数量的增加将带来空中交通
管理的挑战，包括碰撞风险、空中拥堵等问题。传统的空中交通管理
系统难以应对复杂的低空飞行器交通状况，需要综合利用 5G 技术和
大数据、人工智能技术等，实现对低空飞行器的大范围智能化空中交
通管理，有效避免碰撞风险，提高低空飞行器的空中交通安全性和低
空空域管理的效能。

（4）无人机协同载重运输技术。当自然灾害等紧急事件发生，公
路、铁路中断，陆路无法运输物资，直升机空运运输难度大且成本高
时，引入无人机运输是破解上述难题的办法。同时，该技术在城市常
规运行、应急保障当中，有望发挥更大作用。要实现该技术的突破，

需要攻克无人机协同载荷能力综合研究以及复杂多约束下的分布式协同控制技术两大关键技术。

五、交通与城市融合

交通与城市融合是指通过优化交通体系，促进城市空间结构优化和产业结构升级，实现交通运输系统与城市的协同发展。例如：能源和交通作为城市碳减排的重点领域、城市"生命线"工程的重要组成部分，融合发展对于城市绿色低碳、安全韧性建设具有重要价值。在这一背景下，产城融合将更加紧密，城市与交通之间的关系将更加密切。

（一）发展愿景

（1）构建高效便捷的交通体系。优化交通网络布局，建设快速、便捷、安全的交通系统，提高城市交通运输效率。

（2）优化城市空间布局。通过交通与城市融合，实现城市空间结构优化，形成合理的城市发展格局，提高土地利用效率。

（3）促进产业升级。交通与城市的融合将带动周边产业的发展，促进产业优化升级，推动经济持续健康发展。

（4）提升城市生活品质。通过优化交通系统，改善城市环境，提升城市居民的生活品质和幸福感。

（二）实现途径

（1）推动 TOD 模式。TOD 是一种以交通枢纽为中心，建设住宅、商业和办公等功能区域，促进公共交通和非机动车出行的发展模式。发展 TOD 模式，可以实现交通与城市的有机融合，提高城市居民出行效率。

（2）推动绿色物流发展。发展绿色物流，推动物流行业向低碳、环保方向发展，减少对环境的影响，提高物流效率。

（3）优化交通规划。制定科学合理的交通规划，优化交通网络布局，提高交通运输效率，减少交通拥堵。

（4）加强交通基础设施建设。加强道路、桥梁、交通枢纽等交通基础设施建设，提高交通运输的便捷性和舒适性。

（三）关键技术

（1）智能交通技术。应用智能交通技术，提高交通系统的智能化水平，优化交通运输组织和管理。例如：新加坡政府实施电子道路收费系统后，每天进入繁华路段交通控制区的交通流量减少了 20%～24%，行车速度明显提高。

（2）绿色交通技术。发展绿色交通技术，推动交通运输向低碳、环保方向发展，减少对环境的影响。例如：交通运输部创建辽宁等 4个绿色交通省、北京等 27 个绿色交通城市，在交通运输行业广泛推广应用温拌沥青和沥青路面冷再生技术、车辆和船舶天然气动力技术、船舶岸电技术、集装箱码头轮胎式集装箱门式起重机（RTG）油改电技术、港口机械节能技术等 40 多项节能减排技术。

（3）信息化技术。应用信息化技术实现交通信息的实时监控和管理，提高交通运输效率。例如：杭州市政府联合 13 家企业为城市安装了一个城市数据大脑，基于摄像头数据指挥交通信号灯，从道路、桥梁、路段、路网到当前的交通状况以及人群的流动走向，整个城市交通状况可以通过视频、基站、手机获得。

（4）交通规划技术。优化交通规划，制定科学合理的交通发展规划，提高交通运输效率和服务水平。例如：《"十四五"现代综合交通运输体系发展规划》指出要"加强大城市微循环和支路网建设，优化快速、主干、次干、支路比例，加快城市支路街巷建设改造和畸形交叉口改造，分类分区优化停车设施供给，提高停车资源利用效率和精细化服务水平，加强资源共享和错时开放"。

第四节
智能高效

提高交通智能化水平，是提高交通运输系统效率、安全和服务水平的关键。充分运用交通大数据、移动互联、云计算、人工智能等信息技术，实现这些技术的深度应用和跨界融合，是实现新质生产力促进交通发展的关键切入点和抓手之一，将搭起迈向世界交通强国的坚实阶梯，铺平通往社会主义现代化强国、实现第二个百年奋斗目标的宽阔道路。

一、以问题为导向提升交通系统智能化水平

（一）交通智能化的发展目标

要建设安全、便捷、高效、绿色、经济、包容、韧性的可持续交通体系，交通的智能化是实现上述目标的关键突破点之一。交通强国的总体目标是人民满意、保障有力、世界前列。智能交通的发展目标是总体达到世界先进水平，在城市智能交通管理等部分领域实现世界领先。交通智能化当前阶段的关键是要具有实时分析、态势研判、安全预警、拥堵预警、优化交通组织、实时信息服务等功能，通过信息整合、系统集成、业务联动，进入自我进化的智能化新境界。交通的

智能化不但会全面提升交通运输系统的效率和服务水平，也将成为社会经济发展的新动能。

根据交通强国战略与《加快建设交通强国五年行动计划（2023—2027 年)》部署，推动铁路系统智能化改造升级，推行下一代列车控制、智能行车调度指挥系统应用；实施公路数字化建设升级，在数字化公路设计施工、养护保通、运营服务的基础上进行智能化升级；以智能化港口建设为点，以智能化航道建设为线，带动自动化集装箱码头、船闸调度、航道建设、管理、养护等水运系统全面智能化；推进智慧民航建设，国内航班实现托运行李全流程跟踪，千万级机场全面支持以二代身份证为主的"一证（码）通行"全流程服务。

在技术发展方面实施智能交通先导应用试点工程，在自动驾驶、车路协同、智能交通管理系统、智能建设养护系统等领域组织先导应用试点项目。

在人员出行方面，基于智能交通技术，通过智能公交系统、智能停车系统、智能枢纽系统与智能导航系统建立高效、便捷、一站式智能客运服务，大幅度提高客运服务水平，实现"门到门"的一站式高效便捷服务。

在货物运输方面，建立全程"一次委托"、运单"一单到底"、结算"一次收取"的智能服务方式，各种交通运输方式之间的衔接更加顺畅；支持推广无人车、无人运输机和无人仓库建设，完善仓储、运输、配送等货物运输环节数字化、信息化、智能化基础设施建设，提升运行效率和安全水平，形成"门到门"一站式智能货运服务。

（二）提高交通系统智能化水平的总体框架

实现智能交通的关键在于充分使用人工智能、云计算、大数据、大模型和数据编织等新质生产力工具，实现交通资源与交通流量的优化分配，降低车辆空驶率，优化交通能源结构，大幅度提高出行效率，减少资源浪费，以降低能源消耗和减少环境污染；通过实时交通数据预警潜在的危险，并通过智能导航、辅助驾驶与交通信号智能控制等手段，将危险尽可能遏制在萌芽状态，以减少交通事故发生的概率，提高安全性。

发展智能交通系统要坚持问题导向、目标导向和功能导向，需要在战略规划层面基于新质生产力做好智能交通系统发展的顶层设计，在软硬件技术层面实现智能管理与实时交通信息采集深度融合、智能协同，在政策引领层面设立明确的阶段目标与中长期发展目标，构建一个统一的智能交通系统架构、一个统一的智能交通标准体系。

首先，从战略规划层面：车路协同是系统性地将技术与政策、法规结合发展形成的智能交通整体框架。从车辆自动化、智能网联化和系统集成化三个维度构建系统，是实现智能、高效交通的纲领性指导思想和重要实现途径。

其次，从软硬件技术层面：软件层面，构建智能出行服务系统和综合运输智能化管理系统，如智能民航系统、智能港口系统、智能铁路系统、智能公路系统、智能导航软件等信息化、智能化交通出行服务平台，为交通信息实时处理、交通态势分析、安全预警、拥堵预警和信息服务提供技术保障，是实现交通高效、科学决策与组织的重要途径；硬件层面，激光雷达、毫米波雷达、路侧摄像头等智能感知设备和卫星定位芯片是提供交通实时数据的物质保障，5G、6G 通信基站是信息传递与系统互联的保障。软硬件共同协作是智能、高效交通的基本物质保障和重要实现途径。

最后，从政策引领层面：实现智能交通的政策途径涵盖制定政策法规的制定、采取支持措施、促进相关产业发展、加强交通综合治理以及建设智慧城市基础设施等多个方面。完善智能交通领域法律法规，统一相关规范标准，创新智能交通建设发展机制，加强各相关政府部门、企业协调，加强智能交通行业监管，营造公平、良好的市场竞争环境是智能、高效交通健康发展的政策保障和重要实现途径。

（三）提升交通系统智能化水平的关键技术

智能交通产业涉及面广、产业链长、跨界融合特征突出，从其特征来看，具有明显的数据驱动与高度智能化、自动化特征，其建设需要依托于物联网、云计算、大数据、人工智能等新技术，而这些新技术的应用和集成需要面临网络通信的稳定性、传感器的精度和可靠性、数据的采集和处理、算法的设计与优化等技术难题。提升交通系统智能化水平的关键技术有以下几个方面：

1. 软硬件技术

硬件和软件是智能交通发展的关键技术和物质保障。

从硬件层面看，芯片是新质生产力应用于智能交通建设的关键硬件技术。交通信息感知、采集与通信是智能交通系统的核心硬件功能，相关智能芯片的算力直接决定了这些核心功能的能力上限，且相关智能芯片的成本直接决定了这些硬件的市场接受度与普及程度。

从软件层面看，人工智能是新质生产力应用于智能交通建设的关键软件技术。由于交通数据量大、数据类型多、实时性要求高，大数据处理和分析需要依靠云计算与人工智能才能实现高响应度的信息分析处理与决策控制。因此，在人工智能领域，应加强机器学习、大模型等人工智能训练模型建设，持续优化算法，提高人工智能工作效率与准确性。

2. 数据安全与数据共享

安全的数据共享是智能交通系统运行的基石与灵魂。智能交通系统需要收集大量的交通数据进行分析处理和智能决策，但如何在保障数据安全和隐私的前提下，实现数据的开放共享和有效利用，是一个需要解决的难题。

因此，应通过数据加密、访问控制等技术手段保障数据的安全性；制定严格的数据管理制度和隐私保护政策，明确数据的收集、使用、存储和销毁等流程；加强网络安全防护，防止网络攻击和数据泄露等事件的发生；在此基础上打通数据共享的各个环节，消除"信息孤岛"，以充分发挥数字基建的效能。

二、基于智能化的高效交通系统

随着中国城市化进程的加速和经济的快速发展，人口流动和货物运输量都在快速增长。城市规模的扩大、产业结构的升级、人民生活水平的提高，都对交通系统的运载能力和服务质量提出了更高的要求。特别是在一些大城市和城市群，交通拥堵和出行不便已经成为制约城市发展的重要因素。因此，提高交通的高效性，有助于缓解交通压力、提升城市运行效率。

（一）高效交通发展愿景

智能交通是提高交通效率和交通服务水平的关键抓手。未来，在智能交通的支持下，各种先进技术应用将使交通变得更加智能化和现代化，从而助力破解交通难题，实现更高效率的交通服务。

1.建设高效出行服务平台

以交通智能化为基础架构，以高精地图、导航定位等产业为支撑，融合信息安全、大数据、人工智能等关键技术，面向交通参与者提供安全、高效的出行服务，为用户提供具有出行路径规划、出行方式选择、出行配套服务、"点对点"出行服务、按需出行的一体化出行解决方案；

建设高效顺畅的现代流通体系和国际物流供应链体系，促进线上线下融合发展，建立全程"一次委托"、运单"一单到底"、结算"一次收取"的智能服务方式，以提高运输效率、降低物流成本。

2.建设高效交通运营系统

通过智慧感知、车路协同等应用系统，利用大数据筛分功能，对公路路段车流量，水运航线航段客运、货运量，民航机场旅客、货物中转量等情况进行统计分析，对历史和实时数据进行充分挖掘，为公路、铁路和民航运营管理单位在运、管、养等方面实现精细化运营提供决策辅助和高效服务。

3.建设高效交通管控机制

依靠智能技术提供的强大算力与先进算法，强化具有分析研判、预测预报、方案优化与自动生成和自我进化能力的管理控制系统和决策支持系统，在交通规划、管理和政策制定过程中提供高效的决策辅助。与高速公路交警、路政执法系统互联互通，数据共享业务联动，实现事件处置"秒级感知、分钟级响应"，为执法者在道路施工管控、超限超载追踪、交通事故处理、交通安全预警、交通疏导等方面提供信息支撑，并在管制建议、违法取证、事故回溯方面提供精准依据，提升"一路多方"协同应急处置效能。

（二）实现高效交通的动力机制与创新路径

1.顶层设计

提高交通效率，要加强交通领域的顶层设计，构建以创新为驱动力的发展生态，制定涵盖公路、铁路、水运、民航及城市公交、轨道等交通领域的科技创新规划，面向综合交通运输发展，有效整合和协调大交通行业人才、技术、资金、平台等创新要素，强化基础研究、互联互通标准制定和共性重大技术攻关。

2. 政策引领

一方面，推动智能交通与《中华人民共和国道路交通安全法》等现有法律法规及实施条例有机融合，赋予智能驾驶等智能交通子系统合法地位，增强数据网络安全方面的强制性法律法规建设，将自动驾驶汽车产品纳入强制保险范围，分散相关主体风险。

另一方面，保持政策稳定性，避免政策的调整可能对企业前期大量的研发投入带来的风险，持续引导、鼓励企业参与车路协同的公共道路测试，为商业化运营打下基础。推动智能交通与相关产业的融合发展，如与汽车制造、电子信息、通信等产业的深度融合，形成产业链协同效应，提升整体竞争力。

3. 人才培养

建立健全人工智能相关人才培养体系，加强与国际先进企业和研究机构的合作，举办国际交流活动，推动人工智能领域的国际交流与合作，参与国际人工智能标准和规范的制定，推动全球人工智能产业的协同发展。充分融合智能化与网联化技术路线，在提升关键系统技术水平的同时，发挥系统整合的优势，提高智能交通整体表现。

（三）交通高效性提升的关键技术

交通高效性提升的关键技术主要包括以下方面：

（1）智能交通系统。利用先进的信息通信技术，实现交通信号的自适应和优化，提高交通流畅度和减少拥堵。通过智能车辆识别技术，可以提高交通管理的效能，优化交通资源分配。

（2）交通大数据分析。通过大数据分析技术，可以获取交通流量、拥堵情况、事故发生率等关键信息，从而优化交通设施规划和管理。利用这些数据，可以实现交通拥堵预测、交通事故预警等功能，提高城市交通设施的效能。

（3）交通模型与仿真技术。通过建立交通网络模型和仿真，可以模拟交通流动，预测交通拥堵状况，进而优化交通信号控制策略，提高交通运输效率。

（4）智能信号灯控制技术。通过实时监测道路交通流量，智能信号灯可以自动调整信号灯的时长和转换时机，从而有效缓解拥堵、提高交通运输效率。

（5）车辆识别与跟踪技术。利用车牌识别、车辆检测等技术，实时监控道路上的车辆，实现车辆流量统计、违规监测、安全预警等功能。

（6）路网优化技术。通过交通流动分析和算法优化，可以优化道路布局、道路容量等方案，提高交通运输效率和通行能力。

（7）自动驾驶汽车技术。无人驾驶汽车可以实现自动避让、自动调度、路径规划等服务，也可以减少交通堵塞，提高城市交通效率。

这些关键技术通过各自的功能和优势，共同推动交通高效性的提升，为构建安全、便捷、环保、智能的交通系统提供有力支持。

第五节
绿色低碳

习近平总书记指出："绿色发展是高质量发展的底色，新质生产力本身就是绿色生产力。必须加快发展方式绿色转型，助力碳达峰碳中和。"①在新质生产力的发展背景下，摒弃破坏生态环境的发展模式，

---

① 《习近平在中共中央政治局第十一次集体学习时强调　加快发展新质生产力　扎实推进高质量发展》，《人民日报》，2024年2月2日1版。

以创新为驱动推进交通运输领域经济、产业、能源结构绿色低碳转型升级，形成交通运输绿色生产力，为实现中国式现代化提供重要支撑。

一、绿色低碳交通的发展目标

根据交通强国战略，绿色低碳交通的发展目标是构建"结构合理、集约高效、节能环保、以人为本"的绿色综合交通运输体系，提高资源利用效率，实现交通发展全环节全生命周期的绿色化，使得中国绿色交通发展进入世界交通强国前列，成为世界绿色交通发展的样板和示范。结合新质生产力的发展方向，要在交通运输产业链上部署创新链，着力培育更多新质生产力。以科技创新引领现代化产业体系建设，培育壮大新兴产业，推动交通运输业迈向高端化、智能化、绿色化。

绿色低碳交通必须充分考虑社会、经济、能源及环境"四位一体"的可行性。社会方面，需要交通发展实现"以人为本"的顺畅运行，以社会资源公平利用为目的，尽可能满足全社会的需求；经济方面，要最大程度地降低成本，同时提高交通运输的效率；能源的可行性体现在集约利用资源、新能源以及清洁能源的使用方面，满足资源可持续利用的要求，实现以最小的资源代价满足和维持交通需求；环境的可行性要求鼓励居民少用私人汽车而转向公共交通，从而有效减少机动车噪声和废气的排放，在交通领域实施节能减排，达到降低碳排放、改善城市环境的目的。

二、绿色低碳交通的战略重点

大力发展绿色低碳交通功在当代、利在千秋，既为加强生态环保工作、畅通绿色出行"添力"，又为激发城市空间活力、推动经济社会发展"提速"。绿色低碳交通既是新质生产力背景下的发展要求，也是交通系统规划建设的指导思想和原则。一方面，要培育壮大交通运输新兴产业，布局建设综合交通运输体系。围绕新一代信息技术、新能源、新材料等领域和未来制造、未来材料、未来能源等产业，努力实现交通运输在新领域新赛道实现跨越式发展。另一方面，传统产业不等同于落后产业，强调培育和壮大战略性新兴产业也不是简单地抛弃传统产业，而是要加快传统交通运输领域的转型升级，推动其实现智能化、绿色化、高端化发展。

为了实现提高交通效率、降低资源消耗、促进环境友好、节省建设维护费用等目标，要实现规划、建设、运营、管理和政策保证等全环节、全生命周期贯彻绿色低碳发展，落实绿色规划引领、绿色设施支撑、绿色方式主导、绿色工具主体、绿色管理保障的"五绿"交通发展战略。使交通运输的发展建立在高效利用资源、严格保护生态环境、有效控制温室气体排放的基础上，建立健全全过程绿色低碳循环发展的经济体系，助力实现碳达峰、碳中和目标，推动中国绿色发展迈上新台阶。

（一）以绿色规划为引领

通过绿色规划引领，对全环节、全生命周期的综合交通绿色发展进行规划。中国交通高质量发展过程中规划起到了"龙头"的作用，通过规划实现对资源的集约利用，有利于最大限度地保护环境、减少浪费和排放，实现交通绿色发展。

做好各种运输方式的一体化规划，合理配置交通资源，集约使用土地、岸线和水域等资源，形成节约集约利用资源的绿色交通发展模式，实现交通建设用料循环利用，减少生态冲击，降低环境影响。

（二）以绿色交通方式为主导

抓住调整交通结构这一关键，提高绿色交通分担率。依托新质生产力优化运输结构，提高绿色交通分担率，构建以绿色交通方式为主导的综合交通运输体系是绿色交通发展的核心任务。根据需求特性、各方式技术经济特性，因地制宜，充分发挥各种运输方式的比较优势，形成各种运输方式分工合理、优势互补、协调发展的综合运输体系。

（三）以绿色交通装备为主体

全面推进绿色交通装备研发与应用，实现以绿色交通装备为主体的目标。交通装备的绿色化、清洁化是实现交通节能减排的重要举措，也是绿色交通发展的重要任务之一。主要措施：一是要推动各方式领域运输装备节能、减排等相关技术的研发及应用，加速更新老旧和高能耗、高排放交通工具；制定各方式领域节能减排标准，完善各领域运输装备的市场准入和退出机制。二是要支持和鼓励清洁能源交通装备技术研究、推广使用，优化交通能源结构，如鼓励电动车、氢能源货车等的发展。三是推动绿色工具应用。鼓励绿色交通工具应用，为广泛应用提供基础条件和环境政策。如采取制定经济补偿、规范使用、加强监管执法等措施，促进以新能源为代表的运输工具绿色化。

（四）以绿色基础设施为支撑

扎实推进基础设施的绿色建设、运维和使用。绿色交通基础设施网络体系建设要全面贯彻集约高效、节能减排、生态保护、自然和谐的绿色发展理念，重点体现在两方面：一是在交通基础设施规划设计方面，要实现各种交通方式的无缝衔接、零距离换乘换装；二是在交通基础设施的建设、管理养护方面，要实现绿色建设、绿色使用和绿色养护等目标。

（五）以绿色交通组织管理为保障

科学合理组织管理绿色交通，推广多式联运、共同配送等高效、便捷、先进的物流组织模式，提高交通运输效率，节约能源资源，降低运输成本。提高货运信息化水平，打造精准、快速、高效的运输管理模式，实现精准调度和实时配置，降低货车空驶率；通过共享模式，促进交通资源的充分利用，实现提高交通运输效率、节约能源资源、降低运输成本的目的。

三、绿色低碳交通的关键技术

以绿色发展为底色，将高质量发展贯穿于交通运输发展全过程，通过先进的技术改造和设备升级，实现建设过程清洁化、资源利用循环化、能源消费低碳化、服务供给绿色化、运输结构合理化，持续提升交通运输全要素生产率，形成具有国际竞争力的绿色生产力。要以科技创新推动产业创新，特别是以颠覆性技术和前沿技术催生新产业、新模式、新动能，以发展新质生产力作为中国能源绿色低碳转型、保障能源安全的关键路径。通过关键技术的研发，中国能够有效应对经济发展与环境约束的双重挑战，为交通运输绿色低碳发展贡献中国方案。

（1）能耗排放精准监测技术。精准掌握能耗和排放是精准节能减排的基础。统筹既有监测能力，利用在线监测系统及大数据技术，建设监测评估系统，不仅能够帮助规划者和决策者评估交通项目的环境影响，优化交通系统设计，还能够监控和管理交通工具的能源使用，优化交通运输系统碳排放。此外，强化绿色交通评估和监管，依托交通运输行业信用体系建设，强化绿色交通监管能力，根据监测和评估结果，及时调整策略和计划，以应对新的挑战和机遇。

（2）清洁能源交通装备研发与应用。交通装备的绿色化、清洁化是实现交通节能减排的重要举措，也是绿色交通发展的重要任务之一。一方面，推动各方式领域运输装备节能、减排等相关技术的研发与应用，加速更新老旧和高能耗、高排放交通工具；制定各方式领域节能减排标准，完善各领域运输装备的市场准入和退出机制。另一方面，优化交通能源结构，支持和鼓励清洁能源交通装备技术研究、推广使用，推动新能源汽车"换道超车"。此外，构建市场导向的绿色技术创新体系，注重交通装备降噪、减振技术的研发与应用。支持新能源运输装备和设施设备、氢燃料动力车辆及船舶、LNG 和生物质燃料船舶等应用研究。

（3）推动交通方式转型升级，构建绿色交通主导的综合交通运输体系。重视传统交通产业绿色转型升级，推动向智能化、绿色化、高端化发展。基于中国人口密度大、土地资源和能源紧缺、城市区域环境容量有限的实际，确立以集约化、低碳化的交通运输方式为主导的发展方向，这也是中国特色绿色交通的本质特征。考虑到目前中国交通运输领域结构性减排优势尚未发挥，优化运输结构是提升交通运输整体运行效率、节约能源、降低排放最有效的手段，也是从根本上解决交通运输生态环境问题、推动行业绿色发展的关键所在。

（4）交通污染综合防治技术。深化交通污染综合防治等关键技术研究，重点推进船舶大气污染和碳排放协同治理、港口与船舶水污染深度治理、交通能耗与污染排放监测监管等新技术、新工艺和新装备研发。推进交通廊道与基础设施生态优化、路域生态连通与生态重建、绿色建筑材料和技术等的研究。此外，针对行业环境污染排放问题，尤其是港口、船舶、营运货车等重点对象，进一步从源头控制船舶和港口污染防治以及营运货车污染排放。推进交通运输领域节能降碳更新改造，突破一批深度脱碳应用技术，加快碳捕集、利用与封存（CCUS）等减碳、负碳技术应用。

（5）交通基础设施绿色养护技术。建立科学合理的交通基础设施生态修复体系，逐步全面推进生态友好型交通基础设施建设。此外，提升交通运输环境监测智能化水平，强化交通基础设施环境保护，积极进行交通基础设施生态修复。对交通基础设施生态进行系统评估，对不符合生态要求的设施进行生态修复工程建设，落实生态补偿机制，降低交通建设造成的生态影响。

第六节
安全韧性

"安全"是交通发展的底线要求、基本要求和终极要求，而"韧性"是交通安全发展的基础，是保障"交通安全"的必然要求、内在要求和常态要求。超高的人口密度、快速的社会流动、广泛的网络连接、牵一发而动全身的生命线设施，都要求现代城市交通系统在重大突发公共事件冲击下能够保障安全。本节以安全韧性为对象，分别阐述未来发展目标、关键技术，探索新质生产力指引下的安全韧性提升路径。

一、基于智能化显著提高交通安全水平

近20年来，中国道路交通安全水平总体好转，交通事故万车死亡率下降幅度达89%，十万人口死亡率下降幅度达40%。未来，人、车、路等道路交通要素仍将持续快速增长，地区和领域发展不平衡不充分问题仍然突出，同时，新变化、新业态带来的新风险不断涌现，传统问题和新型矛盾交织叠加，交通安全管理工作面临诸多新形势、新任务、新挑战。

（一）交通强国建设对交通安全发展的目标要求

根据交通强国战略，以实现"零死亡"为愿景，在新质生产力的

进一步推动下，到 2030 年，交通安全综合治理和防控体系基本建成；交通安全技术与标准体系进一步完善，中国交通基础设施建设质量达到优质，载运工具安全技术水平大幅跃升，交通运输系统安全运行更有保障，交通安全应急救助全面提升。到 2045 年，构建适应中国经济社会发展需求的交通运输系统安全综合治理和防控体系；全面提升中国交通基础设施韧性、载运工具可靠性、交通运行控制智能化水平，形成国际领先的交通系统安全技术体系；全球范围的交通安全应急救助更加健全；"零死亡"愿景基本实现等等。

（二）提高交通安全水平的总体思路

发达国家交通安全发展经验表明，先进技术是提升交通安全的重要手段，交通管理的智能化是提高交通安全水平的利器，是破解当前交通安全问题的重要途径。同时，交通安全管理工作是一项社会化大工程，职能部门联动协调及政策措施公众参与是关键。需要全社会形成巨大合力，打造交通安全文化，从而遏制重特大事故、减少一般事故、压降死亡人数，提升人民满意度。

1. 构建完善的交通安全发展体系

构建政府主导、企业主体、全社会参与的交通安全综合治理与防控体系。政府主导依法构建治理体系，企业主体落实安全生产责任，全社会参与营造交通安全文化氛围，提升全民交通安全素养。同时，健全交通运输系统的安全标准与技术体系，从源头上、基础上、装备技术上、运行过程中、防灾减灾中、事后处置中全环节多维度保安全。

2. 加强交通系统安全科技创新

研发及应用具有主动安全智能防控功能的交通基础设施和载运装备，具备实时定位、智能视频、主动防疲劳与防碰撞、高级辅助驾驶、不良驾驶行为监控和整车安全运行监管等功能，实时掌握驾驶员驾驶行为，及时预警。

建设高效、智能化的交通安全监管和防控体系。从交通运行状态实时监测、问题诊断及智能决策、智能交通安全预防预警、交通安全对策方案智能生成、实时动态智能应急救援、交通安全大通道建设等方面，全面提高交通安全智能化水平。

3. 交通安全设施提升

中国交通领域铁路、民航安全水平较高，道路交通安全隐患大。在危险路段设置波形安全护栏和安全墙（救命墙），完善设置标准，对各城市道路交通系统进行排查，增设和完善安全护栏和防撞墙；在危险地段、弯道、无信号控制的行人过街设施前等规范设置减速带；强化科学合理的交叉路口渠化工作，重视行人过街安全岛的建设，保持良好的视距；动态完善标志标线设施，排查完善照明设施，尤其是针对事故多发易发点段。

4. 持续开展有效交通安全教育

有效的交通安全教育要求构建政府主导的社会化交通安全宣传教育机制，强化宣传阵地建设，发挥基地教育作用，突出重点群体宣传教育，增强宣传工作的针对性，创新宣传教育理念，丰富宣传形式与内容。

5. 严重交通违法行为整治

制定针对各种严重交通违法行为的整治方案；加大宣传和处罚力度，全覆盖树立正反面典型，发挥榜样力量。严重交通违法行为包括电动车违法问题（如外卖送货车辆严重交通违法）、无证驾驶、超速行驶、酒后驾驶、逆向行驶、老年代步车违法问题、摩托车违法问题等。

6. 农村交通安全体系构建

农村交通安全体系构建工程旨在完善农村交通安全管理工作机

制，提高农村交通基础设施和农村交通服务水平，进一步加强交通安全教育。

（三）提高交通安全水平的关键技术

（1）交通大数据智能感知。深化以需求为导向的交通大数据感知、获取、深度融合技术，构建多元大数据的数据采集标准，实现交通事件、事故信息、气象信息等的标准化、精准化、实时性采集，基于机理、原理分析开展多维度、多层次的交叉分析挖掘。

（2）安全风险精准预测与预警。以交通检测数据、视频监控数据、气象监测数据、手机信令数据等为基础，运用智能化技术实现交通态势动态监控、安全风险精准预测、影响范围智能分析，并及时进行多途径、多层次精准预警。

（3）交通组织方案智能生成。通过智能技术与围绕人、车、路、环境的交通安全系统对策的深度融合，实现交通组织与控制方案的智能生成，包括跨区域跨路网交通组织方案智能生成、区域协调控制、效果评估与动态调整等。

（4）一体化智能信息服务。基于大数据和"互联网+"的实时交通信息服务与精准诱导技术，为交通出行者提供多途径一体化的智能信息服务，包括实时信息动态推送、行程方案精准引导、危险信息逐级提醒、定制化增值服务等。

（5）"情指勤"一体化智能调度。借助智能化技术，构建基于交通情报分析研判的交通指挥与交通勤务一体化的可视化指挥调度平台及精准勤务系统，构建跨区域跨路网的综合交通应急事件的应急预案及处置体系，完善智能化的科学决策支撑体系，实现应急预案的智能生成与决策，加强多部门的协同作战能力，着力提升交通事故紧急救援智能调度的一体化水平。

二、基于系统工程思想提升交通韧性

当前，国内交通韧性研究与建设还处在初级阶段，主要在提升应对突发事件、极端天气以及抵御设施灾害等应变能力方面进行研究实践。2022 年印发的《"十四五"全国城市基础设施建设规划》《"十四五"公共安全与防灾减灾科技创新专项规划》，进一步提出交通韧性建设不仅应提升交通设施抵御灾害的工程韧性，同时也应增强常态和非常态下保障交通运行的系统韧性，提高居民出行效率和城市运转保障能力。

（一）韧性交通发展愿景

新质生产力是推动社会经济高质量发展最具活力和动力的影响因素，在当前新一轮科技革命和产业变革背景下，需要打造更具弹性和适应性的"韧性交通"，显著提升交通应急处置和快速恢复能力。重点提升基础设施网络、运输组织网络以及治理等方面的系统韧性，人和物全出行链、全过程服务的多样性以及可靠性，综合运用工程建设、人工智能、交通管控和运行组织等系统性全要素技术，建设具有适当冗余能力和高韧性的系统。

（二）交通韧性提升的动力机制与创新路径

韧性交通建设与提升是取决于社会全面发展的系统性工程，与地区经济能力、社会人口能力、社区参与能力有直接关系，需要从城市系统的多样性和社会生态的多元性角度思考。在交通强国建设背景下，以新质生产力为契机，基于系统工程思想，丰富韧性研究的内涵和领域，完善交通系统韧性研究的分析方法，促使交通系统建设从"重建设"到"重养护、重质量"的转变，最终实现"以人为本"的高质量发展。

1. 掌握好安全韧性的度

建立有韧性的城市交通系统是当前世界各国的战略目标。2022 年

1月，交通运输部印发《交通强国建设评价指标体系》，其中"安全"作为第一大类综合指标，包括交通运输安全性、交通系统韧性、应急响应水平和交通设施装备水平4项指标，充分发挥了评价指标体系的"标尺"和"指挥棒"作用，科学引导各地区交通运输业交通安全韧性建设的尺度和内容。

将韧性理念以及交通韧性指标定量评估纳入规划目标，在基础设施和运输组织规划中充分考虑系统的可靠性和应急能力，做好网络通行和调度能力的战略预留，重视交通运输生命线的规划，对于影响全局的关键线路和枢纽节点，应做好建设留白，保有一定的冗余度。量化评估各交通方式网络的竞合关系，通过衔接转换空间的重点管理和精细化设计协同提升交通系统的韧性。

2. 更加重视可能发生的大概率事件

目前，各种地质灾害的地面和坡体内部的监测中，位移、应力、含水率、水位、雨量等各种指标的现场自动采集、监测数据的远程无线传输等技术均已成熟，但地质灾害的预警预报还是一个国际难题。提升智能化监测预警能力与水平，将大数据、雷达和自动站等现代化科技手段与传统统计数据相结合，构建现代化监测预警平台，识别并分析灾害点的基本属性，包括分布位置、风险等级和现状情况等信息，并实现自动化监测预警，同时不断提高预警时间可靠性。

3. 提高韧性水平要以人为本

城市交通建设发展的最终目的是更好地服务于人们的合理需求。交通系统本身工程技术层面的韧性，固然非常重要，但真正的交通韧性，应当着眼于提升居民在交通出行上应对各种不确定性的能力。注意多种交通方式的多样化和均衡发展，居民在出行过程中可选择的交通方式越多，城市交通整体的系统韧性就越强，多样化的城市交通，可以更好服务差异化的交通需求，避免交通压力过度集中在某些交通方式上。

以人为本的建设思路需要更加精细化和灵活性的城市规划、设计和运营。通过合理的空间组织和功能布局，尽可能降低居民出行的强度需求。将土地大尺度、粗放式功能划分，转变为小尺度、立体性、融合性的发展思路，保证在生态环境、效率、安全、便捷等要素上的平衡。同时，注重培养人的应变能力，培育公众共识和信心。相比于基础设施系统，人自身的调节能力和潜力是非常强的。培养居民的风险意识，在交通出行中预留充足的时间，提前做好出行规划；培养居民对城市治理的信心、对绿色发展的共识。

（三）交通韧性提升的关键技术

1. 预测和风险评估技术

借助大数据，对历史灾情数据进行分析，建立自然灾害的预测模型，评估可能的风险。开发能实时更新的风险评估系统，及时反映交通环境和条件的变化。

2. 交通系统智慧化防灾减灾技术

科技赋能，提升交通系统智慧化防灾能力。通过完善轨道交通设施、长大桥梁、隧道、高风险路段等的智能安全监测设施，强化灾害信息监测与传输能力，全面提升交通设施的数字化、网联化、智能化水平，提升交通系统在应对灾害的全过程中智慧化监测、预警、响应和恢复能力。同时，建立交通系统应急管理指挥中心，推动信息互联共享，提高灾害信息智能化处理分析与决策响应水平。

3. 通信和信息共享技术

建立稳定可靠的通信网络，确保在紧急情况下信息的快速传递。建立跨部门、跨地区的信息共享平台，实现信息资源的整合，提高响应速度。

4. 自适应交通管理技术

利用先进的信息技术、通信技术、控制技术等，实现交通管理的智能化，包括智能信号控制、动态路线引导等。开发能够自适应变化的交通调度算法，优化交通流量分配，减轻拥堵，提高系统韧性。

5. 应急响应和恢复技术

制定详细的应急预案，包括应急资源的调度、疏散路线的规划等。研发能够快速恢复交通设施功能的技术、材料和设备，如自修复材料、模块化快速修复设备等。

6. 提高城市道路网络的冗余度与安全性

提高人均道路面积，增加灾时疏散与救援的交通可达性。提高避难通道的步行空间安全韧性，步行空间安全直接关系着应急疏散与救援的安全，应提高直接连通应急避难场所（设施）的步行道的安全设计标准，建立完善的步行空间安全保障机制，开展常态化的风险排查、危险清除和设施养护工作；提高应急疏散中步行空间的安全韧性，畅通疏散救援通道。

7. 构建多通道的国家运输大通道安全韧性网络

改变目前单路径、无替代的问题，提升通道保障冗余度，形成灾时多路径保障的国家公路、铁路、水路、航空等运输大通道安全网络，保障国家交通运输网应对未来灾害的适应能力。

—— 本 章 参 考 文 献 ——

[1] 交通运输部, 国家铁路局, 中国民用航空局, 等. 交通运输部 国家铁路局 中国民用航空局 国家邮政局关于加快建设国家综合立体交通网主骨架的意见 [EB/OL]. (2023-11-21) [2024-04-09]. https://xxgk.mot.gov.cn/2020/jigou/zhghs/ 202210/t20221021_3698097.html.

[2] 陆化普. 交通天下: 中国交通简史[M]. 北京: 人民交通出版社股份有限公司, 2023.

[3] 清华大学交通研究所. 交通强国战略三期研究[R]. 北京: 清华大学交通研究所, 2024.

[4] 经济日报. "十四五" 行业发展规划指明方向——以创新驱动重塑旅游业 [EB/OL]. (2022-02-11) [2024-04-22]. https://www.gov.cn/xinwen/2022-02/11/ content_5672978.htm.

[5] 环球旅讯. 未来旅游业愿景: 旅游可持续发展成为新常态 [EB/OL]. (2021-06-23) [2024-04-22]. https://www.traveldaily.cn/article/146242.

[6] 旅游局. 国家旅游局局长: 迎接大众旅游时代促进旅游与交通深度融合[EB/OL]. (2017-03-01) [2024-04-22]. https://www.gov.cn/xinwen/2017/03/01/content_5172197.htm#1.

[7] 国务院办公厅. 国务院办公厅关于印发 "十四五" 现代物流发展规划的通知 [EB/OL]. (2022-05-17) [2024-04-22]. https://www.gov.cn/zhengce/zhengceku/ 2022/12/15/content_5732092.htm.

[8] 人民日报. 推进产业智能化绿色化融合化[EB/OL]. (2024-03-20) [2024-04-22]. http://www.qstheory.cn/qshyjx/2024-04/12/c_1130107952.htm.

［9］ 商务部. 商务部 中央网信办 发展改革委关于印发《"十四五"电子商务发展规划》的通知[EB/OL]. (2022-02-23) [2024-04-22]. http://www.mofcom.gov.cn/article/zcfb/zcwg/202202/20220203282001.shtml.

［10］ 庞桂玉. 开创性进展: 智慧城市中的物联网 (IoT) [EB/OL]. (2024-04-07) [2024-04-22]. https://www.51cto.com/article/785428.html.

［11］ 文瑞. 中国枢纽经济发展实践与反思[J]. 区域经济评论, 2023, 6: 120-126.

［12］ 王炜. 现代城市交通演变与治理数字化的技术趋势[EB/OL]. (2023-07-10) [2024-04-19]. http://www.dzshbw.com/news/2023/shehui_0710/460606.html.

［13］ 成都日报编辑部. 中共成都市委关于深入学习贯彻党的二十大精神 奋力打造中国西部具有全球影响力和美誉度的社会主义现代化国际大都市的决定 [EB/OL]. (2023-01-10) [2024-04-19]. https://www.cdrb.com.cn/epaper/cdrbpc/202301/10/c109221.html.

［14］ 蒋仁爱, 杨圣豪, 温军. 高铁开通与经济高质量发展——机制及效果[J]. 南开经济研究, 2023, 7: 70-89.

［15］ 王雅婧. 非凡十年看变迁 中国高铁的领跑模式 [EB/OL]. (2022-07-11) [2024-04-19]. http://www.yxlz.gov.cn/xxyd/70394.jhtml.

［16］ 吴叶凡. 2023 年铁路重大科技创新成果入库情况公布 [EB/OL]. (2023-12-23) [2024-04-19]. http://stdaily.com/index/kejixinwen/202312/d00c366ccb6947959cbd51a8d6c1b4b1.shtml.

［17］ 河南工学院智能工程学院. 潜心服务国家高铁 助力大国重器研发[EB/OL]. (2020-06-22) [2024-04-19]. https://znxy.hait.edu.cn/info/1233/1357.htm.

［18］ 数码科技解答. 复兴号 CR200J-C: 领跑高速列车的环保先锋 [EB/OL]. (2023-12-21)　　　　　　　　　　　　　　　　　　[2024-04-19]. https://baijiahao.baidu.com/s?id=1785869144263436762.

［19］ 汤凯, 蔡晓培, 完世伟. 临空经济对区域创新的结构性影响研究[J]. 区域经济评论, 2024, 1: 52-61.

［20］ 钱梅, 李梅. 智慧赋能 东航物流引入无人仓配技术 提升运行安全与效率 [EB/OL]. (2023-03-23) [2024-04-19]. https://m.thepaper.cn/baijiahao_22420370.

［21］ 中物联物流园区专委会. 高质量发展推进会展播 柳建民: 郑州机场 "航空货运电子信息化" 国家改革试点创新实践[EB/OL]. (2023-08-18) [2024-04-19].

https://mp.weixin.qq.com/s?__biz=MzIzMjUwMDk4MA==&mid=2247488801&idx=1&sn=57bae54c6d350f38cb519a53946aa5de.

[22] 中国民用航空中南地区管理局. 惠州机场打造"智慧机场"实现旅客出行全流程自助服务[EB/OL]. (2022-07-01) [2024-04-19]. http://www.caac.gov.cn/PHONE/GLJ_PHONE/ZNGLJ/ZN_XXGK/ZN_HYDT/202207/t20220701_213936.html.

[23] 张人尹. 智慧赋能 小科技 大绿色 绿色民航发展的科技密码[EB/OL]. (2023-07-06) [2024-04-19]. https://m.thepaper.cn/baijiahao_23752735.

[24] 秦博宇, 王宏振, 王召健, 等. 地下空间支撑下的城市轨道交通和能源系统融合发展研究[J]. 中国工程科学, 2023, 25(1): 45-59.

[25] 人民视觉. 人口密度大, 堵车却不多 新加坡交通解决方案很独特[EB/OL]. (2018-08-14) [2024-04-19]. https://m.thepaper.cn/baijiahao_23752735.

[26] 国家发展改革委环资司. 交通运输部: 深入践行绿色理念 推进交通领域节能降碳 [EB/OL]. (2022-06-12) [2024-04-19]. https://www.ndrc.gov.cn/xwdt/ztzl/2022qgjnxcz/bmjncx/202206/t20220612_1327155_ext.html.

[27] 徐丽莉. 杭州"城市大脑"智能调节交通, 道路车辆通行速度最高提升 11% [EB/OL]. (2017-03-10) [2024-04-19]. https://sthjt.yn.gov.cn/hjxx/201703/t20170310_165761.html.

[28] 国家发展改革委规划司. "十四五"现代综合交通运输体系发展规划[EB/OL]. (2022-03-25) [2024-04-19]. https://www.ndrc.gov.cn/fggz/fzzlgh/gjjzxgh/202203/t20220325_1320208.html?eqid=aeea6b0c0006f25f00000003646daf76.

[29] 陆化普. 从"畅通工程"到"文明畅通提升行动计划"——走向交通管理科学化现代化的时代轨迹[J]. 道路交通管理, 2020, 9: 10-13.

[30] 陆化普, 冯海霞. 交通领域实现碳中和的分析与思考[J]. 可持续发展经济导刊, 2022, Z1: 63-67.

[31] 陆化普. 中国城市可持续交通发展[J]. 科技导报, 2022, 40(14): 24-30.

[32] 王朝炜, 王天宇, 刘婷, 等. 6G 车联网中基于路侧设备部署优化的机会式数据卸载[J]. 无线电工程, 2022, 52(11): 1895-1900.

[33] 李东坤, 谢宇航, 冯会会. 中国城市轨道交通 TOD 政策框架构成及其发展评价——《中国城市轨道交通 TOD 政策指数报告(2023)》摘编[J]. 西南交

通大学学报 (社会科学版) , 2024, 25(2): 29-66.

[34] 杨晓光, 赖金涛, 张振, 等. 车路协同环境下的轨迹级交通控制研究综述[J]. 中国公路学报, 2023, 36(9): 225-243.

[35] 陆文骏. 嵌入式智能交通信号远程控制系统设计[J]. 太原学院学报 (自然科学版) , 2023, 41(2): 64-70.

[36] 张建华, 吕威. 城市智能交通管理系统建设应用存在的问题与对策思考[J]. 武汉公安干部学院学报, 2023, 37(4): 21-27.

[37] 陆化普. 绿色交通: 我国城市交通可持续发展的方向[J]. 综合运输, 2011(2): 13-17, 25.

[38] 傅志寰, 孙永福, 翁孟勇, 等. 交通强国战略研究[M]. 北京: 人民交通出版社股份有限公司, 2019.

[39] 央视网. 以新质生产力引领能源转型 [EB/OL]. (2024-03-08) [2024-04-19]. https://eco.cctv.com/2024/03/08/ARTIWFOiGneaKN0pmMq0atur240308.shtml.

[40] 国务院安委会. "十四五" 全国道路交通安全规划 [EB/OL]. (2022-07-21) [2024-04-09]. https://www.gov.cn/zhengce/zhengceku/2022-07/29/content_5703363.htm.

推进交通运输新质生产力
发展的举措

- 创新发展理念与体制机制
- 完善法律法规，优化政策工具体系
- 制定发展规划，健全标准体系
- 推动高水平科技自立自强
- 培育交通创新人才
- 加强新型交通基础设施建设与交通装备创新
- 促进设施与数据互联互通
- 促进技术融合与产业融合
- 促进高品质交通服务供给

交通运输是经济社会发展基础性、先导性、战略性产业和重要服务性行业。交通运输具有数据资源海量、应用场景丰富和应用市场巨大等多重优势，是应用前景最广、辐射范围最宽、带动作用最强的科技创新应用领域之一，新质生产力将加速推进交通运输大发展。本章立足国际视野和科技发展前沿，从发展理念、体制机制、法律法规、政策体系、发展规划、标准变革等顶层设计层面，从科技自立自强、创新人才培育、新型交通基础设施建设与装备创新、设施与数据互联互通、技术融合与产业融合、交通服务等支撑保障维度，提出推进交通运输领域新质生产力高质量发展的措施。

第一节
创新发展理念与体制机制

发展理念的创新是推动交通运输高质量发展的基础性、战略性支撑，对国家及行业的长远发展具有决定性影响。体制机制为交通运输系统的高效运作、持续创新和长远规划提供了基础和保障。

一、坚持把新发展理念作为推进交通运输发展的引领

要完整、准确、全面贯彻创新、协调、绿色、开放、共享的新发展理念，以供给侧结构性改革为主线，加快推动交通运输高质量发展。

（一）坚持把人民满意作为推进交通运输发展的目标

贯彻以人民为中心的发展思想，把人民交通为人民作为价值追求，人民交通靠人民作为力量源泉，人民交通由人民共享作为发展导向，人民交通让人民满意作为衡量标准，聚焦人民对交通的期待，加强高品质交通运输服务供给，不断满足人民群众日益增长的多样化、个性化交通运输需求，增强人民群众的获得感、幸福感、安全感。统筹发展和安全，更加注重质量效益、一体化融合、创新驱动，打造一流设施、技术、管理、服务，构建安全、便捷、高效、绿色、经济的现代化综合交通体系，加快建设交通强国，为全面建设社会主义现代化国家当好开路先锋。

（二）坚持把创新驱动作为推进交通运输发展的支撑

坚持创新驱动发展，以科技创新为牵引，大力推进管理创新、制度创新、文化创新，完善创新体系，优化创新环境，强化人才支撑。推动大数据、人工智能等新技术与交通行业深度融合，大力发展智慧交通，推动模式、业态、产品、服务等联动创新。强化交通基础设施、运输装备、运输组织等领域的技术创新，推进数字化、网络化、智能化、绿色化技术的发展，支撑交通运输可持续发展。

（三）坚持把先行引导作为推进交通运输发展的定位

坚持先行引导，加快建设综合立体交通网络，适度超前布局交通基础设施，支撑经济社会发展。在实施区域协调发展战略以及新型城镇化、乡村振兴等重大战略部署中，统筹规划交通运输发展，加快补齐短板，推进城市群、都市圈、城乡交通运输一体化发展，提高综合交通运输网络效率，促进区域协调发展。促进综合交通运输协调发展时，以统筹融合为导向，着力补短板、重衔接、优网络、提效能，构建各种运输方式比较优势充分发挥的国家综合立体交通网，构建区域融合、产业协调的多层级一体化综合交通枢纽。

（四）坚持把绿色低碳作为推进交通运输发展的方式

践行绿色发展理念，推动交通资源利用方式转变，减少交通运输对能源资源的消耗和对环境的影响，将生态环保要求贯穿于交通基础设施规划、建设、运营和养护全过程。将坚持绿色低碳转型作为交通运输发展的战略性任务追求，以最少资源投入、最小环境代价，最大限度地满足社会经济发展和人民出行需要，为实现"碳达峰""碳中和"，为建设美丽中国贡献力量。

（五）坚持把改革开放作为推进交通运输发展的动力

坚持社会主义市场经济改革方向，把"有效市场"和"有为政府"更好结合起来，深化交通运输体系改革，形成统一开放、竞争有序的交通运输市场，进一步解放和发展交通运输生产力。加大对外开放力度，构建互联互通面向全球的交通网络，提升交通运输国际合作深度与广度，拓展国际合作平台，促进交通运输规则、技术、标准"引进来"和"走出去"。

二、创新体制机制为新质生产力营造良好制度空间

（一）完善综合交通运输管理体制机制

一是深化铁路、公路、航道等管理体制改革，建立健全适应综合交通一体化发展的体制机制。推进机构、职能、权限、程序、责任法定化，制定落实权责清单，优化工作流程，完善交通运输部门组织机构，健全综合交通运输统筹发展、运行监测、公共服务等职责体系。围绕落实区域协调发展战略及城市群、都市圈发展，完善跨区域综合交通运输协同发展工作机制。健全海事、救捞、长航、珠航等管理体制及其与地方交通运输部门协作机制。深化交通运输事业单位体制改

革。鼓励地方加快建立健全综合交通运输管理体制。

二是深化交通投融资体制机制改革。稳定铁路建设基金、车购税、成品油税费改革新增收入、港建费、民航发展基金等交通发展专项资金政策。研究发行国家公路建设长期债券，完善收费公路专项债券政策。研究设立国际物流供应链发展产业基金。推动设立邮政普遍服务基金，完善邮政快递基础设施建设资金保障机制。研究构建新型财税保障体制，开展"里程费"改革试点。鼓励社会资本设立多式联运等产业投资基金。深化交通运输领域中央与地方财政事权和支出责任划分改革。完善交通运输部门预算管理体系，全面实施预算绩效管理。

三是完善综合立体交通网络发展机制。建立铁路、公路、水路、民航、邮政快递等基础设施统筹规划、协同发展的机制，统筹跨方式、跨区域的重大项目建设，推动现代化高质量综合立体交通网络建设。建立基于 5G、北斗卫星导航、物联网等新一代信息技术的交通基础设施网络一体化运营模式，强化与能源网、信息网络等设施互联和数据共享。

（二）完善交通运输科技创新体制机制

一是完善交通运输科技研发应用机制。坚持面向世界科技前沿、面向经济主战场、面向国家重大需求、面向人民生命健康，强化交通运输基础研究及关键核心技术、前沿领域技术研发应用，健全重大科技攻关类项目管理制度。完善行业内外科技创新资源统筹机制。完善交通运输行业重点科技项目清单管理制度，健全行业重大科技工程实施机制。完善交通运输科技成果转化和推广制度。

二是完善交通运输技术创新体系。建立以企业为主体、市场为导向、产学研深度融合的交通运输技术创新体系，推动大数据、区块链、超级计算、人工智能等新技术与交通运输行业深度融合，大力推进智慧交通技术创新应用。鼓励交通运输行业各类创新主体组建产业技术创新联盟，开展关键核心技术攻关。完善交通运输科技创新基地、研发平台、数据中心建设运行管理制度和多渠道投入机制。

三是优化交通运输科技创新环境。完善交通运输科技评价与激励机制。建立健全行业基础性、战略性、前瞻性科技研发资金保障机制。优化经费管理制度，扩大科研经费使用自主权。建立科研诚信承诺、失信行为目录和依法惩戒制度。完善科研基础设施、科学仪器、科学数据等资源配置和开放共享机制。健全交通运输科普资源体系及配套工作机制。大力弘扬科学家精神，加强行业科研诚信监管。

（三）完善交通运输市场治理体制机制

一是激发交通运输市场主体活力。深化铁路行业改革，加快推进铁路政企分开，促进铁路运输业务市场主体多元化和适度竞争。实现邮政普遍服务业务与竞争性业务分业经营。推动交通运输领域国有企业混合所有制改革，培育更多充满活力的市场主体。健全支持交通运输民营经济、中小企业发展的政策制度，营造各种所有制主体平等使用资源要素、公开公平公正参与竞争的市场环境。建立常态化交通运输政企沟通机制，健全企业诉求收集、处理、反馈制度，加大对行业企业的指导和支持力度。

二是完善交通运输市场规则。完善交通运输建设、养护、运输等市场准入、退出制度，完善负面清单，进一步规范和创新政府和社会资本合作模式，破除制约社会资本参与交通运输市场竞争的各类障碍和隐性壁垒。完善综合交通运输价格形成机制，推动放开铁路等领域竞争性环节价格。进一步规范行业经营服务性收费，促进交通运输中介服务市场规范发展。推进交通运输数据等要素市场化配置，研究制定推动交通运输公共数据开放和数据资源有效流动的政策制度，推进综合交通大数据中心和行业治理基础数据库建设。

三是完善现代化交通运输产业体系。健全推动交通运输设施建设维护、装备制造、运输服务上下游协同发展的机制，提升全产业链保障能力。完善交通运输与制造、旅游、金融、商贸、物流等领域深度融合发展的联动机制，培育壮大交通运输经济产业集群。建立健全临港、临空、通道、枢纽经济发展机制，促进产城融合发展。

（四）完善交通运输绿色发展体制机制

一是全面建立交通运输资源高效利用制度。健全交通运输绿色发展评估考核体系。建立交通设施通道、线位、岸线等资源节约集约利用制度。建立适应产业结构、能源结构变化的运输结构调整长效机制，打造绿色高效运输系统。完善交通资源循环利用机制，推广施工材料、废旧材料再生和综合利用。完善邮件快件包装绿色化、减量化、可循环管理制度。

二是健全交通运输节能减排和污染防治制度。健全交通运输适用装备设施清洁化、低碳化、高效化的应用推广机制，完善道路运输车辆燃料消耗国家标准体系，优化交通能源结构。完善交通运输绿色示范工程实施推广机制。研究建立交通环保设施设备建设运行统筹保障制度，健全实施绿色汽车维修制度。完善交通环境污染防治成效公报制度。

三是完善交通运输生态环境保护修复机制。针对重点区域、重点项目，推动建立交通运输、自然资源、生态环境等跨部门协调机制，统筹交通项目建设与生态环境保护。严格实施生态修复、地质环境治理恢复与土地复垦制度。

（五）完善交通运输开放合作体制机制

一是支撑服务自贸区自贸港发展。服务海南自贸港、上海临港新片区和洋山特殊综合保税区等建设，建立更高水平的航运对外开放制度，在沿海捎带、国际船舶登记等方面深化开放和创新，支持有条件的区域率先探索形成新发展格局。创新船舶监管、船舶检验等方式，进一步完善港口管理机制，推进琼州海峡港航一体化，提升运输便利化和服务保障水平。打造国际航运枢纽，拓展航运服务产业链，支持融资、保险、仲裁等航运高端服务业发展。

二是完善交通运输多双边合作格局。完善与共建"一带一路"国家的交通互联互通合作机制，加强国境、国界和国际河流交通安全管理与合作。强化多双边交通运输国际合作，进一步发挥中欧班列、国际道路运输等相关合作机制的作用，加快推进国际运输便利化。鼓励交通运输国际产能合作，支持行业企业"走出去"，加快完善境外经营网络。

三是积极参与交通运输全球治理体系建设。深度参与交通运输国际规则和标准制定，建立"政产学研用"多方协同参与的国际标准化活动工作机制。完善交通运输国际组织人才培养和输送机制，探索建立驻外交通官制度，吸引国际组织落户中国。完善国际交流合作机制，鼓励交通运输企业、高校、研究机构建立稳定的对外互信合作关系。

第二节

完善法律法规，优化政策工具体系

法律法规、政策为新质生产力发展提供制度保障，完善公路、铁路、民用航空以及综合交通有关法律法规，优化政策工具体系，促进各项制度有效衔接，助力交通运输高质量发展。

一、健全法律法规，营造公平公正法治环境

（一）健全交通运输数据要素供应保障相关法律法规

近年来，数据要素正逐渐成为土地、劳动力、资本、技术之后驱动经济社会发展的新的生产要素，已快速融入生产、分配、流通、消费和社会服务管理等各环节，发挥着基础资源作用和创新引擎作用。构建以数据为关键要素的数字经济，充分发挥数据要素的放大、叠加、倍增作用，成为经济高质量发展的必然要求。但是，交通运输行业数据要素积累不充分、运用不完善、法规制度不健全等制约了数据要素的价值释放。法律法规是数据要素发挥价值效应的保障，需要进一步完善。

加快推进数据确权、大数据、区块链等新兴前沿领域立法工作，健全数据权利保护、交易流通、开放共享、安全认证、利益分配等基本制度。针对数据要素的无形性、可复制性、取之不竭性、可携带性、转换性等不同于其他生产要素的属性和特点，健全法律法规体系，对数据产权主体、客体和权能等进行明确规定，解决数据交易一直面临的"确权难、定价难、入场难、互信难、监管难"等困境。随着人工智能、大数据、算力等技术的发展，以及交通行业数字化转型发展，越来越多的省区市建设了区域型的数据中心。数据要素相关法律法规的健全将有助于打破交通行业数据壁垒，促进各区域、各业务系统数据流通共享，激发交通行业数字生产要素活力。

加快完善法律法规对交通等细分领域的安全保障制度，制定和执行相关的隐私保护法律法规，明确数据收集、处理、使用等方面的规范，解决《中华人民共和国数据安全法》《中华人民共和国个人信息保护法》等法律在交通运输领域的数据分级保护制度、数据安全应急处置机制、数据安全审查制度的适配差异问题。

（二）完善交通运输相关法律法规，为战略性新兴产业发展提供公平公正的法治环境

习近平总书记在省部级主要领导干部坚持底线思维着力防范化解重大风险专题研讨班开班式上发表重要讲话，强调"科技领域安全是国家安全的重要组成部分"，"要加快科技安全预警监测体系建设，围绕人工智能、基因编辑、医疗诊断、自动驾驶、无人机、服务机器人等领域，加快推进相关立法工作"[①]。

面向战略性新兴产业，健全具有前瞻性的现代法律法规体系，在保障安全和鼓励发展的同时，对人工智能、自动驾驶、低空经济、基础设施数字化智能化等产业进行引导和监督。进一步完善《中华人民共和国民用航空法》《无人驾驶航空器飞行管理暂行条例》《国家空域基础分类方法》等法律法规，为低空经济发展提供法律依据和保障。健全完善《中华人民共和国道路交通安全法》《中华人民共和国道路交通安全法实施条例》《公路安全保护条例》等法律法规，为智能网联汽车、自动驾驶车辆上路测试行驶、高速公路全天候通行等提供法律依据。完善涉及国家和公共安全、交通法规、交通执法、行政责任、市场准入、驾驶员行为、侵权责任、保险责任、数据保护、隐私保护、网络信息安全、地图测绘、知识产权等方面的法律法规，更好地保障交通运输战略性新兴产业的高质量发展。

二、促进交通运输领域科技创新与成果转化

（一）加速新技术新业态相关立法

围绕人工智能、自动驾驶、无人机等前沿领域，加强相关立法研

---

① 《习近平在省部级主要领导干部坚持底线思维着力防范化解重大风险专题研讨班开班式上发表重要讲话强调 提高防控能力着力防范化解重大风险 保持经济持续健康发展社会大局稳定》，《人民日报》，2019年1月22日1版。

究，推动加快立法进程。持续完善交通运输新业态的法规政策，规范网约车、货运平台企业经营行为，促进互联网租赁自行车和小微客车租赁规范发展，营造公平竞争的市场秩序。促进技术研发与标准研制应用协同发展，推动先进成熟技术及时转化为标准。建立新兴交叉领域标准协调机制，强化前瞻性、战略性技术标准布局，加快基础性、关键性技术标准制修订。推进优势领域标准国际化。

（二）激发科技创新主体活力

综合运用财政、税收、技术支持和金融等方面的激励措施，激发科技创新主体活力，支持和鼓励创新。激励交通运输企业加大科技投入，设立研发基金鼓励应用基础研究，支持企业开展关键核心技术攻关，对高新技术企业增加研发投入给予补助。支持交通运输企业创建国家级科技创新平台，对新获批的平台给予配套支持。优化技术创新平台布局，对获批的国家级、省级重点实验室、技术创新中心等给予奖励或补助。

（三）强化科技成果转化应用

完善促进科技成果转化政策，依法健全职务科技成果产权制度，探索赋予科研人员职务科技成果所有权和长期使用权。培育专业技术转移机构和人才，建设科技成果中试及产业化载体，构建依托职业资格的技术知识传播体系。推动交通运输领域首台（套）产品购置使用按规定享受税收抵免、固定资产加速折旧等税收优惠政策。支持高校、科研院所推动成果转化与创业有机结合，培育科技创业企业。完善科技成果转化反馈评估机制，构建科技成果转化绩效评价体系。提供创新创业培训、技术咨询、技术转移、专利申请等服务。通过设立创业投资基金、提供贷款优惠等方式支持创新创业。

三、推进交通运输绿色化发展

（一）鼓励节能降碳

设定清晰的碳排放强度下降目标，注重交通运输资源的优化配置、利用、节约和保护，推动新能源汽车、公共交通、绿色物流等产业发展。加大对绿色交通基础设施建设的投入，如充电桩、加氢站等，以满足人民群众日益增长的绿色出行需求。优化完善绿色交通标准体系，对交通产品的性能、安全、环保等方面进行规范，推动交通运输领域标准供给质量持续提升。

（二）鼓励绿色技术革新

鼓励绿色智能化技术在交通运输领域的研发和应用。推动这一领域的绿色技术创新，加速推进交通与能源融合发展，实现全场景新能源应用，为推动绿色低碳发展提供充沛动能，大力推动节能环保材料、工艺工法在交通基础设施建设中的应用，降低其生命周期碳排放。运用大数据、区块链及可视化、智能化技术，充分发挥多式联运的潜能，提升基础设施联通水平，打造高效畅达集疏运体系，显著降低运输成本，提高物流效率。

（三）加强宣传引导

在公众环保意识层面，通过开展绿色出行创建行动，加强宣传引导，营造公交出行和绿色出行良好氛围，使"慢行优先、公交优先、绿色优先"的观念深入人心，树立"简约适度、绿色低碳、集约出行"的社会风尚。通过制定便民优惠政策，引导公众出行时优先选择公共交通、步行和自行车等绿色出行方式，降低小汽车通行总量，整体提升中国各城市的绿色出行水平。

四、推动交通运输协调化发展

（一）加快构建适应现代综合交通运输体系的法律法规和标准体系

研究制修订公路、铁路、民用航空以及综合交通有关法律法规，促进各项制度有效衔接。构建综合交通运输高质量发展标准体系和统计体系，完善综合交通枢纽、旅客联程运输、货物多式联运、智能交通、绿色交通、交通安全应急、无障碍交通、新业态新模式等技术标准，强化各类标准衔接。推动危险货物多式联运服务规则一体衔接和检测结果互认。加强计量、标准、认证认可和检验检测等质量技术基础建设，强化质量监督管理。

（二）鼓励交通运输与物流业协同发展

鼓励交通运输和物流企业加强合作与联盟，实现资源共享、互利共赢。推动交通运输与物流企业在信息技术、财务、人力资源等方面的深度合作，形成更加紧密的产业链和供应链。合理界定交通物流公益设施的范围，加大用地支持，在建设用地指标等方面给予保障。利用财政性资金和专项建设基金，鼓励和引导社会投资，加大信贷投放，支持综合交通物流枢纽建设、标准设备生产推广和绿色包装、公共服务信息平台建设等。支持交通物流企业通过发行债券、股票上市等方式多渠道融资。

五、深化交通运输领域对外开放

（一）加快跨境交通基础设施互联互通

积极推进跨境铁路、公路等缺失路段、瓶颈路段建设和升级改造，推进港口和水运（海运）通道建设，进一步加强边境省份民用机场建设，打通跨境综合交通基础设施互联互通的"最后一公里"。充分发挥既有双边合作平台机制的重要作用，积极争取与周边国家成立高层次的跨境基础设施互联互通协调协同机制，加强跨境相关基础设施发展规划计划的衔接和协调，联合制定跨境基础设施互联互通规划以及相关技术、标准规范和双边政府的重大支持性政策。

（二）进一步开放国内运输市场

实行准入前国民待遇加负面清单管理制度，外商投资企业依法平等适用国家支持企业发展的各项政策。针对外商投资的不影响国家安全和不损害社会公共利益的道路运输业项目，取消立项审批。进一步推进国际海运业对外资开放。协同推进国内自由贸易区和海南自由贸易港建设取得重要进展。加强海运管理政策和制度创新，积极推进海南在国际海运及相关辅助业务市场全面对外开放，大力提升运输及相关服务便利化水平，努力营造良好营商环境，促进海南现代航运服务业加快发展。

（三）提升口岸服务水平和效率

加强与相关部门的合作，提升出入境口岸的服务水平和效率。通过优化检验检疫、海关、边检等流程，简化手续办理，提高通过速度和效率，为国际旅客和货物提供更高质量的服务。

（四）加强国际交流与合作

加强与国际交通运输机构和科研院所的交流与合作，推动交通运输人才培养与交流。通过开展交通运输技术和管理方面的培训班、学术研讨会等活动，提升交通运输人才的素质和能力。加强与国际航空组织和航空公司的合作，促进航空业高质量发展。推动开通新的国际航线，提高航空运输的运力和服务水平。加强与相关国家和地区的铁路国际联运合作，推动国际货物运输的便利化和一体化，加快建设铁路口岸和物流园区等设施，提高铁路联运的效率和便利度。加强与国际著名港口的交流合作，推动建立港口间的信息共享与合作机制。

第三节
制定发展规划，健全标准体系

发展规划可优化资源配置,保障新质生产力发展所需的各种要素,标准体系可促进新质生产力良性健康发展,引领技术创新。规划体系、标准体系将共同为新质生产力的发展提供支撑保障。

一、制定规划,明确发展方向与目标,优化资源配置和布局

近年来,中共中央、国务院先后印发《交通强国建设纲要》和《国家综合立体交通网规划纲要》,为交通运输行业的发展指明了方向、确定了目标。交通运输部及相关部委也出台了多项"十四五"规划,明确了交通行业数字交通、绿色交通以及科技创新等方面的发展目标和重点任务,相关规划文件见表 6-1。

近 5 年交通运输行业相关规划文件 表 6-1

序号	发布时间	文件名称
国家规划		
1	2019 年 9 月	《交通强国建设纲要》
2	2021 年 2 月	《国家综合立体交通网规划纲要》
3	2021 年 3 月	《中华人民共和国国民经济和社会发展第十四个五年规划和 2035 年远景目标纲要》

续上表

序号	发布时间	文件名称
4	2021 年 10 月	《国家标准化发展纲要》
5	2021 年 12 月	《"十四五"数字经济发展规划》
6	2021 年 12 月	《"十四五"现代综合交通运输体系发展规划》
7	2021 年 12 月	《"十四五"国家应急体系规划》
8	2022 年 7 月	《国家公路网规划》
9	2023 年 2 月	《数字中国建设整体布局规划》
行业规划		
10	2019 年 7 月	《数字交通发展规划纲要》
11	2020 年 2 月	《智能汽车创新发展战略》
12	2021 年 10 月	《数字交通"十四五"发展规划》
13	2021 年 10 月	《绿色交通"十四五"发展规划》
14	2021 年 10 月	《公路"十四五"发展规划》
15	2022 年 1 月	《交通领域科技创新中长期发展规划纲要（2021—2035 年)》
16	2022 年 3 月	《"十四五"交通领域科技创新规划》
17	2022 年 4 月	《"十四五"公路养护管理发展纲要》

规划文件在明确国家及行业发展方向、整合资源、引导市场主体行为以及促进社会经济全面发展等方面都具有至关重要的作用。

（一）瞄准战略性新兴产业制定交通发展规划，前瞻布局未来产业

聚焦新一代信息技术、新能源汽车、新材料、数字创意等战略性新兴产业，瞄准类脑智能、量子信息、氢能等未来产业，制定具有前瞻性、系统性、科学性、动态性、可操作性的交通运输业和未来产业发展规划。统筹制定交通运输行业"十五五"规划，前瞻布局交通运输中长期发展规划。

（二）完善交通领域科技创新发展规划

交通现代化迫切需要科技创新做好动力引擎。健全交通领域科技创新发展规划，根据科技进步和产业发展状况，及时优化、调整和完善科技创新方向，强化国家战略科技力量，优化配置创新资源。开展交通基础设施数字化装备、产品和监管与服务系统研发，攻关载运工具动力传动系统、车规级芯片、交通专用操作系统等关键技术及设备，部署飞行汽车、智能船舶、超高速列车等自主知识产权的装备研发，助力提升交通行业数字化关键技术及装备自主化水平，引领空天地深度融合的智慧交通建设。

加强科技创新人才培养，推动战略科学家、战略企业家、科学研究人才、战略科学人才、技能型人才协同发展。

（三）健全交通运输专项规划

制定交通基础设施数字化、智能网联汽车、自动驾驶、低空经济等战略性新兴产业发展规划，合理配置公共资源，引导社会资本投向。培育壮大人工智能、大数据、区块链、云计算、网络安全等新兴数字产业，实现交通运输行业的数字化转型、智能化发展。制定空天信息技术在交通运输领域应用的发展规划，突破基于北斗精准感知、低轨卫星星座融合通信、卫星遥感的高精度多源多维度数据融合技术，突破航空星地一体高精度导航、空天地一体空域增强监视等关键技术。

落实国家关于碳达峰碳中和的部署要求和绿色交通发展需要，编制绿色交通发展规划，推进产业、能源、交通运输结构绿色低碳转型。集约化、一体化建设绿色交通基础设施，加快新能源和清洁能源运输装备推广应用，推进交通基础设施废旧材料、设施设备、施工材料等交通资源循环利用。

二、健全标准体系，推动技术创新，引领行业发展

标准是经济活动和社会发展的技术支撑，是国家基础性制度的重要方面。2021 年 10 月，中共中央、国务院印发《国家标准化发展纲要》，明确提出增强标准化治理效能，提升标准国际化水平，加快构建推动高质量发展的标准体系。截至 2023 年 12 月，综合交通运输、铁路、公路、水运、民航、邮政领域共有现行有效国家标准 908 项、行业标准 3145 项、地方标准 2405 项（表 6-2），适应交通运输高质量发展的标准体系基本形成。

交通运输标准统计表　　　　　　　　表 6-2

类别	现行有效		"十四五" 期发布	
	国家标准	行业标准	国家标准	行业标准
综合交通运输	66 项	135 项	23 项	48 项
公路	328 项	795 项	63 项	163 项
铁路	223 项	1115 项	27 项	121 项
水运	228 项	709 项	66 项	163 项
民航	37 项	297 项	1 项	68 项
邮政	26 项	94 项	13 项	19 项

随着科技的快速演进、交通运输行业的数字化转型和智能化发展，交通运输标准体系也面临一些问题和挑战。例如，部分现行标准相对滞后，无法匹配新技术发展和环境要求；各标准体系中数字化、智能化相关标准支撑不足，不能发挥标准对新技术、新产业的引领带动作用；目前中国交通运输行业标准体系在国际上的认可度和影响力还有待提升等。因此，亟须通过以下措施提升交通运输标准体系的完备性和先进适用性。

（一）完善交通数字化、智能化标准

加强交通运输行业数字化、智能化顶层设计和总体布局，优化完

善各类标准体系，支撑交通基础设施全生命期"一套模型、一套数据"。制定面向数字交通应用的交通基础设施工程建设、交通运行监测标准，促进信息基础设施与交通基础设施同步规划、同步设计、同步建设、一体化运维。面向自动驾驶、自主式交通系统，完善生产制造、测试评价、运行使用等标准。建立数据资源产权、交易流通、数据安全保护等标准规范，完善适应新技术发展的行业网络安全标准。在新型数据中心、云控平台、算力中心、超算中心等信息基础设施重点领域，持续推进基础标准和应用标准研制，加快健全信息基础设施建设标准体系，为新型基础设施建设、运营和安全提供保障，促进设施与数据的互联互通，破除数据的共享交换壁垒。

（二）加快健全绿色发展标准

健全交通运输行业碳达峰碳中和标准体系。着力推进绿色交通发展相关新技术、新设备、新材料、新工艺标准制修订，制定交通运输行业能耗和用能产品能效标准，健全能耗计算、能效检测、节能评估、审计等配套标准。研制车辆、船舶等产品噪声检测相关标准。不断完善资源循环利用、绿色出行、绿色供应链、产业废弃物综合利用等标准。

（三）研制交通出行服务新业态标准

加快完善面向数字交通应用的综合交通出行服务标准，研制互联网租赁自行车、小微型客车分时租赁、自动驾驶营运车辆服务、综合交通一体化出行服务等出行服务新业态标准。

（四）加快制定交通运输装备、系统等创新产品标准

围绕新一代信息技术、新能源、新材料、新能源汽车、绿色环保、民用航空、城市轨道交通、船舶与海洋工程、安全应急等产业领域，适度超前研制装备、系统相关标准，加强交通运输重大科技项目成果的标准化产出，及时将先进适用科技创新成果融入标准，提升标准水

平，以标准引领产业创新发展。

（五）积极参与国际标准制修订、标准交流与合作

积极参与国际标准化组织（ISO）、国际电工委员会（IEC）等的标准化工作，建立交通运输标准国际化人才库，进一步提升在国际标准制定上的参与程度。通过"引进来"与"走出去"相结合的模式，围绕智能运输系统、交通数字化智能化等，对标国际标准，推动数字交通领域国际标准的制定，提高国家标准与国际标准的一致化程度。促进中国标准在共建"一带一路"国家地区推广应用，推动中国标准属地转化。

第四节
推动高水平科技自立自强

一、全方位提升交通运输体系创新能力

（一）提升基础设施高质量建管养技术水平

围绕提升基础设施建管养现代化水平，着力从基础理论、关键共性技术、前瞻性技术等方面取得突破，支撑构建更安全、更耐久、更智能的综合立体交通网。

一是研究综合交通运输理论与技术。研究综合交通运输理论，提升综合交通通道规划建设、综合交通枢纽一体化规划建设、综合交通基础设施项目建设协调优化等理论水平。开展韧性交通系统理论与技

术研究，掌握交通基础设施韧性评估与风险防控基础理论方法，突破交通基础设施韧性提升、区域综合交通网络协调运营与服务、城市综合交通协同管控等关键技术。研发干线铁路、城际铁路、市域（郊）铁路、城市轨道交通融合规划建设等技术及一体化运营服务标准。

二是突破国家重大战略通道建设技术。开展跨江越海通道、西部陆海新通道、运河连通工程等重大基础设施建设技术研究，突破长大穿山隧道、超大跨径桥梁、悬浮隧道、高坝通航船闸、省水船闸、高速（重载）铁路、空（海）事系统等关键技术，提升复杂地质、水文、气候等自然环境条件下交通基础设施可靠性设计和智能建造技术水平。

三是开展交通基础设施长期性能观测研究。建设交通基础设施长期性能科学观测网，开展典型基础设施运行状态观测分析，研究结构、材料长期性能演化规律，为工程结构安全保障、设计标准完善、养护科学决策等提供理论和数据支撑。

四是加强在役基础设施智慧管养技术研究。围绕在役基础设施性能提升，突破基础设施全生命周期健康智能监测、性能精准感知、风险自主预警等技术，开展基础设施智能化检测、数字化诊断、标准化评估、快速化处置技术与装备研发，开发基于建筑信息模型（BIM）和北斗卫星导航的交通基础设施智慧管养系统，建立基础信息大数据平台，全面推广预防性养护技术。推动智慧快速管养技术研发应用，研究基础设施结构加固、耐久性提升、灾后修复等技术方法和标准体系。推动基于区块链技术的交通基础设施全生命周期质量管控体系及平台设计，加快建设重大基础设施安全与灾害风险管控及应急措施一体化平台。

（二）推进运输服务与组织智能高效发展

围绕构建"全国123出行交通圈"和"全球123快货物流圈"，提升旅客便捷顺畅联程运输和货物经济高效多式联运水平，加快新一代信息技术在综合运输服务领域的融合创新应用，提升综合客货运输服务能力和效率。

一是推动快速便捷智能化出行技术升级。攻克出行行为智能感知/监测分析及节假日道路客运量需求预测、运输服务设施优化布局和重构、运输服务过程透明化及智能监控预警、交通流监控评估和运力调控等技术。突破铁路智能协同一体化运输服务设计、新型铁路运输组织等技术。突破航空器自主适航审定、航空运输广域协同共享与安全可靠服务等技术，建立智慧民航信息服务技术体系，提升民航空事系统关键技术装备的国产化能力，保障民航全天候安全高效运行。完善道路客运电子客票体系和跨运输方式联网售票系统，构建全链条、智能化、一站式出行服务体系。

二是加快智慧物流技术研发应用。推动多制式多栖化智慧物流发展，开展多式联运智能协同与集成、智能感知及互联、智能监测监控与分析评价、大型物流枢纽智能调度与集成控制、物流系统应急反应处置等技术研究，研发应用智能仓储和快速装卸、智能分拣与投递、智能快速安检和语音处理、通用寄递编码等技术和设备，推动道路货运行业监测分析技术研发，构建全国多式联运公共信息平台，实现物流全程可视化、可控化、可追溯。推进城市地下智慧物流发展，攻克高载荷轻量化载具设计、低成本管轨设计、物流设施设备智能运营与维护等技术。壮大供应链服务、冷链快递、高铁快运、双层集装箱运输、即时直递、无人机（车）物流递送等新业态新模式。

三是提升城市交通拥堵综合治理技术水平。推动智慧交通与智慧城市协同发展，突破城市交通需求预测及评估仿真、交通运行状态感知、城市交通多智能体仿真及决策、数据驱动的交通疏堵控制与诱导等技术，推动新一代信息技术在交通运输与城市协同发展、城市公交线网布局优化和车辆精准调度、运行动态监控等的应用，提高城市交通"全息感知＋协同联动＋动态优化＋精准调控"智能化管理水平。

（三）大力推动深度融合的智慧交通建设

围绕全面提升智慧交通发展水平，集中攻克交通运输专业软件和专用系统，加快移动互联网、人工智能、区块链、云计算、大数据等新一代信息技术及空天信息技术与交通运输融合创新应用，推动交通运输领域商用密码创新应用，加快发展交通运输新型基础设施。

一是强化交通运输专业软件和专用系统研发。攻克工程设计软件、交通仿真与测试软件等交通专业软件瓶颈，加快 BIM 软件国产化应用。加快船舶交通服务系统（VTS）、船舶自动识别系统（AIS）、船上便利廉价通信系统、自动化码头操作系统、港车协同智能化系统等国产化研制与应用。研发支撑智慧交通的大规模知识图谱和人工智能关键算法。加强面向综合交通运输体系的大数据中心体系成套技术研究。

二是加速新一代信息技术与交通运输融合。加快新一代信息技术在交通运输公共服务、交通运输监测预警、综合应急指挥和监管、交通运输舆情主动响应、驾驶培训等领域应用。促进道路自动驾驶技术研发与应用，突破融合感知、车路信息交互、高精度时空服务、智能计算平台、感知—决策—控制功能在线进化等技术，推动自动驾驶、辅助驾驶在道路货运、城市配送、城市公交的推广应用。加强智能航运技术创新，攻克船舶环境感知与智能航行、船岸通信、智能航运测试评估、智能管控等技术及标准，推进基于区块链的全球航运服务网络应用。研发智能铁路技术，开展新一代列控与铁路专用移动通信技术研究，研发下一代列车运行控制系统，探索适应于超高速、多栖化导向运输系统的调度指挥系统。发展智慧民航技术，突破有人/无人驾驶航空器融合运行、民航运行多要素透彻感知、宽带移动通信、空地泛在互联、智能融合应用等新一代智慧民航技术。

三是加快空天信息技术在交通运输领域应用。突破基于北斗精准感知、低轨卫星星座融合通信、卫星遥感的高精度多源多维度数据融合技术，研发基于新一代北斗系统的智能终端，加强北斗在道路运输车辆、船舶等动态监控、定位、导航服务中的应用。发展全时域、多维化、高质量综合航海保障服务体系，研究建立多源数据融合与智能航行电子矢图空间平台。突破航空星地一体高精度导航、空天地一体空域增强监视等关键技术。

（四）推进一体化协同化的平安交通建设

围绕综合立体交通网运输服务安全应急保障新趋势新要求，开展交通运输联网智能安全保障、风险智能管控、快速应急处置等技术研发，提升交通运输安全应急能力。

一是加快路网风险智能协同管控技术研究。研发道路交通系统和运输过程状态监测评估诊断、路网运行智能仿真与系统韧性优化等技术，开发基于地理信息系统的路网安全风险预警平台。加强对公路桥梁、隧道等关键设施安全技术性能的实时动态监测和预警关键技术研究。攻克道路行车安全风险智能监测、预警技术，开展道路风险行为矫正与智慧管控技术研究。研发货运车辆超限超载、危险货物运输安全智能预警和防控技术。推动自动驾驶与非自动驾驶车辆混行系统安全智能管控技术研究，研制适应自动驾驶的交通安全设施。

二是构建泛在互联的港航安全应急保障技术体系。强化深远海航行安全保障，研发深远海立体监管和应急指挥系统，开发高精度深水扫测、智能航标等技术装备，加强大面积海上溢油、沉船存油、危化品污染等应急处置技术研发，强化人员遇险搜救技术研发应用，构建"陆海空天"一体化水上交通运输安全保障体系。提升内河航运安全保障能力，攻克复杂高等级航道及通航建筑物通航条件立体感知、风险动态预警与管控、通航安全应急救援等技术，突破船舶溢油预警、危化品运输安全应急等关键技术。保障港口作业安全，研究港口危险货物装卸存储安全监测、预警与应急处置技术，研发油气化工码头和罐区的人、车、货快速侦检识别技术，开发危化品泄漏、爆炸等预警预防设备。

三是攻克轨道交通主动安全保障技术。开展城市轨道交通安全协同、网络化运营组织与应急处置、设备状态监测与智能预警、智慧运维、保护区智能管控等关键技术研发。突破基于空天车地信息一体化的铁路运行环境风险监测与防控、高速铁路周界入侵全方位智能识别预警、复杂恶劣运营环境下高速列车运行主动安全保障、基于故障预测与健康管理的高速列车系统运维保障、危险货物铁路运输全程安全监控与实时追踪、铁路突发事件现场监控与指挥决策支持等技术。

四是强化综合交通应急保障技术研发。提升自然灾害和突发重特大事故下综合交通应急保障能力，开展综合交通运输系统功能损失、事故成因及演变规律分析、交通迟滞精准评估技术研究，研发综合交通应急管控、应急通信和服务保障、应急指挥决策、应急资源静动态配置、应急疏散和搜救处置等技术，攻克灾后交通运输系统功能重构和恢复技术。提高重大疫情交通运输应急保障能力，突破生物控制隔离运输系统、可快速配置的轨道交通移动方舱医院等技术与装备，开展客船（含邮轮）、客运场站公共卫生安全保障及防控病原微生物安全系统设计等技术与装备研究。提升人本安全应急能力，构建人机高度融合的互馈控制体系，攻克交通运输关键岗位人员的适岗状态智能评估、在岗状态智能感知、人机交互主动干预等关键技术。

（五）构建全生命周期绿色交通技术体系

围绕落实国家关于碳达峰碳中和的部署要求和绿色交通发展需要，深化交通基础设施全生命周期绿色环保技术研发与应用，加快新能源、清洁能源、新型环保材料在交通运输领域的应用，全面提升交通运输可持续发展水平。

一是加强基础设施绿色建养技术研究与应用。提升基础设施绿色建造与运维技术水平，深化废旧材料再生循环利用技术研发应用，研发长寿命高强度新材料、生物基/人造替代性材料、环保交通涂料等，推动绿色公路、绿色港口和绿色航道等技术推广和示范应用。提升生态保护与修复技术水平，开展交通走廊生态环境影响与效益提升评估技术研究，突破无害化穿（跨）越、全环境要素生态治理与恢复、受损生态系统修复与生物群落结构重建等技术。

二是推动运输服务绿色环保技术研发应用。突破基于生态承载力的交通网络优化技术，开展基于多源数据的交通运输能耗、温室气体和大气污染物排放监测与评估技术研发，推动载运工具污染物检测溯源、污染物在线监测及防控、噪声污染防治等新技术及装备研发，推广应用液化天然气等清洁能源。突破生物降解包装材料、邮件快件智能打包、冷链寄递包装、循环及共享包装等新材料新技术，提升邮政业绿色发展水平。

三是加快低碳交通技术研发应用。加强交通运输领域碳排放监测及核算等技术及政策研究。推动交通网与能源网融合，开展交通专用及非碳基能源系统、分布式能源自治、交通能源一体化建设运维、源—网—荷—储协同的交通电气化等技术研究，研究交通用地范围内风能、太阳能利用技术及标准。提升低碳能源应用技术水平，开展电能、氢能、氨能、太阳能等低碳能源在载运工具和作业机械等装备上的应用技术研发。

二、着力解决"卡脖子"问题，开展关键核心技术攻关

在一些交通重大技术领域，特别是在特殊条件下的交通建设重大技术、解决资源环境瓶颈约束关键技术和交通安全保障关键技术上有所突破。选择一批关联度高、应用面广的"卡脖子"先进适用技术和重大共性技术，加大科技攻关、技术集成和推广应用的力度，提升专业软件自主可控能力。要凝练出一批具有战略性、前瞻性和全局性的重大前沿技术，实现重点领域的跨越式发展。

不同领域关键核心技术包括：基础设施设计理论与方法、建造技术、养护管理技术、智慧机场建设技术、智慧港口技术等基础设施建造养护技术；基础理论与方法、轨道运输、道路运输、航空运输、水路运输等装备研发理论与技术；综合交通管控与服务技术、交通管理技术、绿色智能航运、城市客货运输、自动驾驶与车路协同等运输管理技术等，详见表6-3。

不同领域"卡脖子"关键核心技术　　　　　表 6-3

领域	关键核心技术
基础设施设计理论与方法	包括但不限于桥梁设计理论；铁路碎石道床仿真分析；航道工程数字化转型；交通环境振动与噪声控制理论；构建工程结构全生命周期设计理论与方法；绿色交通基础设施设计理论和方法；综合交通系统平衡理论与运输协同理论；真空管道高速飞行列车基础建设理论
基础设施建造技术	包括但不限于新型智能化、数字化勘察设备与试验仪器研发；智能分析软件研发；自主知识产权的建养全过程信息平台（BIM平台）搭建；高效便捷综合交通枢纽建设技术；高性能材料和智能材料技术；智能化、一体化、装配化、精细化施工技术级装备

续上表

领域	关键核心技术
基础设施养护管理技术	包括但不限于大数据和 BIM 技术、故障预测与健康管理（PHM）技术的建设养护一体化技术，建养一体化平台建设；综合性枢纽基础设施优化与改造技术；基础设施养护工艺与技术模块化、快速化；设施运营管理人工智能化，性能数据结构化，检测监测全自动化；设施性能预测精准化，养护决策网级优化，运营管理全过程平台化
智慧机场建设技术	包括但不限于机场规划建设领域关键技术；推进各种交通方式高效融合，扩大优质增量供给技术；推进机场与大数据、云计算、人工智能、区块链、北斗卫星导航、新一代信息技术等新兴技术的融合，强化自主可控水平；提升核心技术的国产化率，实现关键系统的自主可控
智慧港口技术	包括但不限于基于车路协同的无人驾驶集装箱货车在港口水平运输和集疏运体系中的应用并逐步向全路段商业化推广应用；传统集装箱码头堆场的智慧化改造；智慧港口集疏运系统和物流服务协同系统研发与商业化推广；建立智慧港口大脑，技术成熟并大规模商业化推广应用；智慧港航基础设施和装备数字化改造和提升，建成"会说话"的设施和装备
装备研发理论和方法	包括但不限于人车路耦合机理与车路协同控制理论与方法；空天地一体化网络构建与高可靠综合交通信息交互方法；智能网联汽车信息安全防护理论与方法；网联条件下的新一代交通信号优化理论与方法
轨道运输装备技术	包括但不限于中国标准系列化产品研制；轨道交通系统全局效能评估及综合效能提升关键技术；轨道交通系统全息感知与泛在融合智能化技术；轮轨高速列车提速降噪技术；新型高速铁路列车运行控制技术；高速铁路核心零部件技术；轨道运输服务技术
道路运输装备技术	包括但不限于纯电动和插电式混合动力汽车核心技术；智能汽车与智慧移动系统；基于网络的汽车设计、制造、服务一体化技术；动力电池与电池管理技术；电驱动与电力电子技术；汽车超低 CO_2 与超低污染排放技术
航空运输装备技术	包括但不限于无人机物流关键技术；新一代民用飞机技术；航空发动机自主创新技术；机载系统的综合化、智能化技术
水路运输装备技术	包括但不限于智能港口与码头运营管理技术；深远海船舶交通监管与智慧控制集成试验评估平台；智能船舶设计制造技术；极地航行船舶设计技术；大型邮轮设计制造技术；特种船舶制造技术；船用清洁高效动力系统设计技术；船舶新型推进器设计制造技术
综合交通管控与服务技术	包括但不限于区域综合交通运输网络协调运行与服务决策支持技术；城市群智能客运系统技术；城市综合交通系统智能化协同管控技术；高效货物运输与智能物流技术；综合交通运输网络运行风险识别与防控技术；新一代综合交通系统技术

领域	关键核心技术
交通管理技术	包括但不限于建立立体、精准的交通系统感知体系，主动、智能的交通管理技术体系，实现交通管理技术与其他技术的集成；多源数据整合的交通状态精准估计技术和常态非常态交通预测技术；新一代智能化交通信号控制技术和主动交通管理技术；实现跨区域交通管理技术的集成；伴随式出行服务技术，交通管理与出行服务集成应用技术
绿色智能航运	包括但不限于船舶领域态势感知、规划决策、协同控制、学习推理等方面的关键理论与核心技术；建立贯穿混合智能、自主智能与群体智能融合迭代过程的智慧航运体系；构建符合技术实现和资源配置要求的航运业技术体系、标准体系、测试验证体系、公共服务体系；新一代航运系统核心技术研发；形成以智能、绿色和安全为特征的航运新业态；形成新一代航运系统的技术标准体系；基于自主学习的船舶自主驾驶、面向各类智能船舶的自主海事监管保障系统等方面的核心理论、技术与方法
城市客货运输	包括但不限于研发"门到门"全环节智能化高效便捷的公共交通出行服务链条；研发基于多源交通出行需求、多模式交通一体化出行信息服务融合、多模式交通路径决策、智能化设备信息交互的 MaaS 创新型出行服务技术；智能衔接、互联互通、信息协同、服务优化的智能出行服务技术；建立全程"一次委托"、运单"一单到底"、结算"一次收取"的货运服务，实现"门到门"一站式货运服务模式；促进各种运输方式资源高效协同，通过提升联程运输、多式联运水平，推动人员便捷出行、物流业降本增效关键技术
自动驾驶与车路协同	包括但不限于车体智能与路侧智能并行技术；车辆驾驶行为及智能化程度提升；基于互联网的交替控制及组织；车辆安全及事故处理的数据化

三、加快交通运输战略性新兴产业与未来产业发展

加快战略性新兴产业发展壮大，积极培育未来产业。加快智慧交通、绿色交通产业的发展，立足真实业务、依托真实场景、解决真实需求，深入实施智能交通先导应用试点工程，围绕自动驾驶、智能航运、智能建造等智慧交通创新前沿布局典型试点示范，推动新一代信息技术加快赋能交通运输业。加快无人机、飞行汽车等低空载人载货飞行器的推广应用，推动低空经济产业化、规模化。

加强引领未来交通前沿技术和颠覆性技术探索。推动海上与空中

交通、综合交通运输系统及协同管控、新一代综合交通运输体系等方向的研发应用，满足面向未来的安全、智慧、低碳、跨空间出行需求。重点突破自动驾驶、新型高速轨道交通工具、船舶绿色动力、新一代大型远程客机、新一代直升机、新一代无人机、综合交通运输系统及协同管控等关键技术。合理统筹高速轮轨列车、高速重载货运列车研究。加强自主式交通系统成套技术研发。开展超高速列车、超高速商用飞机等新型载运工具研制，攻克海底悬浮隧道理论体系与关键技术。推动战略性前沿性技术在交通运输领域和典型场景的应用。促进高速磁悬浮列车、智能船舶、大飞机、无人机、直升机、智慧出行等未来产业发展。开展试点示范，培育打造未来交通先导区。

四、形成促进交通运输科技创新体制机制

一是建立组织新型科研机制。加强科技创新政策与经济激励、科研环境优化的统筹协调，综合运用"揭榜挂帅""赛马争先"等模式，探索建立需求快速响应、成果及时转化的有组织新型科研机制，构建创新协同生态。打通基础研究、技术研发、人才培养、成果转化等方面的堵点障碍。通过强化自主创新能力，为产业的转型升级提供技术支撑。

二是形成促进科技成果推广应用机制。进一步提升交通运输科技示范工程、重大科技创新成果库工作的成效，推动创新链、产业链、资金链、人才链深度融合。进一步优化智能交通先导应用，推进人工智能、新一代信息通信、先进制造、新材料、新能源等前沿技术与交通运输深度融合，加快北斗卫星导航、5G 应用。在自动驾驶、智能航运、智能建造等领域形成一批标志性可推广成果。完善科技成果推广应用反馈评估机制。培育专业技术转移机构和人才，建设科技成果中

试及产业化载体。依法健全职务科技成果产权制度，构建科技成果转化绩效评价体系，完善激励与约束机制。支持高校、科研院所推动成果转化与创业的有机结合。

三是形成促进新技术与交通运输融合发展机制。推动大数据、人工智能、区块链、物联网、云计算和新一代无线通信、北斗卫星导航、卫星通信、高分遥感卫星等技术与交通运输深度融合，开发新一代智能交通系统，突破综合交通网运营服务、危险货物管控等关键技术。加速新材料、增材制造、先进成形与连接技术在交通基础设施建设和装备领域的深度应用，加快工业机器人技术在交通运输应急救援、重大基础设施检修领域的应用，促进传感测量和过程控制技术在智能交通领域应用示范。加强人机交互、安全事故（征候）人因机理与干预，以及生物安全、医疗卫生等关键技术研究应用。推动资源集约节约及再生利用、碳达峰碳中和、生态修复等理论方法及技术攻关。研发新型动力系统、高效清洁载运装备、新能源安全储运装备、船舶和码头油气回收和安全检测成套设备。发展生物降解包装、智能打包、循环及共享包装等新材料新技术。

四是加大国际技术交流与合作。加强与科技发达国家开展多层次多领域科技交流合作，拓展与发展中国家在优势技术、方案、标准等方面的合作空间，加强与重要国际科技组织合作，研究推动成立交通运输国际科技合作组织，推进实施"一带一路"交通运输国际科技创新行动计划，支持鼓励国内交通运输领域科研机构和企业在海外设立研发中心。通过举办和参与国际学术会议和研讨会，加强同北美、欧洲和日本等国家和地区国际一流学者的合作和交流，有计划地邀请海外留学和工作的优秀华人学者回国进行交流和合作，为海内外专家学者共同开展创新技术研发提供广阔的合作空间。

第五节
培育交通创新人才

　　交通运输人才是国家人才队伍中不可或缺的一部分。以各类交通运输企业为主要平台，中国培养造就出一批素质较高、结构较为合理的人才队伍，一批国家级拔尖人才、创新领军人才、青年科技人才集中涌现，设计、制造、运营等高技术工匠人才队伍规模不断扩大。要依托交通物流行业超过 5000 万人的从业人员和超过 13.7 万人的交通运输科技人员，不断壮大交通物流人才队伍，完善人才培养、引进、使用、合理流动的工作机制，畅通人才良性循环，为发展交通物流领域新质生产力培养急需人才。

一、加大交通运输人才队伍培养

　　强化综合交通运输人才队伍建设，挖掘释放和培育提升交通运输人力资本红利。持续实施交通运输行业科技创新人才推进计划，加快交通运输规模庞大、结构优化的高素质、知识型、创新型人才队伍培养。优化人才队伍结构，建设总量充足、结构合理、专业匹配、素质精良的交通运输人才队伍，培养具备学科交叉能力和产业融合能力的复合型人才。围绕中国交通运输现代化发展的关键领域和关键环节，培养一批高水平交通科技人才、创新人才和管理人才。围绕重点基础性、创新性领域，以国家重大工程实验室等为依托，造就一批国内一流、国际知名的交通运输创新领军人才、经营管理领军人才和大国重器工匠大师。强化人才梯队、专业团队培育，加大优秀青年骨干人才培养力度，支持相关高校和研究机构制订高端人才培养计划，鼓励高端创新团队建设。创新人才培养体系，提高人才的创新能力和实际应用水平。

二、推进交通运输专业学科建设

加强高校、科研院所等的建设，构建适应交通运输现代化发展需要的专业化职业教育体系，强化综合性、复合性、融合性、专业性、国际性人才培养。推进科教、产教融合，增强科研骨干跨领域、跨学科交叉合作和创新链组合能力。优化高校学科布局，强化综合交通运输、前沿交叉等领域学科和专业设置。鼓励各高校、科研院所构建交通运输领域交叉融合、特色鲜明的学科体系，传播敢于质疑、勇于开拓的创新精神，推进"项目-基地-人才"的一体化建设。加强教育教学与行业需求的对接，深化产学研合作，搭建交通运输领域的产学研合作平台，促进高校、企业和科研机构之间展开更紧密的合作与交流。健全企业委托培养人才、企业在高校设立奖学金和助学金等制度，校企联合培养打造智能交通领域创新型人才。探讨行业发展趋势、技术需求和人才培养方案，深化高校与企业之间的人才需求合作，推动人才培养体系不断创新。加大综合性高端智库、各类专业智库和咨询机构等的建设力度，充分发挥行业协会积极作用，提升重大战略、政策、项目的科学化决策水平。

三、健全完善人才管理服务制度

加强人才使用与激励机制建设，创新人才使用和评价机制，改进交通运输领域人才的评价和考核指标体系，坚持"破四唯"和"立新标"并举，加快建立以创新价值、能力、贡献为导向的科技人才评价体系。针对新质生产力的需求，优化科技人才培养、引进、使用、流动和奖励的工作体制，推动科技人才良性循环。建立有利于激发人才创新活力的人才引进、选拔、培养、使用和激励机制，加大人才激励力度，优化人才发展服务环境。一方面，对交通科技人才进行分类评价、选拔和培养，重视工程技术人员和专利技术评价，加强前沿技术领域稀缺人才培养，探索建立差异化、长周期、多元化的专业人才评价体系。同时，发挥企业在创新中的主体地位作用，加强科技创新环境和创新文化建设，落实以创新和质量为导向的人才评价机制。另一方面，设立激励机制，优化分配机制，提升工作环境，提高福利待遇，激发科技人才的工作积极性和满意度。对国内外的交通人才实行统一的评价和选拔标准，减少行政干预。建立完善的职业发展通道和晋升机制，为科技人员提供广泛的职业发展空间和晋升机会，激发其工作动力和创造力。

推动科研院所依法依规实施章程管理，鼓励科研院所根据国家有关规定自主决定经费使用、机构设置和人员聘用、绩效考核和薪酬分配、职称评审和合理流动等内部管理事务。鼓励事业单位对符合条件的科研人员实行年薪制、协议工资、项目工资等灵活多样的分配形式，试点实施交通运输科研项目经费包干制。促进科技人才流动，推动科研院所和高校试点实施人员编制备案制。改善交通运输行业教育培训等基础条件和软硬件环境。

四、加强交通运输国际人才储备

做好国外智力引进和国际组织人才培养推送工作，促进人才国际交流与合作。一方面，加大海外顶尖人才引进力度，制订、实施交通运输领域海外人才引进计划，设立专项资金引进技术专家、学术领军人等顶尖人才。组织交通运输领域人才招聘活动，通过国际性的招聘会、学术研讨会等形式，积极吸引海外优秀人才回国（来华）工作。建立交通运输领域海外人才引进项目，根据不同领域和岗位需求推出具体的引进政策和措施，为海外顶尖人才提供优厚的薪资、住房补贴、子女教育等福利待遇，全方位吸引其回国（来华）工作和生活。通过吸引更多国际顶尖人才参与交通运输科研、教学和管理工作，为中国交通运输创新发展和国际竞争力提升贡献力量。另一方面，提升交通运输对外开放格局的人才储备，加强交通运输领域国际人才对接。在国际物流、多式联运等领域，提升相关人员专业素质和沟通处理能力，着重国际事务处理能力培训，培养一批懂业务、懂市场、善沟通的现代交通运输人才。加强人才梯度建设，交通运输院校开设国际化发展的相关课程，设置相关专业，做好人才储备。

典型案例：
《江苏省"十四五"交通运输人才发展规划》人才发展五大行动

实施高层次人才引领行动，加快培养一批熟练掌握现代信息技术，精通交通运输基础设施、运输服务、现代管理等业务的专业技术人才。面向全省交通运输行业从事公铁水空邮的规划、设计、建设、管理、运营等方面的专业技术人才，以及从事交通运输领域政策研究、法治、科技、安全、投融资、新基建等方面的综合管理人才，选拔培育200名行业领军人才，依托知名高校院所、骨干科技企业、一流科研基地和先进实验中心，选拔培育300名青年骨干人才。围绕交通运输战略规划研究、重大工程关键技术开展关键和共性技术研究，通过自主培养、直接引进等方式培养40个创新团队。建立导师制，积极为优秀高层次人才聘请权威专家作为导师，鼓励重点培养高层次人才参与重大项目攻关、重大课题研究。依托交通运输大中型企业、知名学府、交通职业院校等，选树20个省级高层次人才培养实践示范基地。加快协调建立覆盖综合交通运输体系全领域的"1＋2＋N"专业技术资格体系（"1"指交通运输工程，"2"指铁路工程和智能交通工程，"N"指与交通运输相关的其他专业）。在交通运输科技、法治、安全、规划、建设、管理等重点领域，遴选一批学术严谨、基础扎实的高水平专家学者，组建行业专家库。

实施高技能人才强基行动，在全省交通运输建设、运营和管理等领域一线，重点培养熟练掌握专门知识和技术、具备精湛操作技能、能解决关键技术和工艺难题的交通运输技术技能人才队伍。建立健全现代交通职业教育体系，加强现代交通类专业群建设，深化产教融合、校企合作。引导企业建立健全职工培训制度，支持交通职业院校建立适应劳动者多样化、差异化需求的社会培训体系。建立和完善职业技能竞赛机制，围绕交通运输、公路养护、智能交通等重点领域开展职业技能竞赛和劳动竞赛。依托大中型企业、交通职业院校、重点工程建设项目，培育50个交通运输行业技能大师工作室、工匠创新工作室。推进行业职业技能鉴定和技师、高级技师综合评审工作。完善高技能人才评选表彰制度，形成以政府表彰奖励为引导、用人单位和社会力量奖励为主体的高技能人才表彰奖励体系。

实施党政干部人才培优行动，以支撑交通运输治理现代化为导向，以交通运输主管部门和所属单位领导干部为重点，着力打造一支德才兼备、结构优化、廉洁高效、人民满意的交通运输党政干部人才队伍。强化"五型"班子建设，充分运用"五突出五强化"干部选用机制。强化干部人才专业知识培训，突出新理念、新知识和岗位能力培训。健全完善年轻干部发现储备、培养锻炼、选拔使用和管理监督全链条机制，认真落实年轻干部统筹选配、专项预审、督查通报制度。

实施企业经营管理人才集聚行动，引进培养一批具有全球战略眼光、市场开拓精神、管理创新能力和社会责任感的交通运输企业经营管理人才。加强交通运输企业党建工作指导，支持符合基本条件的民营企业建立党组织。建立健全政府引导、市场主导、企业为主体的企业经营管理人才培育体系。树立交通产业全链条的人才培养理念，引导交通运输企业发挥用人主体作用。依法支持企业家拓展创新空间，持续推进产品创新、技术创新、商业模式创新、管理创新、制度创新。

实施急需紧缺人才增量行动，围绕基础设施、运输服务、科技创新、安全保障、绿色发展等重点任务，加快培养引进急需紧缺人才。加快公路水运交通工程建设领域高端人才、民用航空领域人才、铁路领域人才、交通科技人才、综合行政执法人才和交通安全应急人才培养。

第六节
加强新型交通基础设施建设与交通装备创新

一、加强新型交通基础设施建设

（一）智慧公路

推动先进信息技术应用，逐步提升公路基础设施规划、设计、建造、养护、运行管理等全要素、全周期数字化水平。深化高速公路 ETC 门架应用，推进车路协同等设施建设，丰富车路协同应用场景。推动公路感知网络与基础设施同步规划、同步建设，在重点路段实现全天候、多要素的状态感知。应用智能视频分析等技术，建设监测、调度、管控、应急、服务一体的智慧路网云控平台。依托重要运输通道，推进智慧公路示范区建设。鼓励应用公路智能养护设施设备，提升在役交通基础设施检查、检测、监测、评估、风险预警以及养护决策、作业的快速化、自动化、智能化水平，提升重点基础设施自然灾害风险防控能力。建设智慧服务区，促进融智能停车、能源补给、救援维护于一体的现代综合服务设施建设。推动农村公路建设、管理、养护、运行一体的综合性管理服务平台建设。

1. 提升公路设计施工数字化水平

推动公路勘察、设计、施工、验收交付等数字化，实现不同环节间数字化流转，促进基于数字化的勘察设计流程、施工建造方式和工程管理模式变革。

一是加强公路全生命期数字化统筹。鼓励重大公路项目建设单位加强项目全过程数字化应用论证策划，以计量支付为核心功能，构建可实现设计、施工、项目管理数据传递的一套全生命期模型。鼓励采用设计施工总承包方式促进数据流通。各参建单位加强质量、安全、进度、绿色低碳、档案等数字化协同管理，逐步实现内业工作自动化，以数字化促进工程管理降本增效。规范数字化咨询工作，提高咨询策划水平。

二是推广公路数字化勘测。积极应用无人机激光雷达测绘、倾斜摄影、高分遥感、北斗定位等信息采集手段，利用 BIM + GIS 技术实现数据信息集成管理，优化勘察测绘流程，推广"云 + 端"公路勘察测绘新模式。

三是推进公路数字化设计。鼓励设计单位建立基于 BIM 的正向设计流程和协同设计平台，实现三维协同设计、自动生成工程量清单、参数化设计和复杂工程三维模拟分析，通过精细化、智能化设计提高设计效率、降低工程造价。自 2024 年 6 月起，新开工国家高速公路项目原则上应提交 BIM 设计成果，鼓励其他项目应用 BIM 设计技术。

四是推动公路智能建造和智慧工地建设。促进 BIM 设计成果向施工传递并转化为施工应用系统，通过数字化模拟施工工艺、优化施工组织。鼓励研发公路智能化施工装备，推进各类装备编码和通信协议标准化，依托 BIM 模型实现装备间数据交换、施工数据采集、自动化控制等，提高加工精度和效率，逐步实现工程信息模型与工程实体同步验收交付。

五是实施重大工程数字化监管。深化卫星遥感、视频监控、实时监测、环境监控、数字三维呈现等工程应用，注重体系建设，结合重点公路建设管理系统，通过"BIM＋项目管理＋影像系统"、区块链、人工智能、物联网等应用，提升工程信息采集与监管效率，提高工程质量安全水平。

2. 提升公路养护业务数字化水平

依托工程建设数字化成果，以业务应用场景提质增效为抓手，结合大中修工程和路况检测等，逐步实现在役公路数字化，切实提升公路养护智能化水平。

一是提升公路养护管理数字化水平。依托建设期 BIM 数据、历史数据等，并应用先进测量与快速建模等技术，结合既有养护系统以及养护大中修工程、改扩建工程等，推进公路资产数字化，重点完善地理信息、线形指标、安全设施、服务设施等信息，推广在线巡检、设施监测、防灾应急等场景应用，提升路况检测能力，逐步实现数据信息现场采集、填报，加强基于数字技术的养护评价、预测、决策等算法模型研究应用，优先构建基层路网智慧养护平台。鼓励养护与改造工程应用数字化技术。探索特殊路段限速、限载、限高等重要标志数字化联动预警，为精准实时导航、车路协同、自动驾驶等提供支撑。

二是构建农村公路数字化综合监管体系。应用建设期资料和相关数据资源，结合日常巡检和路况检测、数字扫描和快速建模等技术，逐步推进农村公路数字化，完善基础设施数据库、高质量发展评价体系和养护管理数字化系统，构建部省两级农村公路数字化综合监管体系，实现农村公路"一张图"管理。

三是推进公路养护装备智能化升级。加快桥梁、隧道、交安设施等智能化检测技术装备研发。鼓励精准化、低成本、环保型路网技术状况监测感知与路侧信息发布设施装备研发。研制基于人工智能、物联网的自动化巡查、无人机巡查、长期性能跟踪、养护质量管理等软硬件系统装备，提升路况检测及养护施工自动化智能化水平。

四是构建公路安全应急数字管控体系。利用公路数字模型，完善公路基础设施安全监测预警体系。加强自然灾害综合风险公路承灾体数据库动态更新，提升地质灾害易发路段安全预警保障能力。推动应急管理多元数据汇聚融合，构建"公路综合风险一张图"，强化风险辨识和智能感知能力，逐步实现重要通道灾害事故仿真推演、灾情研判、应急预案、辅助决策智能化。推动应急信息共享。

3. 提升路网管理服务数字化水平

以"可视、可测、可控、可服务"为目标，依托建设、养护等数据资源，完善部省站三级监测调度体系，提升路网智能感知、决策、调度、服务能力。

一是打造路网智能感知体系。在充分利用高速公路既有感知设施的基础上，综合利用 ETC 门架系统、通信基站等设施，应用摄像机、雷达、气象检测器、无人机等各类感知手段，建设覆盖基础设施、运行状态、交通环境、载运工具的公路全要素动态感知网络，拓展各类数据应用，加强对车路协同和路网管理的支撑服务。提升重要国省干线视频监测覆盖率和综合感知能力。

二是构建智慧路网监测调度体系。探索路网运行大数据、人工智能、机器视觉及区块链、北斗卫星导航、5G 等技术深度融合应用，建立实时交通流数字模型和重点区域路网信息智能处理系统，为出行规划和路网调度提供精准服务。在优化完善部省站三级监测调度体系的基础上，构建现代公路交通物流保障网络，实现会商调度、快速协同、人享其行、物畅其流，为公众安全出行提供有力支撑。

三是推动公路管理服务设施智能化提质升级。推动既有服务设施及充电桩等数字化，建设智慧服务区。强化公路光纤联网数据传输能力，发挥公路通信专网作用。

四是打造一体化公路出行服务新模式。汇聚公路沿线服务设施、车流量等动态信息，面向公众提供行前规划、预约出行、预约停车、预约购物、自助缴费以及途中信息获取、事后反馈评价和票款核查等菜单式服务，实现一单到底、无感无障碍出行和公路一站式服务，探索开展储值优惠、积分优惠、阳光救援等创新服务，丰富车路协同应用场景和服务方式。依托重点区域及国家高速公路主通道等，打造数字赋能的公路出行服务新模式。

4. 提升公路政务服务数字化水平

汇聚完善公路市场主体数据资源，以公路数字化推动完善公路管理规则与政策体系，助力形成充满活力、统一开放有序的全国公路大市场。

一是建立健全市场主体数据库。优化公路从业单位和从业人员信息库，规范信用录入审核机制，推动资质、业绩、信用、人员等信息联动管理，促进数据互联互通共享，不断提升业务协同能力。

二是提升"一网通管"监管能力。完善"互联网＋监管"模式和部省两级公路市场监管系统，加强对市场主体市场行为的数字化监管，强化招投标及合同履约、转包、违法分包等市场分析、自动研判、智能预警能力，推动招投标及监管数字化。构建农民工实名制系统。加快数字治超、非现场执法站点规划部署及联网。

三是提升"一网通办"的政务服务水平。完善"互联网＋政务服务"模式，在国家综合交通运输信息平台框架下强化部省两级公路政务服务联动，完善公路相关许可网上办理流程，推进跨省大件运输并联许可"掌上办"。不断改进涉企服务和个人服务，及时发布涉企政策。

四是以数字化推动审批监管制度重塑。以公路行业全链条数字化推动公路建设、养护、运行管理以及服务等流程再造、规则重塑、政策机制完善，促进公路审查、审批、监管制度变革，逐步构建适应数字公路的规则与政策体系。

5. 提升公路标准数字化水平

建立健全适应数字化的公路标准体系，搭建公路标准数字化成果共享服务系统，加快既有标准的数字化呈现，提升标准服务信息化水平。

一是建立健全公路数字化标准体系。加快数字公路、数据治理等相关标准制修订，完善既有标准的数字化相应内容，及时调整与数字化不相适应的条文，支撑公路全生命期"一模到底"和数字公路"一张图"建设，促进建设、管理、养护、运行、服务等环节数据流通共享，保障公路数字化设施与公路基础设施同步建设、一体运营、一体养护。

二是搭建标准数字化服务系统。推进既有标准的数字化，完善相应数据库，按照专业、要素、业务等维度搭建知识单元体系及典型案例，实现标准数字化呈现、智能化应用，拓展模糊检索、智能推荐、深度问答、定制服务等功能，推进标准体系多元开放共享。

6. 提升公路数字化基础支撑水平

夯实智慧公路高质量发展基础，加快构建行业大数据应用和网络数据安全保障体系与生态。

一是建设完善公路基础数据库。依托国家综合交通运输信息平台部省联动建设，整合公路领域各类既有重点业务信息系统，依托建设与养护数字化，逐步完善公路基础数据库，支撑国家综合交通运输信息平台调度指挥、运行监测、政务服务等功能，全面提升公路服务和管理数字化水平。

二是全面推广公路大数据技术应用。强化公路大数据共建共享、深度融合应用，加快构建与完善相关应用模型和专业算法，发挥数据潜能，强化数据分析、信息提炼、智能深度学习、智慧交互等功能，有力支撑公路数字化转型和产业化升级，壮大公路数字经济。

三是强化公路数字化安全防护体系。按照"谁主管、谁负责"的原则，完善公路数据安全管理制度，强化数据安全分级分类管理、监测预警与应急响应能力，加强商用密码等基础技术应用，构建智慧公路安全防护体系。

（二）智能铁路

推进北斗卫星导航、5G、人工智能、大数据、物联网、云计算、区块链等数智技术与铁路技术装备、工程建造、运输服务等领域的深度融合。运用信息化现代控制技术提升铁路全路网列车调度指挥和运输管理智能化水平。建设铁路智能检测监测设施，实现动车组、机车、车辆等载运装备和轨道、桥隧、大型客运站等关键设施服役状态在线监测、远程诊断和智能维护。建设智能供电设施，实现智能故障诊断、自愈恢复等。提升智能建造能力，提高铁路工程建设机械化、信息化、智能化、绿色化水平，开展建筑机器人、装配式建造、智能化建造等研发应用。加强智能铁路关键核心技术研发应用，推进大数据协同共享，促进铁路领域数字经济发展，提升铁路智能化水平。

1.推动前沿技术与铁路领域深度融合

以北斗铁路行业综合应用示范工程为依托，推进北斗卫星导航系统铁路基础时空坐标、基础设施勘测设计、结构安全监测、列车运行控制与安全监控、货运实时定位服务等关键技术研发应用，建立自主可控的铁路北斗应用技术体系。研究5G成套技术，推进毫米波通信、无线大数据、数字孪生、云网边端协同、感知-通信-计算一体化等技术在铁路通信信号领域的应用。研究人工智能、大数据技术在铁路运输组织、客货运服务、安全保障、设备健康管理等核心业务领域的深度应用。开展物联网技术在铁路设备设施、运行环境、公共安全等领域的泛在应用研究。推进云计算、移动互联技术在铁路指挥调度与客货服务领域的应用研究。开展铁路算力网络、智力网络和知识图谱技术研究，推动互联网协议第6版（IPv6）、区块链、物联网标识网络在铁路领域的应用研究工作。研究推进机器人技术在铁路设备设施运维与抢修领域的应用。

2. 推进勘察设计一体化技术应用

开展面向特殊地质环境、复杂气象环境下的遥感目标识别技术研发，实现铁路勘察手段的高效率、高精度、高适应性。研究北斗卫星导航、机载雷达、无人机低空遥感、航空物探、移动同步定位与建图（SLAM）等技术，推动空天地一体化勘察技术、卫星定位测量方法系统应用。研发地理信息系统（GIS）大数据、云计算技术支持下的智能选线技术，实现多方案自动生成和多维度智能评价。研究复杂环境地质勘察关键技术，提升工程勘察技术抗干扰、精细化水平。加大铁路勘察设计基础软件研发力度，加快测试验证和应用推广。深入推广铁路信息模型技术，实现全生命周期信息模型创建交付的标准化和数字化，推行一体化集成设计。

3. 加强智能铁路技术研发应用

围绕全生命周期与全业务融合目标，持续加强智能铁路顶层规划研究，构建智能铁路技术体系架构2.0版本。深化智能建造、智能装备、智能运营技术创新，开展智能建造数字孪生平台研发应用。研发具备自感知、自决策、自适应能力的智能动车组，发展基于MaaS + 5G的全行程服务和基于数据驱动的精准运维智能运营服务技术。开展重载铁路智能运维技术研发。借鉴智能铁路科技创新经验，推进智能城际关键技术创新，研究面向区域轨道交通一体化的总体技术方案，研究适用于城际、市域（郊）铁路网络化、公交化、智能化运营的关键技术，研发互联互通型车辆及融合中国列车控制系统（CTCS）与基于通信的列车自动控制系统（CBTC）等多种模式的新型列车运行控制系统装备，推进多制式轨道交通网络协同运营技术研究，满足多网融合跨线运行需要。

（三）智慧港口和智慧航道

引导自动化集装箱码头、堆场库场改造，推动港口建设养护运行全过程、全周期数字化，加快港站智能调度、设备远程操控、智能安防预警和港区自动驾驶等综合应用。鼓励港口建设数字化、模块化发展，实现建造过程智能管控。建设航道地理信息测绘和航行水域气象、水文监测等基础设施，完善高等级航道电子航道图，支撑全天候复杂环境下的船舶智能辅助航行。建设高等级航道感知网络，推动通航建筑物数字化监管，实现三级以上重点航段、四级以上航段重点通航建筑物运行状况实时监控。建设适应智能船舶的岸基设施，推进航道、船闸等设施与智能船舶自主航行、靠离码头、自动化装卸的配套衔接。

1. 推进港口信息基础设施建设

推进港口智能感知设备部署应用，增强港口基础设施、港区环境、运行状态的动态监测能力。加快推动上海港、天津港、青岛港、宁波舟山港等具备条件的国际枢纽海港和南京港、武汉港、重庆港等具备条件的内河主要港口重要港区基本建成智能感知网。推动新建集装箱、散货、客运等码头同步实现基础设施自动化监测。

2. 推进航道信息基础设施建设

推进航道智能感知设备部署应用，加强水位、气象、海况、航标状态、航道尺度、整治建筑物、桥梁通航净空尺度、通航建筑物运行状态的动态监测。加快长江干线、西江航运干线、京杭运河以及水网地区高等级航道智能感知网建设，提升其他内河高等级航道的限制性桥梁河段、重点滩险河段、通航建筑物等智能感知水平。推动新建通航建筑物等同步实现基础设施自动化监测。提升沿海航道的透彻感知及精确定位能力。

3. 实施智慧航道建设行动

一是提升航道运行保障能力。完善内河高等级航道测量测绘设施，加强航道尺度、水文、气象等在线监测，推动通航建筑物和航运枢纽大坝关键设施结构健康监测，提高内河电子航道图覆盖率，提高航道维护智能化水平。

二是提升航道协同监管能力。整合航道、海事、水运数据资源，提高航道突发事件应急联动效能。推广船舶污染物接收和监督系统，实现船舶污染物接收转运处置联合监管、船舶排放控制区现场监督检查等功能。

三是提高航道综合服务能力。开展传统导航设施数字化改造和虚拟航标应用。推广船舶北斗卫星导航高精度位置服务。推广船舶过闸智能调度，推进船闸设施自动化控制、智能调度、船舶通行、故障预警等一站式服务。推动水上绿色服务区建设。

4. 推进航道养护智慧化

一是推进养护智慧化。推动长江干线、西江航运干线、京杭运河、江淮运河、平陆运河等建设完善航道智慧养护管理系统。推进内河高等级航道长期跟踪观测和演变分析预测预报，强化重要干线航道重点航段泥沙原型观测、水情水文、过闸区域气象动态跟踪。推动建设船闸设备设施健康监测系统，加强对水工建筑物、输水系统、金属结构及启闭机等的实时监测和动态评估。

二是推进养护装备设施智能化。推广无人机、无人船和视频监控技术在航道巡查中的应用。推进智能疏浚装备及配套系统应用。全面推广航标遥测遥控、水位遥测遥报技术应用。推广应用多波束探测、船载激光扫描、实时 3D 声呐、水下探测机器人等技术，实现航道测量技术智能升级。利用 BIM、GIS、物联网以及数字孪生等新技术，推进长江干线、西江航运干线和京杭运河等高等级航道船闸智慧化升级。

5. 推进信息通信技术融合应用

推进港口和航道基础设施与云计算、大数据、物联网、人工智能（AI）、区块链等技术融合应用。扩大第五代移动通信网络/第五代固定通信网络（5G/F5G）、北斗卫星导航等技术在港口大型装卸设备远程控制、智能水平运输设备全流程作业、港区人员安防、多功能航标、视频监控等方面的应用规模。促进 BIM 技术应用，推动"智慧工地"建设。鼓励建设港口和航道数字孪生平台。

6. 构建水运数据资源体系

一是提升行业数据共享水平。按照国家综合交通运输信息平台的总体框架，建立"部-省-运行单位"三级数据资源体系。建立健全港口和航道信息资源共享机制，依托部省数据共享交换系统，实现相关数据资源共享共用。

二是推动"数据大脑"建设。推动港口企业、航道建设养护单位打造数据、服务、算法为一体的"数据大脑"，加强云服务、AI 大模型应用，按需构建技术支撑平台和数据支撑平台，强化多层次智能算力支持。

三是加强数据资源管理。推动建立公共数据、企业数据、个人数据的分类分级确权授权制度。依法开展港口和航道数据的挖掘、评估、流通、交易和服务。培育形成统一的数据标准体系。推动培育数据服务生态，发展数据要素产业链。

（四）智慧民航

加快机场信息基础设施建设，推进各项设施全面物联，打造数据共享、协同高效、智能运行的智慧机场。鼓励应用智能化作业装备，在智能运行监控、少人机坪、机坪自主驾驶、自助智能服务设备、智能化行李系统、智能仓储、自动化物流、智慧能源管理、智能视频分析等领域取得突破。推进内外联通的机场智能综合交通体系建设。发展新一代空管系统，推进空中交通服务、流量管理和空域管理智慧化。推动机场和航空公司、空管、运行保障及监管等单位间核心数据互联共享，完善对接机制，搭建大数据信息平台，实现航空器全球追踪、大数据流量管理、智能进离港排队、区域管制中心联网等，提升空地一体化协同运行能力。

1. 构建泛在智联的民航数字基础设施

一是适度超前建设网络基础设施。优化民航通信网络资源结构，加快推进北斗卫星导航系统应用和新一代航空宽带通信基础设施建设，提高民航数据传输能力和承载能力。深入推进 IPv6 应用，开展基于航空 5G 机场场面宽带移动通信系统（5G AeroMACS）技术的"机-车-场道-设施"协同运行，推进空管、机场、航空公司、服务保障单位等各主要运行要素全面物联，探索研究 6G 等新技术在民航领域的应用。

二是系统优化数据基础设施布局。强化民航领域数据中心集群顶层设计，推动民航大数据中心与民航各领域数据中心间网络直连和组网互联，构建集约化、规模化、绿色化民航数据中心集群，实现跨部门、跨业务、跨区域、跨层级数据资源综合利用，提升数据交互能力。

提升行业安全生产运行关键系统和核心设备保障能力，加强容灾备份建设。

三是整体提升应用基础设施能力。推进传统基础设施数字化、智能化改造，加强行业重要数据资源和信息系统上云部署。建设政务、空管、运行监控、市场服务、航空物流等重点领域应用基础设施体系，增强数字感知、边缘计算和智能分析能力，深化人工智能、区块链等技术融合应用。

2. 建立高效利用的民航数据资源体系

一是健全民航数据管理体制机制。发挥智慧民航建设体制机制优势，加快构建民航数据基础制度体系。建立健全数据管理机构，完善管理机制，明确行业管理部门、运行主体、第三方服务机构职责定位，充分发挥各方功能作用，提升数据管理整体效能。

二是构建民航数据资源体系。研究建立行业重点领域一体化数据目录和动态管理机制。面向民航业务发展需求，推进业务主体和系统间数据集成和共享，加强主数据全生命周期管理，构建元数据管理机制和管理规范。加快推动行业数据资源分类分级管理，推进数据集、算法模型、开发模型等资源开放利用。

三是激发数据要素价值潜能。落实国家数据基础制度要求，明确行业数据权益权属，推动公共数据、企业数据和个人数据依法合规高效利用。研究建立民航数据资产登记、价值评估核算等制度，探索建立行业数据市场化流通新模式，依托公共服务交易平台推动民航数据有序流通，提升民航数据要素资源效益。

3. 强化民航数字技术创新

一是攻关民航数字关键技术。开展业务领域智能融合关键技术研究，着力攻克精准监管、智能建养、协同运行、风险预警等技术。推动数字技术在无人（少人）运行、机场运营仿真优化、客货安检智能化、航空器维修与健康管理等场景的融合应用。面向国产大飞机、北斗卫星导航系统、新一代航空宽带通信等，围绕智慧运行场景做好预先研究和技术储备。

二是提升民航全链条安全可靠能力。加强民航安全、运行、服务等领域关键信息基础设施的核心装备、基础软件、应用软件的安全保障。加强与航空制造、智能装备、数字产业等行业的自主创新技术协同，推动空管、航空公司、旅客服务等领域信息系统和装备原创性研发。

三是健全民航行业协同创新体系。强化企业的创新主体地位，提升行业主管部门调控能力和引导作用，健全行业关键技术集中攻关机制，强化创新链、服务链和产业链有机衔接。建立民航数字化成果转化闭环路径，健全科技成果转化收益分配机制，加速行业数字化成果转化。

（五）智慧枢纽

推进综合客运枢纽智能化升级，推广应用道路客运电子客票，鼓励发展综合客运一体衔接的全程电子化服务模式，推动售取票、检票、安检、乘降、换乘、停车等客运服务"一码通行"。推动旅客联程运输服务设施建设，鼓励建设智能联程导航、自助行李直挂、票务服务、安检互认、标识引导、换乘通道等服务设施，实现不同交通方式的有效衔接。引导建设绿色智慧货运枢纽（物流园区）多式联运等设施，提供跨方式、跨区域的全程物流信息服务，推进枢纽间资源共享共用。推进货运枢纽（物流园区）智能化升级，鼓励开展仓储库存数字化管理、安全生产智能预警、车辆货物自动匹配、园区装备智能调度等应用。鼓励发展综合性智能物流服务平台，引导农村智慧物流网络建设。

1. 推动综合客运枢纽智能化建设

以便捷换乘为导向，完善智能联程导航、票务服务、标识引导、综合立体换乘等设施。推广应用车载便捷式安检设备，推动电子客票在综合客运枢纽的广泛使用，加强不同交通方式票务系统的有效衔接，实现"一站购票、一码（证）通行"。推动跨交通方式安检互认，提高行李直挂服务比例。加强事件监测、环境监测等系统建设，构建枢纽综合运行协调平台，推动城市公共汽电车、城市轨道交通、出租汽车（含网约车）与铁路、航空运行时刻、客流规模变化等运营信息有效对接，加强组织调度、运力安排等方面的协同衔接和应急响应，保障极端恶劣天气、重大突发事件、重点时段等情况下及时疏运旅客。

2. 推动货运枢纽（物流园区）智能化建设

以高效衔接为导向，建设智能仓储等设施，推广智能安检、装卸、拣选等装备。推进多式联运信息采集交换，实现电子货运单证"一单制"。推广应用第三方物流信息平台，实现多种运输方式全过程的智能调度、高效运转、精准匹配，提供跨方式、跨区域的全程物流信息服务。

二、促进交通运输装备技术创新

（一）提高交通装备整体自主化研发能力

围绕促进中国交通装备运行智能化、动力清洁化、结构轻量化及核心基础零部件自立自强，实施交通运输关键核心技术攻关，加快关键专用保障装备和新型载运工具研发升级，打造中国交通装备关键核心技术和标准体系。

1. 加快载运装备技术升级

强化汽车、民用飞行器、船舶等装备动力传动系统攻关，突破高效率、大推力/大功率发动机关键技术，研发大功率船舶涡轮增压器、车规级芯片等核心零部件，推广应用智能交通装备的认证、检测监测和运维技术。推动新能源汽车和智能网联汽车研发，突破高效安全纯电驱动、燃料电池与整车设计、车载智能感知与控制等关键技术及设备。推动新能源清洁能源船舶、智能船舶、大中型邮轮、极地航行船舶等自主设计建造及现代化导航助航设备研发，突破船载智能感知与控制关键技术及设备。推动时速 400 公里级高速轮轨客运列车研发，实现 3 万吨级重载列车、时速 250 公里级高速轮轨货运列车重大突破。加快大型民用飞机、重型直升机、智能化通用航空器等研发，推动完善民用飞机产品谱系化。推动智能集装箱、智能循环周转箱、快速换装转运设备等新型载运单元研发。

2.加快关键专用保障装备研发

加强工程装备研发，开展桥梁隧道工程施工装备、整跨吊运安装设备、港作机械等研究，突破智慧工地作业环境泛在感知、自主作业与智能协调、智能建造与工业化生产等技术与装备。加强维养装备研发，加快工程维养智能机器人研发应用，加强铁路运维自轮运转设备、不中断交通公路设施智能化养护维修设备、航道智能化测绘及自动化清淤设备等研发与应用。加强应急救援装备研发，研制自然灾害、重特大安全事故等突发事件交通应急处置装备，研发大型溢油回收船及关键技术装备、大型深远海多功能救助船、深水打捞关键装备、水下智能安防装备、大深度饱和潜水应用技术装备等。

（二）提升道路运输装备及其系统研发能力

1.构建协同开放的智能汽车技术创新体系

一是突破关键基础技术。开展复杂系统体系架构、复杂环境感知、智能决策控制、人机交互及人机共驾、车路交互、网络安全等基础前瞻技术研发，重点突破新型电子电气架构、多源传感信息融合感知、新型智能终端、智能计算平台、车用无线通信网络、高精度时空基准服务和智能汽车基础地图、云控基础平台等共性交叉技术。

二是完善测试评价技术。建立健全智能汽车测试评价体系及测试基础数据库。重点研发虚拟仿真、软硬件结合仿真、实车道路测试等技术和验证工具，以及多层级测试评价系统。推动企业、第三方技术试验及安全运行测试评价机构能力建设。

2. 构建系统完善的智能汽车法规标准体系

一是健全法律法规。开展智能汽车"机器驾驶人"认定、责任确认、网络安全、数据管理等法律问题及伦理规范研究，明确相关主体的法律权利、义务和责任等。推动出台规范智能汽车测试、准入、使用、监管等方面的法律法规规范，促进《中华人民共和国道路交通安全法》等法律法规修订完善。完善测绘地理信息法律法规。

二是完善技术标准。构建智能汽车中国标准体系。重点制定车载关键系统、智能汽车基础地图、云控基础平台、安全防护、智能化基础设施等技术标准和规范，以及"人-车-路-云"系统协同的车用无线通信技术标准和设备接口规范。建立智能汽车等级划分及评估准则，制定智能汽车产品认证、运行安全、自动驾驶能力测试标准，完善仿真场景、封闭场地、半开放场地、公共道路测试方法。制定人机控制转换、车路交互、车车交互及事件记录、车辆事故产品缺陷调查等标准。

三是推动认证认可。建立健全企业自评估、报备和第三方技术检验相结合的认证认可机制，构建覆盖智能汽车全生命周期的综合认证服务体系。开展关键软硬件功能性、可靠性、安全性认证，制定面向不同等级智能汽车的认证规范及规则。推动测试示范区评价能力和体系建设。

3. 构建科学规范的智能汽车产品监管体系

一是加强车辆产品管理。完善智能汽车生产、准入、销售、检验、登记、召回等管理规定。研究制定智能汽车相关产品安全审核和管理办法。加强智能汽车产品研发、生产制造、进出口等监管，构建质量安全、功能安全防控体系，明确安全责任主体，完善智能汽车道路交通违法违规行为取证和处置、安全事故追溯和责任追究相关规定。明确车用无线通信设备型号核准和进网许可办理流程。完善智能汽车场地测试标准和管理办法，加强公共道路测试审核和监管，推进运行安全和自动驾驶能力测试基地建设。

二是加强车辆使用管理。颁布智能汽车标识管理办法，强化智能汽车的身份认证、实时跟踪和事件溯源。建立公开透明的智能汽车监管和事故报告机制，完善多方联动、信息共享、实时精准的运行监管体系。加强道路基础设施领域联网通信设备进网许可管理。制定智能汽车软硬件升级更新、售后服务、质量担保、金融保险等领域管理规定，积极推进智能汽车商业化应用。

4. 开展汽车超低二氧化碳与污染排放技术研发

促进高效内燃机、混合动力、替代燃料等各种关键汽车节能技术的进步与应用。通过有效政策引导、鼓励基础研发、完善充电基础设施等措施，持续大力推动新能源汽车装备的发展与普及。推进绿色汽车制造体系的升级，并向低碳方向不断优化，调整道路运输能源的供给结构，实现汽车产品制造与使用全生命周期的超低二氧化碳与超低污染物排放。最终建成与未来城市环境兼容的智慧移动系统，打造高效、舒适、智能、安全、公平的"零伤亡""零拥堵"和谐汽车社会。

（三）加大绿色智能船舶及码头装备研发

1. 绿色智能船舶设计技术研发

明确未来绿色智能船舶的总体功能和技术指标。着眼全生命周期，借助智能技术的应用，综合船型优化技术、高效推进系统、附体节能应用技术、绿色能源应用技术以及智能设备应用等环节，开展绿色船舶设计方法研究，并提出适用于内河、沿海及岛屿间船舶的船型。开展基于绿色智能船型特点的试验技术研究，形成试验评估技术方法，支撑绿色智能船型的开发，最终完成基于绿色智能船型的概念设计方案。

2. 绿色智能船舶自主航行技术研发

以内河区域性船舶、中欧沿海型船舶、岛屿间运输船舶为对象，研究船岸协同的船舶增强感知、智能决策、自主控制测试验证等关键技术，构建船端自主控制终端、岸基远程驾驶控制系统与虚实融合测试平台。具体包括绿色智能船舶多源异构信息融合感知与智能决策，绿色智能船舶船岸协同与人机协同的远程驾驶技术，绿色智能船舶单体自主航行与异构船舶编队控制，绿色智能船舶虚实融合的自主航行测试验证评估等。

3. 绿色智能船舶安全技术与风险防控

针对船舶辅助与自主航行、远程控制、复杂系统运行的安全可靠技术研究，构建船舶航行风险预测模型。针对绿色智能船舶网络、数据安全风险评估与测试验证，搭建包括脆弱性识别、漏洞扫描、数据质量分析等模块的网络数据安全评估平台，开展绿色智能船舶网络技术数据安全评估。识别绿色智能船舶新型动力及新燃料系统的安全风险及隐患，采用相关风险评估理论，开展风险识别与应对措施研究。

4.完善绿色智能船舶测试验证与规范标准

开展面向绿色智能船舶典型运输作业周期和任务特点的测试场景设计、基于场景的智能航行测试验证方法等关键技术研究。开展自主航行、自主靠离泊、内河船岸协同交互、安全管控、网络安全、数据可靠性、清洁能源及新能源等系列规范标准的研究，建立体系框架及重点标准。开展绿色智能船舶公约规则的制修订研究，梳理典型类型的智能船舶实施现行国际海事公约规则的适用性识别监管障碍，分析解决措施，提出相关公约和规则修订方案。

5.推进码头作业装备自动化

加快新型自动化集装箱码头、堆场建设和改造，加强码头桥式起重机、门式起重机等设施远程自动操控改造，推进码头操作系统和设备控制系统的深度融合。推进大宗干散货（矿石、煤炭、粮食等）码头堆取料机、装卸船机、翻车机等设施智能化升级。推进无人集装箱货车、自动导引车等规模化应用。推动港口建设养护运行全周期数字化，实现建造过程智能管控。推动船舶靠港使用岸电，推进码头岸电设施和船舶受电设施改造，推进智能照明、供能和节能改造技术应用。

（四）打造现代化铁路技术装备体系

聚焦装备领域关键技术，推进更高速智能动车组、先进载运装备、现代工程装备研制，加快关键核心技术攻关，推动技术装备高端化、智能化、谱系化发展，打造现代化装备体系。

1.推动更高速度轮轨技术研发

研发高速列车系统集成、承载走行结构、轮轴驱动、制动控制等制约速度和能效提升的关键技术，形成系列化的标准体系和试验验证能力，构建自主可控、性能指标领先的时速 250～400 公里级高速列车产品平台，实现技术水平持续引领。深化高速列车轮轨关系、弓网关系、空气动力学、车辆动力学、撞击动力学、振动与噪声控制、无砟轨道结构动力学、能源消耗与回收等铁路基础理论研究。开展列车在更高运营速度等级下的减阻节能、减振降噪、车线关系、流固耦合、车辆互操作、客室环境品质与协同化、智能化、轻量化技术研究，提升列车高运营速度下的安全性、可靠性和舒适性。

2. 强化先进载运装备技术研发

完善城际及市域（郊）装备技术研发，提升城际及市域（郊）装备轻量化、智能化、绿色化技术水平。推动 3 万吨级重载列车、时速 160 公里及以上快捷货运装备成熟运用，推进 25～40 吨轴重货运装备、时速 120 公里级多式联运、高速货运装备技术研究运用及产业化。推进标准化、集装化、模块化货运装备、新型冷链、危险货物运输、驮背运输、双层集装箱运输等铁路专用车辆研发运用，实现大宗货运重载化、快捷货运高速化、特种货运专用化发展。开展时速 600 公里级高速磁浮系统、低真空管（隧）道高速列车等技术储备研发。

3. 加强现代工程装备技术研发

开展掘进机围岩等级识别和新型破岩方法研究，研制新一代隧道掘进机和隧道钻爆法施工作业装备。研发融合信息技术的高效率高精度钻探、原位测试、岩土试验、物探、遥感设备。开展智能化掘进、架桥、养护机器人关键技术研发，推进复杂环境下智能化、谱系化、可配置的铁路线路勘察、建造、检测、监测、运维、救援等成套工程装备研究及规模化应用，提升工程施工管理的数字化、集成化、可视化水平。研究重载铁路工务设备强化与服役性能提升关键技术。发展适应特殊环境和时速 400 公里高速运营的新一代铁路智能综合检测监测与无人全自动化巡检装备，加快推动大型养护机械升级换代，推进铁路新型起重机械、高速铁路快速救援抢修装备研制运用。

4. 推动设备设施运维养护技术工程应用

建立健全设备设施养维和评价标准体系。构建形成列车在途监测预警与健康管理技术体系，深入开展结构安全服役监测、关键部件疲劳性能评估及寿命预测等列车运用安全性、可靠性技术研究，延长设备使用寿命。发展维修专业化、集约化、精准化、智能化及造修一体化技术，提升基础设施全生命周期云端智能健康管理水平，推进无人化技术应用。深化基础设施运维养护理论创新和科技攻关，优化服役性能和运营品质。推动基础设施预防性养护、快速维养、绿色智慧维养等成套技术研发应用，提升铁路基础设施精细化、快速化、智能化运维养护水平。

5. 加快装备关键核心技术攻关

攻克基于复杂边界条件下的轴承基础理论，提升高速列车转向架用轴承设计、仿真、材料、制造、试验及运用维护等关键核心技术，建设转向架用轴承技术和产品创新能力平台，形成轴承产业链和规模产业化能力，推进产品装车运用。提升高速列车用车轮、车轴及绝缘栅双极型晶体管（IGBT）芯片成套技术，建立应用全链条技术体系和标准体系，形成完整技术创新平台，实现产品装车运用考核并推广运用。研发运用新型列车牵引控制、制动控制、辅助供电控制、列车网络及运行控制系统。

（五）强化民航国产技术装备研发应用

1. 加快国产技术装备的研发应用

持续支持新舟600、ARJ21等国产飞机运营，充分挖掘国内中短程航线市场。进一步推广 C919、CR929 等国产大飞机应用，打破国外航空器的垄断地位，提高国产大飞机的市场占有率。加强技术攻关，突破大涵道比涡扇发动机、航电系统等关键部件研发制造的技术瓶颈，提高国产自主水平。推进直升机、通用飞机和无人机的系列化发展。开展超声速运输机、清洁能源飞机、高速直升机、超长航时无人机、亚轨道飞行器等技术方案研究。加快推进北斗卫星导航系统、高速行李分拣系统等具有自主知识产权的新技术在民航领域的应用，推动国产民航空管技术产业化发展，实现民航空管设备安全可控。

2. 推进航空器维修保障技术创新

以全生命周期的理念推进航空器的研发制造，推进飞机部件的模块化和智能化水平，实现航空器状态的实时感知和监测。加强信息技术与航空维修业务的结合，推进 AR、VR 等技术在航空维修领域的创新应用，提高自动识别、网络远程维修、自动测试系统、便捷辅助设备等航空维修领域的自主创新能力。加强科技攻关，提高航空发动机、综合航电等核心部件的自主维修保障水平。

3. 加快构建新一代适航审定技术体系

建设世界一流适航审定体系、世界一流适航审定能力和世界一流适航审定队伍，实现与航空制造业融合发展。围绕国产航空器、发动机、机载设备的适航审定需求，建立健全适航审定基础理论、标准规范。针对新一代机载系统、新型飞机、先进发动机等航空产品，加快形成自主可控、系统完备的世界银行审定技术体系与试验验证体系。深化双边合作，重点推动欧美对中国航空产品和零部件的适航认可，推动国产航空产品、技术服务和规章标准"走出去"。

第七节
促进设施与数据互联互通

中国综合交通运输网络虽然已经具备较大规模，但发展不平衡不充分问题仍然突出，例如，不同运输方式融合发展和城乡区域交通运输协调发展问题，国土资源节约集约利用问题，对外开放问题以及人民美好出行需求问题等。针对上述问题，通过提升设施与设施、设施与数据、数据与数据之间的互联互通能力，以更好地培育新质生产力，促进交通运输高质量发展。

一、提升交通基础设施网络连通性，维护设施设备本质安全

（一）加快建设互联互通的国家综合立体交通网

以统筹融合为导向，优化国家综合立体交通网络布局，完善铁路、公路、水运、民航、邮政快递等基础设施网络，构建以铁路为主干，公路为基础，水运、民航比较优势充分发挥的功能完备、立体互联、陆海空统筹的综合交通运输网络。

围绕国家综合立体交通网"6轴7廊8通道"主骨架，加快建设以"十纵十横"综合运输大通道为骨干的网络，强化主轴与廊道间的协调衔接。增强全国所有县级及以上行政区、边境口岸、国防设施、主要景区之间的连通性，强化综合交通网络有机衔接，提升存量资源利用和增量供给质量。构建综合交通枢纽集群、枢纽城市及枢纽港站"三位一体"的系统，提高海运、民航的全球连接度。

（二）加强国土资源节约集约利用，促进各运输方式融合发展

节约集约利用通道线位资源、岸线资源、土地资源、空域资源、水域资源，促进交通通道由单一向综合、由平面向立体发展。统筹考虑多种运输方式规划建设协同和新型运输方式探索应用，实现公路、铁路、水路、航空等多种运输方式相互协同、深度融合。加强综合交通通道与通信、能源、水利等基础设施统筹，提高通道资源利用效率。

（三）推动交通基础设施智慧扩容，提升交通通行效率

加快推动大数据、物联网、人工智能、北斗卫星导航、5G 等新技术与交通基础设施网络深度融合，体系化部署交通基础设施运行状态感知设备，建设沿线通信传输网络、交通诱导系统等，加快关键节点智慧通行服务、干线通道主动管控和一张网服务新模式等成熟场景的规模化网络化应用，推动点、线、面一体联动和区域有效协同，提升交通基础设施承载能力和通行效率，助力公共服务升级。

（四）加强基础设施科学养护，推动交通基础设施安全增效

强化交通基础设施常态化预防性养护维护、安全评估，加强长期性能观测，提升交通基础设施安全水平，提高基础设施使用寿命。推进实施基础设施数字化管养系统、运行监测预警平台、数字治超及大件运输全链条监管系统、应急指挥调度系统等建设，有效提高安全风险识别预警、快速响应和联动处置能力，提升交通网络系统韧性和安全性。

二、加快推进基础设施数字化转型，促进"实体-数字"交通互联互通

（一）加快基础设施数字化转型升级，激活数字技术的放大、叠加、倍增效应

依托大数据、人工智能、机器视觉及区块链、北斗、5G、BIM 等

新一代信息技术和数字技术，加快交通基础设施数字化转型，推动交通基础设施全要素、全周期数字化。构建网络化的传输体系，推动交通运输基础设施与信息基础设施一体化建设，促进交通专网与"天网""公网"深度融合。建立云端互联的感知网，提升交通基础设施、信息基础设施的多维监测、智能网联、精准管控、协同服务能力，构建载运工具、基础设施、运行环境互联互通的交通控制网基础云平台，增强载运工具、设施、运行环境之间的互联互通。

（二）突破数字化核心技术及装备，实现网络化、规模化应用效应

稳步推进 5G-A 等网络通信设施覆盖，推动行业应用，打造新一代轨道交通移动通信和航空通信系统。促进北斗卫星导航系统推广应用，稳步推进北斗卫星导航系统在铁路、公路、水路等领域应用，支撑设施互联互通。突破操作系统、芯片等交通基础设施数字化智能化关键技术，加快提升关键设施、装备的自主化水平，依托大数据中心、算力中心等新型基础设施，充分利用人工智能、区块链等技术，加快推广智能网联技术的应用，实现载运工具与交通基础设施、载运工具与载运工具之间的互联互通，支撑自主式交通系统加速演进。

（三）推进数字孪生技术应用，实现"实体-数字交通"高效融通

促进数字孪生技术在交通领域的应用，利用数字化手段创建交通基础设施、载运工具、运营管理等实体对象的虚拟映射，实现实体交通系统与数字孪生模型的实时交互、相互映射和协同优化，通过数字孪生系统达到先知、先觉、共智的目标。构建跨区域、跨模式的数字孪生交通系统，实现不同区域间、不同交通方式间的数据共享和资源整合，提高整体交通系统的运行效率，实现交通系统的优化和智能化管理。

三、健全数据标准，加强数据治理，促进数据互联互通

（一）健全数据互联互通标准规范

建立交通基础设施全生命期数据模型标准、交通网络运行监测标准，支撑实现基础设施全生命期"一套模型、一套数据"。建立综合交通枢纽、多式联运等数据共享标准规范，加强不同运输方式标准统筹协调，以促进数据的一致性和互通性。完善健全适应新技术发展的行业网络与数据安全标准。

加强交通运输国际交流合作，积极参与国际标准制修订工作，推动标准的国际互认，提升中国标准的国际化水平，以支持国际交通数据的互联互通。

（二）构建"数据大脑"，加快数据资源整合与共享

完善国家综合交通运输信息平台，打造综合交通运输"数据大脑"，通过整合共享、综合开发和智能应用，加强数据资源的治理和管理。推动交通运输数据资源在部、省两级的有效汇聚整合，形成统一的核心数据库，并实现数据资源的开放和共享。在邮政快递、现代物流、旅游等相关产业与交通的融合发展中，推动不同运输方式之间信息的有效衔接和共享。

（三）加强数据安全保障与创新发展

加强对交通数据全生命期管控，保护国家秘密、商业秘密、个人隐私，构建网络安全综合防范体系，确保数据安全和网络安全。推动大数据、人工智能、区块链等技术在交通运输行业的应用，培育数字交通创新发展体系。推动国际交流与合作，构建协同创新生态，强化资金保障和组织实施，确保数字交通规划的有效实施。

第八节
促进技术融合与产业融合

交通运输系统是现代社会的重要基础设施，直接关系经济发展和人们的日常生活。随着新技术、新模式的不断涌现，新质生产力使得交通与其他领域的融合成为可能。交通与物流、能源、旅游、装备制造与公共服务等领域的深入合作，将进一步强化交通运输系统在国民经济和社会发展中的关键作用。

一、推进交通基础设施网与其他三网的协同发展

（一）交通基础设施网与信息网的融合升级

深度利用 5G 技术及其扩展应用，构建交通基础设施网络与通信网络的深度融合体系，加强交通基础设施与信息基础设施统筹布局、同步建设，确保交通基础设施与载运工具间的实时数据交换。推动车联网部署和应用，强化与新型基础设施建设统筹，利用车联网技术，实现交通基础设施和载运工具之间的无缝通信连接，为智能交通系统提供数据和通信支持。加强载运工具、通信、智能交通、交通管理相关标准跨行业协同。

（二）交通基础设施网与能源网的创新整合

推进交通基础设施与能源设施统筹布局规划建设，强化交通与能

源基础设施共建共享，通过智能电网和配电设施的升级改造，确保交通网络的能源供应优化和即时调整，促进交通基础设施网与智能电网融合，提高设施利用效率，减少能源资源消耗。优化电动车充电站和氢能供给站的网络布局，确保交通设施和载运工具的能源供给。集成铁路运输与能源电力领域的先进技术，打造自主可控的电气化公路成套技术装备体系，推动电气化公路的发展。通过部署分布式能源设施，实现交通基础设施的绿色化转型。

（三）交通基础设施网与运输服务网的系统优化

通过人工智能和大数据分析技术，强化交通基础设施网与运输服务网的融合。利用云控平台，实现载运工具与交通基础设施的数据共享和实时监控，为多式联运提供高效支持。部署自动驾驶和无人机物流技术，实现货物运输的全自动调度和即时响应。打造智能化的乘客服务平台，提供从出发到目的地的全链条智能出行服务，优化乘客的出行体验。

（四）构建多网络协同的交通管理系统

实现交通基础设施网、信息网、能源网和运输服务网的全面融合，以提升交通运输系统的韧性。通过人工智能大模型进行交通运行的实时监测和预警，实现交通运输系统的智能优化。部署基于 5G 和云控平台的交通应急系统，在灾害和紧急情况下实现快速响应。引入氢能与电能等多元化能源供应体系，确保交通网络的能源保障。通过运输服务网的全面协调，提升综合交通运输系统的联动和灵活性。

二、深化交通行业与其他产业的融合

（一）交通与物流产业的集成优化

通过部署自动化物流装卸设备，实现邮件快件的集中安检和高效处理。在航空、铁路和水运中应用先进的物流管理技术，确保多式联运的无缝衔接。采用综合物流跟踪系统，实时监控每个物流节点，提升物流透明化程度并优化运输路径。推动农村物流基础设施的现代化升级，加快发展低空物流，加强末端配送服务网络的覆盖广度。提升航空货运的吞吐能力，打造全球化的物流网络。

（二）交通与能源产业的融合创新

利用智能电网技术优化交通能源的供应，确保新能源载运工具的高效精准运行。开发大数据分析系统，精准预测交通网络的能源需求，制订能源调度计划，保障交通设施和载运工具的供电稳定。建立全面的能源管理平台，确保自动驾驶和智能交通工具的能源供给。通过开发智能能源调度系统，提高新能源基础设施的利用效率，确保交通运输系统的能源供给稳定。

（三）交通与旅游产业的融合创新发展

通过增设旅游服务设施，如观光车站、休息区和信息中心，确保旅游景点与交通线路的紧密连接，保证交通基础设施能够提升旅游景区的可达性和吸引力。推广"快进慢游"理念，优化旅游交通路线，提升游客体验的便利性与舒适性。通过通用航空、定制公交服务及其他多样化的运输方式，满足游客对出行的不同需求。利用数字化管理平台，实现旅游交通设施的数字化运营。

（四）交通与装备制造业的协同发展

鼓励国内航空装备与高速列车组件的产业化应用，提高制造业和交通业的协同发展水平。推进智能交通系统和电子设备在交通领域的广泛应用。通过资源整合和数字化技术，探索交通设备的新材料和新技术，提升装备的性能和经济效益。利用大数据和人工智能技术，优化交通装备的生产和运作，推动装备制造业在交通运输领域的创新。

（五）交通与公共服务的综合提升

通过增设定制公交服务和扩展公交路线，实现交通运输网络在偏远地区的覆盖。同时利用现代通信技术，提供在线教育和远程医疗服务，减少交通不便对教育和医疗服务带来的影响。加强交通设施与公共服务设施的整合，提高交通运输系统的韧性和灵活性。通过大数据和人工智能技术，实现公共交通系统的高效运营和动态调度，为所有用户提供公平、包容的交通服务。

（六）交通与电子信息产业的融合

利用 5G-A 等通信技术，实现车辆与交通基础设施间的高速数据交换。开发基于云计算和大数据的交通管理系统，整合电子信息技术，精准调度交通信号，优化交通流。推动自动驾驶技术的发展，为载运工具提供电子信息产业的技术支持。加强电子信息技术在载运工具中的应用，提高车辆的智能化、自主化水平。推动基于区块链的交通支付系统发展，提高交通支付的安全性和便利性。

（七）交通与房地产业的融合

通过数智化的交通规划，利用大数据和人工智能分析城市的交通需求与发展趋势，将商业和住宅区域纳入交通网络，实现智能化的规划与交通基础设施的优化配置。将轨道交通站点周边的数字化管理与商业地产相结合，打造以交通为纽带的智能商业综合体，实现购物、办公和娱乐的一站式服务。通过开发 GIS 与人工智能相结合的房产与交通数据分析平台，精准分析交通运输网络对房地产市场的影响，为开发商提供精准的数据支持，确保城市交通与房地产的智能化融合。

第九节
促进高品质交通服务供给

新质生产力赋能的交通服务代表着交通行业的未来发展方向，通过科技创新、环保技术、数字化和智能化的技术突破，以提升全要素生产率为核心目标，构建高效、绿色、智能的高品质交通服务体系。新质生产力赋能的交通服务强调效率与安全的提升，同时追求可持续性与生态友好性，主要包括城乡交通的数字化升级，城市交通的智能调控，货运与物流系统的自动化与集成，以及交通服务的数字化与智能化等。可从促进高品质交通服务的协同发展、支撑高品质交通服务的技术创新、加强高品质交通服务的人才培养三个方面促进高品质交通服务供给。

一、促进高品质交通服务的协同发展

（一）整合互通的城乡一体化交通服务

推动城乡交通网络的全方位数字化升级。通过 5G 和车路协同技术，实现城乡客运网络的实时数据传输和信息共享，增强运营调度的精准性和效率。发展自动驾驶公交车和电动出租汽车，提高城乡交通的服务质量与覆盖范围。建设综合交通枢纽，实现铁路、公路和城郊公交的无缝衔接，为乘客提供一站式的出行服务。构建智能出行服务平台，实时分析客流数据，为乘客提供最优的线路规划和实时交通信息。加强乡村客运站点与市区交通枢纽的连接，确保偏远地区的居民出行无忧。

（二）发展灵活舒适的城市出行服务

应用人工智能和大数据技术对交通流进行精准调控。部署 5G-A 等通信网络，确保交通基础设施与车辆间的信息即时传输。发展多样化的公共交通方式，推广自动驾驶公交车和电动出租汽车，优化城市公共交通线路的设计，提高公共交通的覆盖率和便捷性。利用智能出行平台，提供实时交通信息和最优出行建议，提升乘客的出行体验。通过建设智慧停车系统，增加城市停车位供给，缓解停车难问题。

（三）发展高效集成的物流运输服务

优化多式联运基础设施和交通枢纽。利用物联网和人工智能技术，实时监控货物运输流程，动态调整物流路径，实现运输效率的最大化。引入区块链技术，实现供应链信息的安全传输和数据透明化。开发智能仓储系统，利用自动化设备提高仓储运营效率。推广新能源货车和物流无人机，提高物流运输的绿色化水平。建立物流调度平台，整合物流公司的运力资源，实现全链路物流管理。搭建全球化的物流调度平台，整合不同国家和地区的物流公司资源，实现全球物流网络的无缝衔接。发展航空和海运枢纽的数字化水平，提高国际物流枢纽的整体效率。提升港口和机场的吞吐能力，推动国际物流的数字化与智能化。

（四）发展低碳可持续的绿色运输服务

推动新能源载运工具的广泛应用。加强电动汽车、氢燃料汽车和其他新能源载运工具的基础设施建设，确保在城市和高速公路上实现便捷充电。利用智能电网和大数据分析技术，优化交通运输系统的能源供应，提高新能源载运工具的能源利用率。通过智能交通系统，优化交通信号灯的设置，减少交通拥堵和燃油消耗。推进新能源货车和低排放物流设施的发展，推动物流系统的绿色化转型。

（五）发展数据驱动的智慧运输服务

充分利用人工智能、大数据和云计算技术，实现交通运输系统的全面智能化升级。部署高精度智能传感器与物联网设备，实时采集交通基础设施与载运工具的运行数据。建立分布式计算平台，提升算力供给能力，确保海量交通数据的实时处理，提升交通管理与服务的效率与精准性。通过打造多样化的自动驾驶工具，提升车联网技术的应用深度，确保车辆与交通基础设施的实时通信，实现交通运输系统的智能协调。开发智慧交通出行平台，利用人工智能算法提供定制化的交通信息与最优路线建议，为乘客、物流公司和管理部门提供精准的交通服务。

二、支撑高品质交通服务的技术创新

（一）加强科技创新顶层设计

针对公路、铁路、水运、民航及城市交通等主要交通领域，制定全面的科技创新规划，以科技为核心推动运输方式间的高效协同与技术融合。通过设立统一的技术标准和互联互通的数据共享体系，确保科技创新贯穿于快速便捷的城乡客运、舒适顺畅的城市出行、集约高效的货运与物流、安全畅通的国际物流供应链、清洁低碳的绿色运输以及保障有力的安全应急服务系统中，提高运输服务的效率与安全性，实现从传统到现代的交通服务转型。

（二）创立交通服务创新引擎

构建以新一代信息技术为核心的智慧交通生态系统，集成云计算、实时大数据处理、深度学习和神经网络技术，优化城市交通运行管理，通过高性能计算平台实时分析交通流模式，并利用边缘计算提高数据处理速度，实时调整交通信号，提升城市道路通行效率。结合量子计算和人工智能大模型的智能交通算法，提升自动驾驶系统的集成控制性能，实现交通调度的高效优化。构建基于物联网和区块链技术的交通创新动态监测系统，确保数据的实时流动和安全性，自动分析交通模型、系统性能，优化决策方案，支撑政策制定。

（三）建设高水平科技创新平台

整合政府、科研机构和教育资源，围绕提升交通运输的综合服务能力，建立一批高水平科技创新平台。借助这些平台，开发符合现代交通需求的创新技术，如智能调度系统、先进的物流管理技术和增强的客户服务平台等。设立目标导向和绩效管理机制，力争科研成果能够实际应用于提升交通运输服务的质量，尤其是在提升交通运输效率和安全、推动货物运输的数字化以及优化国际物流网络等方面。

（四）重视标准规范建设

制定全面涵盖智能高铁、智慧物流、智能航运等领域的各类标准。针对技术接口、安全协议、数据交换及环保要求进行规定，以确保新技术在不同运输模式中的有效整合和应用。进一步建立行业监督机制和评估体系，不断更新和完善行业标准，推动交通运输行业向智能化、自主化迈进。推动与国际标准的对接，参与国际标准的制修订，提升中国交通运输技术的国际影响力和竞争力。通过这些措施，提升国内外市场的接受程度和技术的全球兼容性。

（五）强化绿色和可持续技术应用

在公共交通系统中大规模部署电动公交车和电动出租汽车，同时在货运网络推广使用电动和氢能源载货汽车。开发并推广高效电池技术与先进的再生能源解决方案，如太阳能和风能在交通基础设施中的应用。集成智能能源管理系统，包括能源监控和需求响应技术，优化交通运输系统的能源消耗，提升能效。通过这些技术应用，减少环境污染，提高运输系统的能源利用率,从而支持运输服务的绿色化和智能化升级。

三、加强高品质交通服务的人才培养

(一)增强交通运输服务人才创新动力

建立完善的综合奖励体系,包括政府的奖励、企业的奖励和社会组织的奖励。通过政策激励和物质奖励相结合,鼓励各类人才投身交通运输服务创新。持续深化人才评价体系改革,实行以绩效和贡献为导向的评价标准,确保评价体系公平、公正、科学,激发服务创新潜力和活力。同时,建立完善的诚信体系失信惩戒机制,确保交通运输服务创新健康持续发展。

(二)强化企业服务创新主体地位

激励交通运输企业加大研发投入,推动运输服务全链条创新。支持企业通过建立服务研发创新中心或与高校、研究机构合作,开发适用于交通运输的新技术、新产品、新服务、新商业模式。积极推动交通运输企业与其他产业如信息技术产业、制造业、商贸流通企业的战略合作,共同开发集成创新解决方案、运输服务总体解决方案、国际运输与供应链服务解决方案等。

(三)构筑全球视野的交通运输服务人才体系

针对全球交通运输服务演变趋势,培养具有国际视野和战略思维的交通运输顶层设计、经营管理、跨国运作等领军人才或高端人才。通过与国际科研机构和高校的合作,定制交流和培训项目,培育既了解国际科技、经济、市场、行业前沿又深谙国际规则的中青年创新及项目管理人才。面向全球招募并引进交通运输领域高层次创新经营人才,尤其是具有国际项目经验和领导大型运输服务、物流服务、供应链服务项目的人才。

—— 本 章 参 考 文 献 ——

［1］ 张占斌, 陈晓红, 黄群慧, 等. 新质生产力[M]. 长沙: 湖南人民出版社, 2024.

［2］ 林毅夫, 黄奇帆, 郑永年, 等. 新质生产力: 中国创新发展的着力点与内在逻辑[M]. 北京: 中信出版社, 2024.

［3］ 黄群慧. 读懂新质生产力[M]. 北京: 中信出版社, 2024.

［4］ 盖凯程, 韩文龙. 新质生产力[M]. 北京: 中国社会科学出版社, 2024.

［5］ 傅志寰, 孙永福, 翁孟勇, 等. 交通强国战略研究[M]. 北京: 人民交通出版社股份有限公司, 2019.

［6］ 陆化普, 等. 交通运输科技发展展望[M]. 北京: 人民交通出版社股份有限公司, 2022.

［7］ 交通运输部. 2022 年交通运输行业发展统计公报[EB/OL]. (2023-06-16) [2023-06-16]. https://xxgk.mot.gov.cn/2020/jigou/zhghs/202306/t20230615_3847023.html.

［8］ 交通运输部, 科学技术部. 关于科技创新驱动加快建设交通强国的意见 [EB/OL]. (2021-08-25) [2021-08-26]. https://xxgk.mot.gov.cn/2020/jigou/kjs/202108/t20210826_3616711.html.

［9］ 交通运输部, 科学技术部. "十四五" 交通领域科技创新规划[EB/OL]. (2020-03-10) [2020-04-08]. https://xxgk.mot.gov.cn/2020/jigou/kjs/202204/t20220408_3650005.html.

［10］ 交通运输部, 科学技术部. 交通领域科技创新中长期发展规划纲要 (2021—2035 年) [EB/OL]. (2022-01-24) [2022-03-25]. https://xxgk.mot.gov.cn/2020/jigou/kjs/202203/t20220325_3647752.html.

[11] 交通运输部. 交通运输部关于加快智慧港口和智慧航道建设的意见[EB/OL]. (2023-12-04) [2023-11-24]. https://xxgk.mot.gov.cn/2020/jigou/syj/202312/t20231204_3961959.html.

[12] 交通运输部. 交通运输部关于推动交通运输领域新型基础设施建设的指导意见[EB/OL]. (2020-08-03) [2020-08-06]. https://xxgk.mot.gov.cn/2020/jigou/zhghs/202008/t20200806_3448021.html.

[13] 交通运输部. 交通运输部关于推进公路数字化转型 加快智慧公路建设发展的意见[EB/OL]. (2023-09-09) [2023-09-20]. https://xxgk.mot.gov.cn/2020/jigou/glj/202309/t20230920_3922478.html.

[14] 国家铁路局. "十四五"铁路科技创新规划[EB/OL]. (2021-12-14) [2021-12-14]. https://www.nra.gov.cn/xxgk/gkml/ztjg/gfzd/gfxw/202204/t20220405_289479.shtml.

[15] 中国民用航空局. 关于落实数字中国建设总体部署 加快推动智慧民航建设发展的指导意见[EB/OL]. (2023-06-27) [2023-07-03]. http://www.caac.gov.cn/XXGK/XXGK/ZCFB/202306/t20230630_220501.html.

[16] 交通运输领域新型基础设施建设行动方案(2021—2025 年) [EB/OL]. (2021-08-31) [2021-09-23]. https://xxgk.mot.gov.cn/2020/jigou/zhghs/202109/t20210923_3619709.html.

[17] 国家发展改革委, 等. 智能汽车创新发展战略[EB/OL]. (2020-02-10) [2020-02-10]. https://www.ndrc.gov.cn/xxgk/zcfb/tz/202002/t20200224_1221077.html.

[18] 国家发展改革委编写组. 加快构建现代综合交通运输体系[M]. 北京: 中国计划出版社, 中国市场出版社, 2020.